目錄
Contents

像海洋一樣思考

島嶼，不是世界的中心，
是航向遠方的起點

花亦芬 著

第三篇
運動激情與長遠的平安路

緒論：寫給台灣

勇敢航向世界

這裡也是一個島，叫做台灣，很久很久以前，也有人叫他福爾摩沙。你看，這就是台灣的空照圖……。空照圖的意思就是像鳥從雲的上頭，看到台灣的樣子。你看島的這邊面對海，這邊面對海，這邊也面對海，這邊還是面對海，四邊都面對海，所以叫島。因此，認真來說，人類無論轉向哪一個方向，永遠都面向海。

——吳明益，《複眼人》——

對世界史的思考，是我永遠的習作命題。從個人的生命，從台灣的命運。

在德國讀書時，常常在科隆地鐵站「紅鬍子廣場」（Barbarossaplatz）附近一間影印店影印各種資料。那是還沒有掃描機，沒有隨身碟，當然也還沒有智慧型手機與電子書的年代。

這間影印店是一對中亞夫婦開的。他們有非常先進的設備，定價不高，老闆也很和善。去了幾次之後，有一次印好付款時，卻看到老闆娘臉色有些不開心。我很警覺地問了她：「我影印的書裡有不少圖片，我知道這很吃碳粉。如果這讓成本變高，我可以多付錢沒關係。」老闆娘聽我這麼一說，連忙回應：「沒關係，沒關係」。就這樣，我們打開了話匣子。我開始說起自己為什麼常要印這麼多學術資料，因為很希望在學成後，把好的知識帶回台灣，而不是拿到學位就算。我也問他們是從哪裡來？

「我們是波斯人，我先生是詩人。」老闆娘滿臉笑意地拿出她先生的詩集給我看。

波斯，是伊朗。

他們是有國家，卻回不了家的難民。我是隨時可以回家，但也許有人會說，我是沒有國家的人？

那是 20 世紀最後一個十年。在德國繁重的課業壓力下，去這對波斯夫婦開的影印店印資料，竟成為我的一種休息。影印店人來人往，我們並不是常有聊天的機會。但是，每次

在那裡印資料，老闆夫婦總是溫馨地特別幫我準備咖啡與一小塊蛋糕，「吃點甜點，休息一下再印。」

我總是記得他們是波斯人，不是伊朗難民，因為那是他們的認同；老闆娘也從來不戴頭巾。至今我仍相信他們也同樣會記得，我是台灣人。

我一直想要多瞭解他們留在家鄉的過去，但不想只透過閱讀硬生生的學術論著來理解。因為始終有一種缺憾，當時竟無法讀懂那位詩人老闆寫的詩。每次看他幫顧客彩印一些文宣資料，自己對彩印效果的細節比顧客還吹毛求疵，就知道他是一個看待美感品質比金錢還重的理想主義者。但是，我始終沒有機會好好聽他們談詩，談波斯的詩。

一直到學成回國後，我透過《魯拜集》（_Rubaiyat_, 1120）與波斯詩人 Rumi（1207-1273）及 Hafiz（c. 1315- c. 1390）的作品、還有《茉莉人生：我在伊朗的孩提時光》（_Persepolis : My Childhood in Iran_）這樣的動畫電影與繪本小說，慢慢填補了自己想從一些特殊面向來認識波斯的渴望。那些特殊面向很細微，例如詩，例如不戴頭巾的女人（圖 1~2）但這些細微的面向都牽涉到他們的歷史，他們的政治，他們的民主，還有他們被迫留在家鄉帶不走的人生。

就像 Rumi 一首詩〈回家的路〉（_The Road Home_）所說的：

1.

1979 年 3 月 8 日國際婦女節那天，上萬名伊朗婦女聚集在首都德黑蘭街頭，抗議政府要求他們戴頭巾（hijab）的命令。

© Hengameh Golestan

大海從一個水缸傾瀉而出
你或許會說其中游著
魚！這個奧秘給你的想望
帶來了平靜，也把你回家的路
變成家。

（The ocean pours through a jar,

and you might say it swims inside

the fish! This mystery gives peace to

your longing and makes the road home home.）[1]

2.

伊朗享譽世界的天才女數學家 Maryam Mirzakhani 於 2017 年 7 月 15 日英年病逝於美國，伊朗總統羅哈尼（Hassan Rouhani）也在第一時間表示哀悼。伊朗一些溫和派報紙如 Hamshahri 藉此機會突破近 40 年政治禁忌，在頭版刊登 Maryam Mirzakhani 不戴頭巾的照片。[2]

　　在《茉莉人生：我在伊朗的孩提時光》這個繪本小說裡，我更看到跟影印店老闆夫婦頗為相近的生命足跡。整個繪本不僅散發著詩般的政治嘲諷與生命苦澀，書一開頭更直接以伊朗女性在 1979 年反抗政府強制要她們戴頭巾的風潮為切入點，由此來講述伊朗在 1979 年「伊斯蘭革命」（Islamic Revolution）後，政治上由開放轉為保守，女性在公共場合都必須戴上頭巾的遽變（圖 3~4）。

　　我也讀希羅多德（Herodotus, c. 484- c. 425 B.C.）的《歷史》（The Histories），想瞭解這位被稱為「歷史之父」的人怎麼談波斯？怎麼談歷史？

　　談波斯，希羅多德花了許多筆墨談一位故鄉的女性，那是在他父母親年輕時代，他們家鄉哈里卡納索斯（Halicarnassus, 今天土耳其的 Bodrum）的女性統治者——亞特蜜希雅（Artemisia I of Caria）。亞特蜜希雅不僅是希臘與波斯交界城邦的女性統治者，同時也是驍勇善戰的艦隊女司令。她曾經跟隨波斯國王薛西斯（Xerxes, 統治時期 486 B. C.-465 B. C.）在著名的「波希戰爭」（Greoco-Persian Wars, 480-479 B. C.）英勇作戰。

　　哈里卡納索斯位於地中海世界東北方。從波斯帝國統治的版圖來看，它是位於安納托利亞高原西南部的邊界港市。文化上，這裡的居民是卡里亞人（Carians），但自古早以來，曾受希臘不少原住民族群（如多利安人 Dorians 與愛奧尼亞人 Ionians）統治或影響過。希羅多德時代，哈里卡納索斯是波斯

3.

《茉莉人生：我在
伊朗的孩提時光》
第一章的開頭。

Marjane Satrapi, *Persepolis :
My Childhood in Iran* （New
York ： Pantheon Books,
2003）, p. 3.
圖片提供：典匠資訊

4.

《茉莉人生：我在
伊朗的孩提時光》
第一章。

Marjane Satrapi, *Persepolis :
My Childhood in Iran*, p. 5.
圖片提供：典匠資訊

的領土，統治者就是女戰士亞特蜜希雅。從這個角度來看，希羅多德自小生長在東西各文化交融薈萃之地，邊界的自由與文化多樣性，彼此不斷地激盪撞擊，這是他自小就非常熟悉的。

在「波希戰爭」時，亞特蜜希雅呼應波斯國王薛西斯的徵召，出兵參與波希戰爭。她親率 5 艘戰艦，在最靠近雅典的撒拉密斯海灣（Salamis）與希臘軍隊激戰，史稱「撒拉密斯之役」（Battle of Salamis）。根據希羅多德事後的記載，戰爭進行到最後，薛西斯終於聽從了亞特蜜希雅對戰情的判斷，決定從這個狹窄的海灣撤軍，不再讓兵力無謂耗損。

因為有這樣關鍵的歷史轉折，亞特蜜希雅成為希羅多德探問歷史的出發點。

「歷史」，不是「故事」，不是 his-story 或 her-story，而是「探問」／「探究」／「追根究底」（inquiry ／ enquiry：古希臘文 ἱστορία, 拉丁文 historia）。如希羅多德在《歷史》一書開宗明義所說的：

> 來自哈里卡納索斯的希羅多德，在此將他探究的所得寫出來……。（Herodotus, from Halicarnassus, here displays his enquiries...）.[3]

歷史是「探問」，這是希羅多德留給人類最大的啟蒙。

他走了那麼多地方，費心用紙草寫了厚厚帙冊，想為

自己年少時在家聽父母說家鄉與劃時代大事之間的重要連結時，自己心中曾經有過的種種疑惑尋找解答。

　　希羅多德不一定有找到所有的答案。他總愛寫：「我懷疑」、「我不懂」、「我不敢斷定」、「我推測」、「看起來像是／不像是」、「就目前所知」、「我有聽說，但不相信」……等等。他利用當時古希臘剛開始萌芽的散文體書寫，將過去口語傳說中許許多多口述之言轉譯成羊皮紙上的文字。但因口語傳統（oral tradition）的影響仍無處不在，因此，希羅多德的書寫清楚保留了口傳文化喜歡轉述你一言我一語的印跡（transcribing speech），[4] 沒有誰的意見可以通盤宰制歷史解釋的全局。藉由這種作法，希羅多德也深切地傳達了面向歷史時重要的態度——「認識你自己」（Know thyself）——如同德爾菲阿波羅神廟最重要的諭示所言。

　　「認識你自己」，意謂著應該去認知，人類是有侷限性的。

　　如果有一件事，是希羅多德真正確定的，那不是對哪一樁特定歷史事件的詮釋，而是一種對人世通透的領悟：沒有哪一個國家能永遠稱霸，就像沒有誰可以永遠蒙受幸運之神眷顧：

　　　　邦城有大有小，有顯赫有無足輕重，但都值得探討：只消看看過去的大國如今何等衰頹殘破，而在我有生之年卻也親眼見證，過去的微弱小邦興起成強權。因此，不

論邦城大小強弱，我都要給予同等關注，因爲沒有誰可以永享繁榮興盛。[5]

　　希羅多德在歷史裡一再探問的問題並非什麼「道統」與「天命」，而是個體存在於世的「幸福感」。就「個人史」而言，希羅多德認為，一個人幸不幸福，不在於他擁有多少別人艷羨的東西，而在於到了生命最後一刻，他是否真的感到不枉此生？

　　在探問過往漫長的政治史時，希羅多德真正在意關心的，則是民主政治落實的情況。他相信只有當人擁有真正的個體自由，才會努力將自己的潛能發揮出來。雅典以民主制度激起國民捍衛個人自由奮戰的熱情，終而打敗兵力多出好幾倍的波斯；但是，勝利後的雅典驕於自己作為愛琴海世界新霸主的地位，儼然成為另一個波斯。從這個角度來看，在希羅多德筆下，「波斯」是可以在人類歷史舞台上不停置換演出者的象徵，它代表強權心中永遠填不滿的宰制欲。

　　由此也可明瞭，何以遊歷多處的希羅多德並不想在《歷史》一書裡，對「我者」／「他者」問題做出斷然分明的區別。他很清楚，「我者」與「他者」互為鏡像，「我者」裡有「他者」，就像當人們在建構「他者」時，常常不自覺地透露出「我者」自身不願意坦然面對的真實。[6]在這個部分，義大利現代文學家卡爾維諾（Italo Calvino, 1923-1985）在他所寫《看

不見的城市》（*The Invisible Cities, 1972*）這本經典名著裡，虛擬馬可波羅與成吉思汗的精彩對話，正清楚顯示出，希羅多德對「我者」／「他者」的看法如何繼續被轉化為現代文學的經典名句：

> 破曉之際，他說：「陛下，我已經告訴您我所知道的一切城市了。」
> 「還有一座城市你從來沒有提過。」
> 馬可波羅低下了頭。
> 「威尼斯。」大汗說。
> 馬可波羅微笑了。「您認為我一直在向您報告的是一些其他的什麼東西嗎？」
> 皇帝絲毫不為所動。「但是我從來沒有聽見你提起那個名字。」
> 馬可波羅說：「每次我描述某個城市時，我其實在說有關威尼斯的事情。」[7]

*　　　*　　　*

17 世紀大航海時代，當傳教士、殖民者、貿易商來到福爾摩沙，開始為這個島嶼留下各式各樣的紀錄。當他們低頭書寫時，是否同樣回頭望見了自己的家鄉？

　　從今天的角度來看，第一位來台灣的新教牧師甘治士（Georgius Candidius, 1597-1647. 亦譯為「甘迪留斯」）是德國人；但是從當時歐洲的角度來看，他大概也可算是一位沒有國家的人。

　　甘治士生於今天德國西南部離法國邊界不遠的萊茵流域小鎮 Kirchardt，現在屬於巴登弗騰堡邦（Baden Würtenberg），當時則屬於「行宮執事伯爵」（Pfalzgraf）管轄的領地（Pfalz）。這個區域在「三十年戰爭」期間（1618-1648）因為不斷被殘酷的戰事波及，傷亡慘重。戰後四處蔓延的瘟疫，更使這個地區成為受戰爭及其後果蹂躪得最嚴重的地方之一。甘治士應該是眼見家鄉難以再立足，便於 1621 年前往荷蘭萊頓大學讀神學。學業結束後，他跟隨荷蘭東印度公司的商船先到印尼雅加達，然後來到台灣。

　　1627 年 5 月當甘治士抵達台灣後，很快就接觸到西拉雅平埔族原住民。（圖 5）不久後，甘治士離開原來居住的荷蘭城堡，搬到新港社（台南新市）跟原住民學西拉雅文。後來，他不僅編出第一本西拉雅語字典，而且寫了一篇名為〈略述〉（"Discours"）[8] 的長文，記載他對台灣西南沿岸荷蘭商館周邊兩、三天內可以往返的原住民部落之瞭解。這八個部落是：新港（今台南新市）、麻豆、蕭壠（台南佳里）、目加溜灣（台南安定）、大目降、知母義、大崙社（此二部落在今天台南新市附近）、大武壠（台南社頭、東山一帶）。

　　甘治士這篇對西拉雅原住民的〈略述〉最引人注目的段

落之一，是關於西拉雅族的「議會」（council）制度：

> 這 7 個部落並沒有共同的頭目來統治他們，每個部落都
> 是獨立的。任何部落裡都沒有特別的頭目有絕對權限來
> 統治和命令他們。他們有一個由 12 個人所組成，像議
> 會的機構，這個類似議會的長老每年改組一次，由年約
> 40 歲相同的年齡層的成員中選出。…… 議會的長老尊嚴
> 和權力並不很大，並不是所有他們贊同或決定的事就會

5.

原圖為英國攝影家 John Thomson（1837-1921）於 1871 年在高雄內門木柵（Baksa）拍攝西拉雅平埔族之黑白照片，他是最早透過攝影對台灣進行影像紀錄者。上色部分由「台灣古寫真上色」（http://fb.com/oldcolor）提供，特此致謝。

被贊成與接受。

他們的工作是在村中有難事時，集會商量最好的解決辦法。在他們決定之後，便召集全部落的人到部落中的最大教堂之一，把事情提出來，持續約半個小時，依照事件提出贊成與反對的意見。當一個人說累了或說完了，另一個人繼續，藉著冗長的發言，說服大家接受他們的意見。就算有上千人聚在一起，秩序也非常好。當一人講話時，沒有人會打斷他的話。他們的辯才使我非常佩服，我相信就算狄摩斯西尼斯（Demosthenes, 384 B.C.-322 B.C.，希臘演說家及政治領袖）也沒有這麼好的口才，或者這麼善於遣詞用字。當所有的演講都完畢，這些人會很有秩序的討論來做決定，他們可以接受或不接受提議，每個人就自己的利害得失來考慮問題，這中間沒有強迫。9

　　甘治士為什麼會在此處的行文裡橫空一劃，將台灣原住民的部落會議與希臘的民主制度連在一起談？

　　不論是古希臘、或是台灣西拉雅原住民的民主運作，對甘治士一點也不陌生，因為在「三十年戰爭」爆發前，這種以共和形式自主運作的地方政治模式相當盛行於德意志地區。但是，在「三十年戰爭」期間，甘治士自己的家鄉毀於戰火。來到台灣，原住民的「議會」顯然讓他想起自己的德意志家鄉；他對台灣西南部原住民的情感與傳教的熱情，應

該也曾不斷地讓他想起古羅馬史家塔西圖斯（Tacitus, c. 58- c. 120）在《日耳曼志》（De Origine et situ Germanorum, 西元 98 年完成）對「日耳曼原住民」的描寫：他們生活簡樸，以平起平坐的合議制共組社會，這些與階級嚴明、講究門面豪奢的古羅馬社會文化大大不同。

　　更值得注意的還有，在甘治士來台灣前，德意志地區就已經對「被羅馬化」（Romanized）之前的「日耳曼原住民」大感興趣。「三十年戰爭」爆發前，古代歷史地理學者克呂斐（Philip Clüver, 1580-1622）根據塔西圖斯對上古日耳曼的描述，在萊頓大學出版了一本頗受矚目的書——《日耳曼古代史》（Germania antiqua, 1616）。仔細比對上述這本書裡一些重要插圖可以看到，有些其實是從當時德意志重量級畫家杜勒（Albrecht Dürer, 1471-1528）的版畫名作轉化過來的（圖 6~6-1）。由此來看便不難理解，當克呂斐將日耳曼原住民視為日耳曼「民族」的「祖先」時，筆下描繪的圖像是以「高貴的野蠻人」（noble savage, 圖 7）這種意象來呈現的。

　　透過甘治士牧師對西拉雅族生活文化的記載，台灣看見，過去有關福爾摩沙的種種身影絕大部分部分有幸是被來自遙遠世界的人所記載下來，而不是被習於「大一統」思維的文字所綁架。

　　是的，台灣在世界史上最有活力的時期，都是直接連接

6 & 6-1.

克呂斐（Philip Clüver）
於 1616 年 出 版 的
《日耳曼古代史》
（*Germania antiqua*）
用豐富的插圖幫助
讀者想像尚未被羅
馬化與基督教化的
日耳曼原住民。上
圖是該書對習慣赤
身裸體的日耳曼原
住民的描繪。這幅
插圖很明顯是將德
意志著名畫家杜勒
（Albrecht Dürer） 的
版 畫《 亞 當 與 夏
娃》左右反置後，
再略做修改而來。

到遙遠的廣闊世界 —— 不管是南島文化連結到的大洋洲、17
世紀大航海文化連結到的歐美、或是 1980 年代台灣中小企業
商人拿起手提箱就往全世界到處闖蕩，在發展經濟同時所見
識到的廣闊世界。在這些時期，我們從來就不是只以「東亞」
（說穿了是中國儒家）為限的「帝國邊陲」。

7.

《日耳曼古代史》根據塔西圖斯（Tacitus）《日耳曼志》（Germania）的記載，刻畫出
日耳曼原住民在飲食時的習慣：他們並不同桌共食，而是每個人各用自己的小板凳
做餐桌進食。

　　1624 年，荷蘭東印度公司在「大員」正式設立貿易據點，興建「熱蘭遮城」（Zeelandia）。隔年，荷蘭人在地球的另一端，也就是北美哈德遜河下游的曼哈頓島南端建立「新阿姆斯特丹」（New Amsterdam）。1664 年，英國奪下「新阿姆斯特丹」，將之改名為「新約克」（New York，今譯為「紐約」）。相較之下，台灣的發展卻在 1662 年經歷了鄭成功攻下「熱蘭遮城」，逐退荷蘭人，建立了台灣第一個漢人政權（必須進一步問的是，鄭成功當時視自己為「漢人」，自己建立的政權為「漢人政權」嗎？），而且將「熱蘭遮城」改名為「安平古堡」後的種種地緣政治變化。

　　「新阿姆斯特丹」改名為「New York」後 112 年，原屬英國殖民地的北美「十三州殖民地」住民發表〈美國獨立宣言〉（1776 年），主張天賦人權、主權在民，「凡人生而平等，造物主賦予生命、自由和追求幸福（個人財產）的權利」，同時宣告脫離英國殖民統治，建立獨立的新國家。

　　荷蘭在臺灣西南部 37 年的統治期間，住在福爾摩沙的居民沒有任何人知道該去跟荷蘭人打聽，1648 年「西發里亞條約」簽訂後產生的「國際法」思想，內容究竟是什麼？當時也沒有任何荷蘭人會想要告訴台灣人，在他們統治台灣這段期間，荷蘭家鄉的同胞歷經 80 年的奮鬥，終於獨立建國了——他們建立了人類史上第一個有近現代「共和國」（republic）意義的「荷蘭共和國」（Dutch Republic）。

　　日後台灣人只能從荷蘭人留下的建築，重新去追憶台灣在大航海時代連結到的種種世界史印跡；或是從飲食上去回顧當時與荷蘭的相遇：荷蘭從東印度公司總部所在的印尼引進不少蔬菜水果到台灣。這些蔬菜水果有些原產於歐洲，例如，豌豆（「荷蘭豆／荷人豆」）和高麗菜（甘藍）；有些原產於印度，例如芒果（後來逐漸野化成台灣自己的「土芒果」）；有些是透過西班牙人從美洲引進菲律賓，再輾轉傳到印尼，然後由荷蘭人從印尼爪哇帶到台灣，例如釋迦和仙人掌；有些則是原產於東南亞，透過荷蘭人帶到台灣，例如蓮霧。[10]

　　17 世紀還沒有見識過活字印刷機的台灣難以想像，1662 年 7 月底，荷蘭艦隊已經將福爾摩沙失守的消息帶回荷蘭。隔年，這個重大的消息刊登在《荷蘭信使：1662 年歐洲與全世界昭著顯明的事蹟》（圖 8）這份重要的刊物上，這是荷蘭著名新聞業者卡斯泰蘭（Pieter Casteleijn）發行的出版大事年鑑。[11]

　　隨著 1662 年 7 月底荷蘭開始報導福爾摩沙落入鄭成功之手的消息後，德意志地區的出版與新聞重鎮法蘭克福也緊接著在 1662 年 7 月在新聞刊物《歐洲每日大事記》（*Diario Europæi*）做了報導（圖 9）。這篇報導還特別對荷蘭東印度公司派駐在福爾摩沙最後一任長官揆一（Frederick Coyett, 1615-1687）的背景做了介紹。[12]

　　隨著甘治士牧師的離去與荷蘭人勢力退出台灣，18 世紀遙遠的世界還記得我們的，除了透過那位詐稱自己是「福

爾摩沙原住民」、但根本不曾來過台灣的吹噓之徒撒瑪納札
（George Psalmanaazaar, c. 1679-1763）所寫的全歐暢銷書《福爾摩沙變
形記》（*An Historical and geographical Description of Formosa,* 1705 年修訂二版，
圖 10~10-1）之外，最重要的莫過於法國啟蒙運動哲學家孟德斯
鳩（Charles de Secondat, Baron de Montesquieu, 1689-1755）於 1748 年在《論法
的精神》（*De l'esprit des lois*）這本名著裡，對西拉雅婦女生產傳

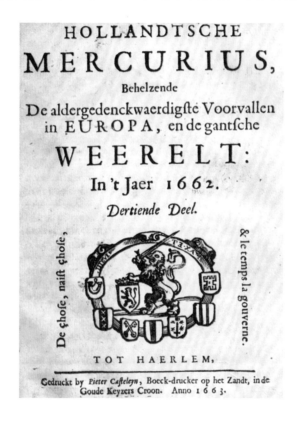

8.

1663 年出版的《荷蘭信使：一六六二年歐洲與全世界昭著顯明的事蹟》記載著荷蘭
失守福爾摩沙的經過梗概。

統的討論。

　　《論法的精神》是孟德斯鳩闡述行政、立法、司法三權分立概念的經典法學名著。在這本書的第 16 章，孟德斯鳩引述甘治士牧師〈略述〉一文對台灣西拉雅平埔族婦女 35 歲以前不得生產，否則會被女祭司（尫姨）強制性壓腹墮胎的說法，來討論法律對人口繁殖的影響。

9.

《歐洲每日大事記》（*Diario Europæi*）1662 年的合刊（奧地利國家圖書館藏）。

在《論法的精神》這本書裡，孟德斯鳩將福爾摩沙與中國分別來看，並無統屬關係。且不管孟德斯鳩以及甘治士牧師對西拉雅族婦女生產習慣所說的是否為真，在孟德斯鳩《論法的精神》出版 120 年後，福爾摩沙的居民還是未曾聽聞過「三權分立」與「自然法」的概念。

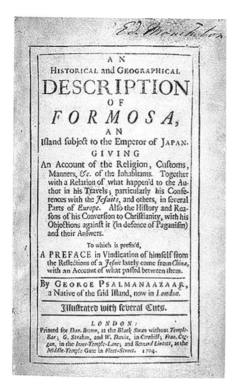

10 & 10-1.

撒瑪納札（George Psalmanaazaar, c. 1679-1763），《福爾摩沙變形記》書名頁及書中所附的「福爾摩沙字母表」。

　　整個 19 世紀下半葉，台灣只有在 1867 年看到英商天立洋行在高雄以新文藝復興風格蓋了台灣第一棟西式洋樓，租給英國領事館使用。兩年後（1869 年），蘇格蘭人馬雅各醫師（James Laidlaw Maxwell, 1836-1921）來到台灣，免費為人治病，自此，台灣開始有了西醫。同年，隨著日本政府開放日人自由來台，開啟了日本人來台灣開設西洋料理店的契機。1897 年，在今天台北西門町，台灣有了第一家咖啡店「西洋軒」。[13] 從這個角度來看，我們喝咖啡已經有超過一世紀的歷史傳統了，但遺憾的卻是，我們並沒有因此發展出在喝咖啡閒談中，喜歡互相激發有創意新思想的討論習慣。

　　1921 年蔣渭水創立「台灣文化協會」，發表〈臨床講義：關於名為台灣的病人〉一文。他為台灣下的診斷是「世界文化時期的低能兒」，原因是「智識營養不良症」。他的診斷相當切中要點：

　　　　大體上是這樣的患者，診斷一下頭部比身體大，應該是思考力很好才是，但提問二、三道常識，其回答不得要領。由此可想像這個患者是個愚蠢的低能兒。這是因為頭骨大、內容空虛、腦髓不充實的原因。因此稍難點的哲學、數學、科學，還有世界形勢論一聽就頭暈、頭痛。另外手腳也很大很肥，這是因為勞動過多的原因。

　　蔣渭水一針見血地指出，台灣的教育缺乏思考能力的培養，對理性論證、以及世界形勢的評估能力薄弱。可惜的是，他所開出的藥方，希望以一個世代的時間（20年）從幼稚園以迄正規教育、還有圖書館與報社的開設來加強民眾各方面的教育，仍然停留在「受教育」的思考，並沒有針對「國民教育應該培養獨立思考能力」這個關鍵問題來開真正對症下藥的處方。畢竟「受教育」也可以是受洗腦教育，將課堂變成順民養成所。

＊　　　＊　　　＊

　　從蔣渭水創辦「台灣文化協會」到現在，即將要滿一世紀。走過殖民、走過威權、經過三次政黨輪替，教育，仍是台灣人感到最無奈的痛。鍾理和在《笠山農場》（1955）這本經典小說裡，也深切地指出這個問題的嚴重性：

> 這地方的人情風俗還是那樣地醇厚，質樸，溫良，同時因循而守舊。他們對於自己的命運和生活從來不去多費心思……。他們似乎以為它本來就是那樣的，根本無需乎去用腦筋。他們不把它想得很複雜。[14]

　　對台灣教育而言，威權政治留下來的遺緒清楚表現在「標準答案」的重要性遠遠超過「透過好的提問來鼓勵尋找

答案」。因為好的答案來自於能先問出好的問題，但威權統治之所以在過去半個世紀能長期得逞，正如專門研究中東歐20世紀極權政治史學者 Timothy Snyder 所做的精闢分析：「個人總是趕在威權政府發號施令前，就先想到該怎樣做出符合他們心意的事」（individuals think ahead about what a more repressive government will want）。[15] 長期浸染在這種習於「自我審查」的習性裡，我們的社會並不看重「探問／質疑」的可貴；我們以為社會內部可以相互取暖的同質性，叫做「台灣主體性」；但卻忽略了，「主體性」本身是一個認知網絡，是一種秩序網絡，只有當我們對自己的認知能夠超越內部的秩序網絡去與越來越多自由民主國家的認知網絡進行有建設性的溝通連結時，台灣的安全才能得到更多的國際保障。因此，當我們在談「台灣主體性」時，千萬不樣忽略，要同時能體認到「互為主體性」（inter-subjectivity）也是同等重要。

台灣不曾是世界的中心。在 17 世紀大航海時代，荷蘭東印度公司的總部在印尼，不在台灣。而在人類史上，會在地圖上把自己畫成世界中心的，除了耶路撒冷外，通常都是帝國。台灣不是帝國，但也不需要因為不是帝國，就以為只能把自己理解成帝國邊陲。

從海洋看台灣，看到的從來就是完全不同的景象。

＊　　　＊　　　＊

　　是的，台灣不曾是世界的中心。只有當我們瞭解這一點，我們才能真正懂得從「小國」的立場重新思考如何走向世界。當我們認清自己是「小國」，也才知道如何打造連結台灣與世界的優質知識，做為我們積極與世界交流的基礎。

　　台灣對於世界史知識的教育需要脫胎換骨。

　　我們需要能從自身的歷史經驗，重新思考人類的存在是如何透過不斷地奮鬥；也從世界各地各種歷史經驗裡學會如何轉危為安，而非拿著「帝國史學」或「大歷史」喜歡誇談的「命定論」來進行知識簡化的誤導式教育。[16] 畢竟，當歷史學者喜歡當「先知」、而非希羅多德所謂的「探問者」時，歷史學很容易變質為是在為強權政治說項的幫兇。

　　誠如西班牙反抗佛朗哥威權統治的著名大提琴家卡薩爾斯（Pablo Casals, 1876-1973）所說：「我們都是樹上的一片葉子，這棵樹就是人性。如果沒有樹，葉子也無法存活。每個人的心中都有良知和善念，根據心中的善念所做的決定，是這個世界最需要的。做到這一點並不難，只需要勇氣。有了勇氣，一個人就可以聽見心中的善念在召喚。」同樣的，學習歷史、瞭解歷史，是為了讓我們對自己所生存的世界具有普世價值思考的現實感，知道如何構築「過去」、「現在」、與「未來」之間的關係；而非讓現實感頹鈍淪喪，沒有能力從自身的歷史經驗對過去重新加以提問，也沒有能力眺望遠景，只知活在標籤化論述所構築的刻板印象之中。

　　1969 年，面對一個迴避轉型正義、惶惶不知所終的西德社會，德國社會學家 Theodor W. Adorno 曾借用哲學家康德的概念 ——「自己招致的幼稚不成熟」（selbstverschuldete Unmündigkeit），呼籲西德應該盡快打造「幫助國民懂得追求心智成熟的教育」（Erziehung zur Mündigkeit）。因為自由民主的社會仰賴有成熟心智的公民來運作；而當時西德社會尚存的種種威權遺緒須要仰賴有成熟心智的公民來剷除。

　　台灣雖然有艱困的國際處境，但也是該擺脫對世界局勢向來習於處在不成熟認知的狀態，讓自己成熟起來的時刻了！該是讓我們的國民學習如何獨立思考，懂得用成熟的心智瞭解台灣跟世界各種不同的關係，懂得深謀遠慮，而不要每每聽到「外國」，就只會不以為然地說「但是台灣不一樣」。

　　「不一樣」是意謂著繼續讓自己遠離國際民主自由秩序的框架嗎？

＊　　　　＊　　　　＊

　　台灣應該要勇敢與國際社會接軌，開朗面向海洋。

　　健康開闊的台灣意識不是內向性的國族思維有能力打造，也不是歷史悲情打得開局面的。只有當我們決志好好面向廣闊的世界，我們才能在回頭審視崎嶇來時路時，找到可以一起靜下心來撫平歷史創傷的平安與向望。在這個過程中，尤其要看重，確實好好提升台灣的教育，因為我們的年

輕世代真的值得。新世紀的台灣意識主要是由他們打出一片天，帶著台灣面向寬闊的世界，開心地與世界交朋友。台灣沒有任何理由再用陳腐的教育繼續絆住他們、用陳陳相因的顢頇耗費他們的青春，讓他們無辜地喪失跟世界最好的國民教育同步的權利。

　　台灣的歷史教育也不該再繼續用意識形態的對抗來羈絆該破釜沉舟好好推動的歷史教育改革。意識形態有千百種，個人因為不同的背景各有所偏。但是，一個不願意好好打造普世價值的社會、一個不願意好好打造普世價值的國民教育，即便社會內部自己喊得震天價響、熱血沸騰，到頭來，終究成空。

　　好的歷史教育在於引導去培養好的批判性思考，誠如德國著名的歷史學者 Wolfgang J. Mommsen 所說：

歷史思考可以幫助我們「解除迷思」（entzaubern），把大家習以為常認為那些絕不可被打破的傳統制約與複雜社會成規之假象梳理出來。並以此幫助大家清楚看到，社會上確實存在其他不同的選項可供大家另做思考與決定。就像瑞士歷史學者卡爾‧布克哈特（Carl Jacob Burckhardt, 1890-1974）對這類情況曾說過的話，歷史學是「在一大堆傳統因循守舊的制約裡，幫助我們重新獲得自由

的地方」。[17]

　　民主自由與人權價值是台灣最好的安全保障。有堅定的價值理念，才看得到逐步落實夢想的方向。有夢想，才走得遠；也才能將世界的豐富美好帶回原來啟航的地方。
　　賦予台灣民主自由無盡續航的潛能。
　　給台灣年輕世代航向美好未來開闊的空間與向望。
　　台灣雖小，因開闊而美麗。

花亦芬謹識於蒔碧山房 2017/08/31

Part 1

過去不只是過去而已……

1

1945 年台北飛航事故
對印度當前民主發展的影響

泰戈爾與甘地論戰の番外篇？

印度不是非西方，
印度就是印度。

——印度後殖民研究學者 ASHIS NANDY [1]——

二戰後，印度獨立建國運動家蘇巴哈許・桑德拉・鮑斯為何在台北？

第二次世界大戰亞洲戰場，在 1945 年 8 月 15 日隨著日本投降結束。當時，不僅台灣人開始面臨台灣究竟何去何從的重大問題，比台灣更早追求脫離殖民地獨立的印度，也在兩天後受到日本宣布投降的直接影響。

1945 年 8 月 17 日，在新加坡鼓吹以激進手段推動印度獨立建國的極左派運動家蘇巴哈許・桑德拉・鮑斯（孟加拉語：সুভাষ চD বসু , Subhāṣ Candra Basu；英語：Subhash Chandra Bose. 1897-1945）解散了他在新加坡領導的「印度國民軍」（Indian National Army, 簡稱 INA）——這是在英屬馬來亞（Malaya）居住的印度人與被日軍俘虜到新加坡的印度兵組成的印度軍隊。

鮑斯雖然是極左派，但因為反抗英國的緣故，並不排斥與右翼的軸心國成員——日本、[2] 義大利、與德國納粹 —— 合作。1941 年當鮑斯從印度逃到德國時，曾與納粹政權達成協議，願意協助德國攻打印度（圖 1）。在 1944

1.

鮑斯（Subhash Chandra Bose）與希特勒親信興勒（Heinrich Himmler）在 1942 年會談時的合照。

年春夏之交，他的確帶兵跟日本軍隊一起攻打印度，但卻敗北。

作為幫日本打造「大東亞共榮圈」的共犯，在第二次世界大戰接近尾聲時，鮑斯知道自己逃不過戰犯審判，急著想跟蘇俄接頭，因為當時大家越來越意識到蘇俄對英國升高的敵意。鮑斯也認為，蘇俄是唯一有能力抵擋英國的勢力。如果他終須淪為戰犯，那他寧可選擇關到蘇俄監牢裡。而日本也同意載他去滿洲國，與步步進逼的蘇俄軍隊接觸。

1945 年 8 月 17 日，鮑斯先從西貢（Saigon）飛到峴港（Da Nang）。隔日再從峴港飛到台北。8 月 18 日下午要從台北松山機場再度起飛時，他搭乘的這班日本飛機卻因引擎故障，一起飛就失事，整個機身瞬間陷入火海。鮑斯因為燒傷過度，當天死於台北的軍醫院。一週後，這個不幸的消息傳到印度，很多人都不願意當真，以為這只是英國刻意放出來的假消息。一直到事發後很久，還是有不少印度人寧可相信，鮑斯仍活在蘇俄監管下。[3]

在印度，認為鮑斯還活在俄羅斯的流言始終不曾斷過。甚至於現任印度總理莫迪（Narendra Modi）於 2014 年底至 2015 年初第一次參選印度總理時，在選戰中還特別做出承諾，要開放檔案、釐清真相。2017 年 1 月 23 日鮑斯 120 歲冥誕紀念日，莫迪總理在推特（Twitter）上連發四則短訊（圖 2），除了向鮑斯致敬外，他更宣布，在網路上開放國家檔案館所藏跟鮑斯

之死相關的近一百份解密檔案資料，供民眾查閱。[4] 而從莫迪總理在前一天推特發文底下的留言甚至還可看到（圖3），有印度民眾對當年發生在「台北州」（Taihoku）的飛航事故，依然感到疑雲重重，認為政府有必要公開做出明確說明。

何以莫迪總理在 2014 年底至 2015 年的選戰、以及 2017 年初的鮑斯冥誕，會感受到如此巨大的選民壓力，需要更積極地釐清鮑斯當初在台北遭逢飛機失事的疑雲，並積極向鮑斯家族伸出友誼之手？

印度民眾對鮑斯在二戰結束之際突然身亡之所以如此在意，除了部分從政的鮑斯家族成員經常藉此炒熱議題，以凸顯自己家族對印度不可或缺的重要意義外；同時也清楚反映出，印度脫離殖民地獨立建國過程中，檯面下累積了不少歷史糾

2.

印度總理莫迪（Narendra Modi）於 2017 年 1 月 23 日在自己推特上的發文。

結。即便 70 年過去了，這些盤根錯節的糾結還在影響著印度
當今的政局脈動。⁵

　　主張以武裝革命脫離英國殖民統治的鮑斯，曾於 1938 年
與 1939 年被選為印度國大黨（Indian National Congress）的議長。但
當他在 1939 年第二度選上議長後幾個月，卻因他堅持走武裝
抗爭的理念與甘地（Mohandas Karamchand Gandhi, 1869-1948）及國大黨
高層不合，率而辭去議長職位，隨後被英國政府逮捕入獄。
1941 年，鮑斯逃到德國後，開始與歐洲法西斯政府協商如何
合作，以便一起用武裝革命對抗英國。

　　在印度民間擁有不少支持者的鮑斯，因與甘地及國大黨
的尼赫魯（Jawaharlal Nehru,1889-1964）看法不同調，只能黯然離去，

Narendra Modi ✔
@narendramodi

👤➕ 關注 ⌄

**Files relating to Netaji Subhas Chandra Bose
are available on** netajipapers.gov.in

轉推	喜歡
4,055	**10,864**

下午5:35 - 2017年1月22日

↩ 1.0K　　🔁 4.1K　　♡ 11K

#Intolerant भारतीय @goyalsanjeev · 1月23日　　⌄
回覆給 @narendramodi
Sir @narendramodi, Yes, you did declassify #BoseFiles but truth is yet to be
out.Will Govt make formal statement on #Taihoku alleged crash? 🤔

3.

印度總理莫迪（Narendra Modi）於 2017 年 1 月 22 日在自己推特上的發文，以及底下的
民眾留言。

以至於後來在飛航意外中英年早逝。他坎坷的人生際遇映照著尼赫魯在印度建國後長期把持政權的順遂風發，這個強烈的對比，讓獨立建國後，印度對政治現況不滿的人有著一個長期抒發不滿情緒的寄託對象。

尼赫魯接下甘地的棒子後，順利成為印度獨立後第一任總理。之後，他的女兒 Indira（後來成為印度第一位女總理）與 Feroze Gandhi（非聖雄甘地家族的子嗣）結婚，這兩個聯姻家族自此長期壟斷（直接或間接）印度的政權，在憲政民主體制的表象下，打造出「尼赫魯—甘地家族世襲王朝」（Nehru-Gandhi political dynasty）。

印度民間面對「尼赫魯—甘地家族」以國大黨執政之名長期把持政權的局面，早就有許多不滿。而不少老百姓更經常藉由對鮑斯的懷念，想像局面可能完全不同的印度民主發展之路：「如果鮑斯沒死，如果當年印度第一任總理是由鮑斯出任，而非尼赫魯，那麼印度會如何如何不同⋯⋯」。[6] 印度民間對國大黨的不滿以及對鮑斯的追念，也因此成為莫迪參選總理時，刻意拿來作為批判國大黨世襲政治的主要切入點之一。[7]

然而，鮑斯當年為了對抗英國以爭取印度獨立，選擇跟二戰時期的日本、義大利以及納粹德國合作，仍是他面對現代歷史評價時，難以迴避的爭議。這樣的爭議放在他的時代，不但可以讓我們看出，二戰以來一些脫離歐洲殖民政權、追

求獨立的建國運動，不該單純以「反西方」的角度來概括，而且也不能以意識型態陣營來做簡單歸類。以印度的情況來看，這其中牽涉到的複雜糾結，不僅鮑斯是很好的討論個案，比鮑斯年紀更長的泰戈爾（Rabindranath Tagore, 1861-1941）與甘地，也是很好的例子。他們兩人對於印度如何脫離殖民地統治，長期以來因為看法迥異，在許多重要歷史發展關頭上，不停地有著論戰交鋒。

　　不管是鮑斯、還是泰戈爾與甘地，他們的例子都讓我們看到，20 世紀初期，印度人對自己家鄉如何脫離殖民、邁向自治，有著各式各樣的思考與論述；而其中牽涉到的複雜性，還跟當時全球的國際政治角力有著密不可分的關係。

泰戈爾與甘地為何意見不合？

　　在印度爭取脫離英國殖民統治過程中，印度詩人泰戈爾與聖雄甘地是國際知名度最高的兩位印度人（圖 4）。

　　1913 年，泰戈爾以一本英譯詩集《吉檀伽利》（*Gitanjali：Song Offerings*）成為亞洲第一位獲得諾貝爾文學獎的得主。而甘地則在這一年，以南非唯一的印度律師身份（圖 5），最後一次帶領南非印度移工用「非暴力」（non-violence）抗爭方式對抗

4.

泰戈爾與甘地於
1940 年合影。

5.

在南非時的甘地
（1906 年攝）。

英國殖民統治，而且第一次成功地喚起了百餘位女性一起加入。當年 11 月，甘地被捕入獄，被監禁了一個多月。兩年後，他回到印度，也將在南非的抗爭運動模式帶回自己家鄉。

在印度脫離英國殖民統治、爭取獨立過程中，有兩個關鍵問題需要解決：[8] 第一，有關內部整合。也就是印度教與伊斯蘭如何整合？在英國統治前，印度長期被信仰伊斯蘭的蒙兀兒帝國（Mughal Empire）統治，官方語言是波斯語。19 世紀以降，印度的穆斯林對於人數佔多數的印度教徒希望以所謂「新印度教文化」（Neo-Hinduism）來凝聚印度人意識的運動（不論是文化或政治），一直感到不安。即便有些「新印度教文化」運動推動者力主印度教是追求各種宗教的普世合一性（universalism），但這仍讓一些穆斯林心有疑慮，深怕穆斯林在印度社會的主導性會被削弱。

第二個問題是，如何面對當時存在的英國殖民統治？受英國自由主義影響的溫和派認為，獨立後的印度望向的是未來，而非過去與現在，因此可以融合英國帶來的正面影響。革命派則認為，印度應該完全擺脫英國統治遺緒，以古印度冥想傳統喚起印度人的靈魂覺醒，鼓勵大家擺脫世俗物慾的羈絆，打造不受外國勢力影響的印度。革命派這樣的思維，受到辨喜（Swami Vivekananda, 1863-1902, 圖 6）倡導的「行業瑜伽」（Karma Yoga）相當大的影響。「行業瑜伽」將身體力行的行動視為無我的犧牲奉獻，不求回報，也不求個人利益，一心追

求去除我執來與真理合一。

　　辨喜於 1894 年到美國芝加哥參加世界宗教會議（World Parliament of Religions），帶起廣大的迴響，成為第一位將印度瑜伽修行成功介紹到西方的人。1897 年，他帶著國際高度的肯定回到印度，受到家鄉政治菁英圈旋風式的歡迎。不僅積極追求印度民族主義的革命派將他提倡的「行業瑜伽」視為鼓舞印度民族主義最大的利器；連溫和派也覺得辨喜的想法相當有創意。

　　在這種以印度傳統修行文化為民族榮光的心理背景襯托

下，第一次世界大戰爆發後不久才回到印度的甘地，免不了要面對帶著濃厚印度教色彩的脫離殖民統治運動。然而，他像出身印度教改革運動家庭的泰戈爾一樣，認為對印度的認同應該具備廣泛的包容性，對印度教的詮釋不該落入狹隘的死胡同。畢竟印度這個次大陸

6.

在芝加哥參加世界宗教會議的辨喜（Swami Vivekananda）。

不論在宗教、語文、民族各方面，都是多元而複雜的。但是，該如何妥善處理印度這種複雜且互相拉扯的多元性，甘地與泰戈爾的看法相當迥異，以至於無法成為攜手合作的戰友。

「羅拉特法令」（Rowlatt Act）

46 歲剛回國時的甘地並沒有積極投入全國性政治活動。甘地真正躍上印度反殖民運動的舞台，一直要等到 1919 年第一次世界大戰結束後，英國政府在印度頒發「羅拉特法令」（Rowlatt Act），激起印度人強烈反彈時，他才趁勢而起，快速成為耀眼的政治明星。

1919 年 2 月頒發的「羅拉特法令」允許官方可以不經法庭審理，就將有煽動叛亂嫌疑的人送進監牢。從南非返回印度已經五年的甘地對此大為不滿，發動全國罷市罷工加以抵制。1919 年 4 月 5 日，甘地寫信給泰戈爾，拜託他站出來支持這場抗爭。4 月 12 日，泰戈爾回函甘地，同時投書媒體（*The Indian Daily News*）。在這封信的開頭，泰戈爾稱呼甘地為「聖雄先生」（Mahatmaji. "Mahatma" 真正的原意是「偉大的靈魂」），這也是後來中文「聖雄甘地」稱號的由來。這個稱號既是泰戈爾對甘地的讚許，但也是對他的提醒。在泰戈爾心中，甘地

成功地喚起廣大群眾拿出不畏強權的勇氣，抵抗殖民統治的
不公不義，無人能及；但是他也提醒甘地，群眾容易陷入情
緒性抗爭，不要以為所有人都會像他那樣有節制。

　　泰戈爾為什麼這麼說呢？

　　「非暴力」（non-violence）抗爭運動始於甘地早年在南非
帶領印度人社群抵抗英國政府種族歧視統治的成功經驗。然
而，南非的印度社群人數有限，而且人在異鄉，比較容易團
結起來共同行動。要移植這樣的經驗回到人口組成極為複雜
的印度，泰戈爾認為，有許多不確定的因素應該審慎納入考
量。

　　第一次世界大戰結束後的印度物價騰漲，不管是城市還
是鄉村，民生經濟受到很大影響。再加上第一次世界大戰期
間，有一百多萬印度人被英國徵召到海外作戰，戰後這些人
回到印度，卻沒有得到好的安置，造成相當嚴重的社會問題，
也讓英國殖民統治者神經極為緊繃。「羅拉特法令」可說是
第一次世界大戰後，英國不當的殖民統治管理下，加強政治
控制的鐵腕作法。但英國政府萬萬沒想到，甘地的「非暴力」
抵抗策略獲得民間廣大迴響，讓他們不知所措。

　　為了壓制這場全國性罷市罷工帶來的沉重壓力，英國軍
隊以印度西北部最靠近巴基斯坦的城市阿姆利則（Amritsar）
在 1919 年 4 月 13 日的群眾集會沒有獲得政府許可為藉口，設
計在一個周邊有圍牆環繞、容易控制進出的廣場上發動大屠

殺。將近 400 名手無寸鐵的印度人因此喪生，另有 2000 多人受傷。

為了抗議英國政府在阿姆利則屠殺的行動，泰戈爾開了印度人反抗的第一槍。他於 1919 年 5 月底退回了英國頒給他的爵士榮銜，此舉引起英國文壇早先支持他的作家頗多微詞。甘地與印度國大黨則於 1920 年底展開另一場以基層群眾為主體的全印度「不合作運動」（non-cooperation movement），內容包含罷課、抵制法庭與公部門運作、抵制英國布料、抗稅、以及抵制即將到來的選舉。

「阿姆利則大屠殺」敲響了英國在印度統治第一個真正的喪鐘。已有 35 年歷史的印度國大黨，藉由這個對英國殖民政府大規模的反抗，將觸角伸向許多小鎮與鄉村，廣泛吸收了中下階層草根運動的能量，也徹底翻轉了國大黨過去以印度中上層知識菁英為主的體質。

泰戈爾與甘地有關「不合作運動」的論戰

過去英國在印度的統治主要倚靠印度人的「合作」。甘地的「不合作」運動戳中了英國可以長期統治這個次大陸真正的要害。

　　然而，發動這麼全面性的「非暴力抗爭」抵制運動，究竟會產生多少難以預估的後座力，在決策討論時，大部分國大黨黨員其實都有疑慮。1920 年 9 月國大黨召開的特別會議之所以最後通過這個決議，並非真的著眼於「非暴力抗爭」可以帶來正面效應，而是「抵制即將到來的選舉」這個行動方案正中大部分參選黨員的下懷。因為他們對英國嚴厲控制下的這場選舉，根本不抱任何希望，取消選舉剛好讓他們免於面對落選的難堪。[10]

　　然而，各地延燒的抗爭氣氛，連泰戈爾與甘地的共同好友──支持印度獨立的英國牧師安德魯（Charles Freer Andrews）──都相當不安。

　　1921 年 1 月安德魯牧師寫信給人在美國的泰戈爾，對甘地為了撐住「非暴力」抗爭的道德高度，不惜犧牲一切的計畫感到憂心。果不出其然，1921 年 8 月印度西南部 Kerala 地區的穆斯林發動激烈抗爭，接著北印度小村莊（Chauri Chaura）發生警察被抗爭者活活燒死在警察局裡的慘事。這些激烈衝突發生後，呼籲甘地採取溫和抗爭的聲音越來越多。

　　1922 年 2 月，甘地宣佈停止這個抗爭運動。接著，在 3 月，被捕入獄的甘地拒絕為自己辯護，只在法庭上暢談自己何以從忠於英國官方的臣民與合作者轉為毫不妥協的反抗者。他說：「我發現，作為一個人以及作為一個印度人，我沒有權利。說得更確切一點，我發現，作為一個人，我之所以無法

擁有權利，因為我是印度人。」（I discovered that as a man and an Indian, I had no rights. More correctly I discovered that I had no rights as a man because I was an Indian.）[11] 在法官對他表達高度敬意下，甘地被判 6 年有期徒刑。兩年後，因為健康因素，甘地提早獲釋。但出獄後，他見到印度政局的複雜情況，已經遠遠超乎他的想像。

泰戈爾收到安德魯牧師上述那封信後，於 1921 年 3 月寫了一封回函。在信中，他告訴安德魯牧師：「命運的捉弄也太嘲諷了。我在海的這邊不斷敦促東西各文化應該好好合作；而此刻在海的另一邊，『不合作』的教條卻被四處宣揚。」[12] 作為教育家與詩人，泰戈爾在意的，是如何透過良好的教育來引導人邁向自由；而甘地作為一位政治運動者，抗爭本身就是他實踐自己追求自由理想的場域。

泰戈爾於 1921 年 5 月在《加爾各答現代評論》（The Calcutta Journal of Modern Review）發表一篇文章，對甘地發起的運動提出質疑。[13]

泰戈爾認為，「不合作運動」表面上似乎是採取「政治上的禁慾」（political asceticism）這種和平抗爭形式；但是，讓人民集體沉浸在憤怒的反抗情緒中，本身就具有可觀的毀滅性。此外，停止生產勞動也會讓很多人無以維生，只要抗爭成果不如預期，最後很難避免走向「暴力」（in its passive moral form is asceticism and in its active moral form is violence）。因此，在他看來，「不合作運動」是一個「負面行動方案」（negative programme），並不能

引領印度往「創造」的方向前行。

泰戈爾認為，西方的民族主義思潮只是在追求自己國家的利益，印度解放運動不該重蹈「民族國家」只想一味追求國家利益的覆轍。印度應該以道德及靈性上的優越來讓世人瞭解，何謂真正的「自由」；並以此超越西方，為人類文明立下典範。

對於泰戈爾的質疑，甘地在 1921 年 6 月 1 日於自己發行的報紙《青年印度》（*Young India*）做出回應。14

甘地要泰戈爾放心，「不合作運動」不會變成阻隔印度與西方合作的牆。因為這場運動要對抗的，是被強迫去參與的假合作；在武裝脅迫下，活生生被剝削的假文明。「不合作運動」追求的目標，不僅要建立印度跟國際社會互相尊重、平等來往的基礎；同時也要反映出「不合作運動是反抗在渾然不知與毫無意願的情況下，被迫去參與惡行」（Non-cooperation is a protest against unwitting and unwilling participation in evil）。

對甘地與泰戈爾而言，他們都認為，印度的獨立一定要伴隨著印度心靈的覺醒。然而，對甘地而言，這個覺醒的過程是透過他個人清教徒般的禁欲苦修、以善勝惡的德行光環，讓民眾從他的「非暴力抗爭」中，感受到善的淨化，藉此讓社會良知逐漸萌芽。然而，泰戈爾認為，不應該讓印度在爭取獨立的過程中，以「自我封閉」的心態來面向世界。應該努力幫助印度人有開闊的格局和視野，來參與世界的改造。

　　1921 年 9 月初，甘地邀請泰戈爾一起加入他的抗爭運動，兩人在 Jorasanko 閉門會談。會談內容沒有對外公開，只能根據泰戈爾事後寫下的紀錄一窺究竟。[15]

　　泰戈爾指出，印度從歷來征服過這塊土地的征服者身上學到不少東西，並不需要因為被殖民，就排斥外來文化；而是應該積極思考，如何將印度文化貢獻給這個世界。換句話說，雖然印度不斷遭到外來入侵、征服、殖民，但在爭取獨立的過程中，並不需要拿著被殖民者的匱乏眼光來望向世界，反而應該努力保持正向的思考，表現出印度文化具有獨立自主性的泱泱格局。

　　結束跟甘地會面後，泰戈爾發表了一篇文章〈呼喊真理〉（"Call for Truth"），再次向甘地喊話。[16]

　　泰戈爾認為，國家應該是可以讓人好好發揮創造力來實踐真理的地方。國家之所以偉大，在於讓人基於正向意念，好好發揮創造力。他批評甘地帶起的手紡車（charkha, "spinning wheel"）運動（圖 7），只是一成不變的機械式勞動，無法鼓勵思考。在這種反覆機械式操作的行動中，人的心靈活力被棄置一旁，不可能帶起精神上的覺醒。然而，印度最需要的，正是精神上的覺醒。

　　針對泰戈爾的說法，甘地於 1921 年 10 月在《青年印度》上發表了一篇回應文〈偉大的守望者〉（"The Great Sentinel"）。[17]

　　甘地首先承認，泰戈爾是一名守望者，告誡他們不可與

頑固偏執、冷漠、不寬容、無知、惰性等負面情性為伍。但甘地說，城市，不是印度；真正的印度在農村。他之所以鼓勵每個人都有一台手紡車，就是要讓成千上萬的窮人有自己的生產工具。手紡車是賦予手工勞動應有的尊嚴。如果不尊重手工勞動，人們只能繼續在快速變動的消費文化裡受苦。因此，手紡車是當代印度不可或缺的聖物（圖 8）。接著，甘地繼續說，此刻的印度，除了敗壞、窮困、與疫病外，跟這個世界沒什麼好分享的。印度過去那些美好的宗教靈性傳統，之所以無法得到世人重視，正是因為印度人沒有能力活出那些美好。如果想要跟世人分享印度傳統文化，必須先讓印度人具備可以擁有這些美好文化的生活基礎。

為印度努力的心念超越理念不合

印度脫離殖民地建國，甘地的貢獻功不可沒。他十分專注於發動社會底層的力量來從事政治革命；但對知識、文化、科學沒什麼興趣。反之，泰戈爾對世界文化充滿了好奇與探索的熱情，對科學研究的成就也給予相當高的肯定。泰戈爾出身印度知識菁英家庭，這個家庭為印度奉獻的心志始終很高，也對印度近現代文化產生許多重要影響。泰戈爾把諾貝

7.

甘地與他的手紡車。

8.

以「印度教國家主義」作為施政號召的印度現任總理莫迪（Narendra Modi）於 2016 年 10 月在一所農業大學（Punjab Agricultural University, Ludhiana）親手操作手紡車，象徵與甘地的政治遺產連結。

爾文學獎的獎金及出書的版稅，全都拿來奉獻給自己創辦的
學校，一所帶領學生瞭解世界文化之美的學校。對他而言，
印度雖窮，但不該把「貧窮觀」灌輸給學生，因為這會讓他
們對世界上美好的事物視而不見。然而作為詩人，他能專注
從事的，就是教育與文化工作。

　　因此，甘地與泰戈爾這兩個人基本上只能像兩條平行線
那樣，各自從自己的角度為印度奮鬥。幸好的是，面對緊急
狀態時，為了幫助印度儘速脫離難關，他們還是會攜手合作。

　　為了抗議英國政府在 1932 年 8 月 17 日公佈的選舉法，
將賤民的選舉權跟一般普通人分開，而且給予賤民的席次過
少，在獄中的甘地宣布將在 1932 年 9 月 20 日進行絕食（他稱
之為「禁食」）。9 月 19 日，泰戈爾拍了一封電報給甘地，除
了向他致敬外，同時也表示，為了促成印度團結以及社會融
合，奉獻出自己以喚醒同胞，是非常崇高的做法。心有靈犀
的是，還沒有收到電報的甘地，已在 9 月 20 日凌晨提筆寫信
給泰戈爾，希望聽他對自己這個行動的看法：「如果你能祝
福這個行動，我很希望得到你的祝福。在我心中，你一直是
位忠實的朋友，因為你總是直言不諱，會大聲地把你的想法
說出來。我一直期待能得知你真實的意見，不管是贊成還是
反對。」

　　9 月 22 日，泰戈爾寫了一封公開信，呼籲全國支持甘地。
9 月 26 日，在甘地請求下，泰戈爾趕到獄中探望絕食多日、已

經奄奄一息的甘地。見面後，兩人緊緊相擁，泰戈爾遞了一
杯果汁給甘地喝，以此舉結束甘地的絕食行動。在甘地請求
下，泰戈爾為他唱了自己詩集《吉檀迦利》裡的一首詩歌：[18]

> 在我的心堅硬焦躁的時候，請灑我以慈霖。
>
> 當生命失去恩寵的時候，請賜我以歡歌。
>
> 當繁雜的工作在四周喧鬧，使我和外界隔絕的時候，我
> 寧靜的主，請帶著你的和平與安息來臨。
>
> 當我乞丐似的心，瑟縮在屋角的時候，我的國王，請你
> 以王者的威儀破門而入。
>
> 當欲念以誘惑和塵埃來迷濛我的心眼的時候，呵！聖
> 者，你是清醒的，請你和你的雷電一同降臨。[19]

（When the heart is hard and parched up, come upon me with a shower of mercy.

When grace is lost from life, come with a burst of song.

When tumultuous work raises its din on all sides shutting me out from beyond,

come to me, my lord of silence, with thy peace and rest.

When my beggarly heart sits crouched, shut up in a corner, break open the door, my

king, and come with the ceremony of a king.

When desire blinds the mind with delusion and dust, O thou holy one, thou

wakeful, come with thy light and thy thunder.）

留下典範的脫殖運動

　　曾擔任墨西哥駐印度大使的諾貝爾文學獎得主帕茲
（Octavio Paz, 1914-1998）曾針對泰戈爾與甘地長期意見不合、但卻
沒有淪為形同水火的交誼，說過一段意味深長的話：

> 甘地與泰戈爾之間的差異不曾重傷過他們彼此間的互相
> 賞識。但我們應該記得，詩人通常明察事理（雖然他們
> 的聲名常讓我們想到反方向），聖徒則不然。要詩人去
> 跟聖徒進行對話，是困難的事。因為詩人在開口之前，
> 必須傾聽他人的想法。也就是說，詩人所說的話，既屬
> 於眾人，又不專屬於特定的個人。聖徒則跟神與自己對
> 話，而這些對話都是在靜默中進行的。[20]

　　整體而言，甘地看似是精明的謀略家，知道從群眾運動
裡緊緊抓住草根力量。但基本上，他更是一位無可救藥的樂
觀主義者，熱情地以他對「非暴力」的理想，希望能讓政治
場域散發出善念的馨香。他把宗教的語彙帶進政治，想用聖
徒般犧牲自我的德行來感化印度各種不同社群的人。誠如政
治學者 Bhikhu Parekh 所說，甘地作為一位行動派人物，他不
僅領導了歷史上最大規模的反殖民運動，鼓舞了一種充滿人
道關懷的愛國主義，他也活出了一種罕見的典範，讓大家看

到，從政時應該如何避免折損個人的真誠、以及領袖人物應
如何承擔該有的道德責任。作為歷史上第一位結合政治與宗
教的領袖型人物，甘地沒有讓這兩者走上腐化的道路。[21]

　　泰戈爾雖以書寫洋溢著性靈之美的散文詩聞名於世，但
年輕時就參加過許多反抗運動的他，其實很早就看透，群眾
運動裡難免都會暗藏著種種幽暗。他在 1916 年寫的政治小說
《家與世界》（*The Home and the World*）裡，就細膩地刻劃政治運
動場域裡的複雜幽晦。然而，正是他對這些人性陰鬱面有著
通達的領悟，讓他決定將自己的一生轉往奉獻到教育與文化
之上。他所嚮往的境界如同他在《吉檀迦利》另一首非常有
名的詩〈心無所懼之處〉（"Where the mind is without fear"）所述：

　　在那裡，心是無畏的，頭也抬得高昂；
　　在那裡，智識是自由的；
　　在那裡，世界還沒有被狹小的家國之牆隔成片段；
　　在那裡，話是從真理的深處說出；
　　在那裡，不懈的努力向著「完美」伸臂；
　　在那裡，理智的清泉沒有沉沒在積習的荒漠之中；
　　在那裡，心靈是受你指引，走向那不斷放寬的思想與行
　　為──
　　進入那自由的天國，我的父啊，讓我的國家覺醒起來
　　吧！

（Where the mind is without fear and the head is held high

Where knowledge is free

Where the world has not been broken up into fragments

By narrow domestic walls

Where words come out from the depth of truth

Where tireless striving stretches its arms towards perfection

Where the clear stream of reason has not lost its way

Into the dreary desert sand of dead habit

Where the mind is led forward by thee

Into ever-widening thought and action

Into that heaven of freedom, my Father, let my country awake.）

　　雖然甘地與泰戈爾這兩位理想主義者在自己的晚年，面對當時的印度政局都不免感到落寞、失望；然而，拉長時間距離來看，他們留下來的精神遺產卻相當可觀。

　　當年專注在印度推行「非暴力」抗爭，不願意干涉國際事務的甘地，深深影響了美國金恩博士（Dr. Martin Luther King）在五○年代帶起的美國黑人民權動、南非的反種族隔離運動、以及八○年代中東歐推翻共產黨極權統治的和平抗爭運動。而當年不斷倡議世界和平、普世文化合一的泰戈爾，則成為印度與孟加拉兩個國家國歌的作詞者。他除了在世界文學史上永遠享有一席之地外，他寫的詩與歌更是今天孟加拉民眾

朗朗上口的歌謠。

　　泰戈爾與甘地兩人的確因為對許多事情的看法不同，難以成為並肩作戰的夥伴。誠如亞洲第一位諾貝爾經濟獎得主——印度裔學者沈恩（Amartya Sen）——在他所寫的《好思辯的印度人》（*The Argumentative Indian*, 2005）一書所提到，[22] 泰戈爾希望多一些理性討論的空間，少一些以傳統為「神主牌」的作法與觀點。他也希望甘地多敞開心胸，好好認識科學與世界各國文化。然而，泰戈爾也知道，他無法成為像甘地那樣的抗爭者，直接透過大規模群眾運動，為印度做出貢獻。

　　無論如何，這兩人的君子之交因懂得互相尊重，緊急時也懂得以印度的未來為第一優先，因而能適時互相扶持，讓印度脫離殖民地的過程不像許多國家的歷史經驗那樣，血淋淋地寫滿了權力與利益傾軋下人性貪婪的印跡。此外，印度脫離殖民地的過程中，也因甘地與泰戈爾在國際社會享有高知名度，始終受到國際高度矚目，並不需要用卑躬屈膝的俯仰，隨著強權力量的擺弄來行事。

　　但從另一方面來看，作為理想主義者，泰戈爾與甘地都想從印度出發，來為自己家國的和平與世界和平尋找解決良方。泰戈爾關注多元文化的合一、以及對現代西方文化精髓的擷取；同時他也一再警告，印度教與國家主義不可靠得太近，否則很容易引發穆斯林社群潛在的不安。甘地表面上雖然強調自己是傳統的印度教徒、排斥現代西方模式，但他

對民主政治的信任，反映出他深受西方近現代思想的洗禮。他對「非暴力」的堅持，不僅是將耆那教「不殺生」的教義帶進印度教，而且也結合了俄國作家托爾斯泰（Leo Tolstoy, 1828-1910）的和平主義與美國作家、梭羅（Henry David Thoreau, 1817-1862）的「公民不服從」（civil disobedience）理念。甘地與一般印度教徒大不相同的地方還在於，他不僅努力打破種姓之間的藩籬，而且積極向穆斯林及錫克教徒伸出友誼之手。

　　獨立建國後的印度，總理尼赫魯表面上雖像是甘地政治遺緒的後繼者，但實際上完全不是他的門徒或追隨者。尼赫魯領導下的印度，政治上走向高度中央集權化，經濟上專注於計劃經濟及學習西方工業化，後來還讓印度成為擁有核武的國家。這些作法都與甘地對印度以農村為基礎，由下而上打造聯盟式的國家所懷抱的政治想像不一樣；同時也與泰戈爾重視基層教育、重視國民藝術文化涵養的願景大不相同。

沒有軍隊坐大的印度民主，問題在哪裡？

　　在泰戈爾與甘地之外，印度脫離殖民地的建國故事還有許多要角。因飛航事故在台北喪生的鮑斯，是以武裝革命追求印度獨立的重要運動者。為了建國，他可以接受「敵人

的敵人就是我的朋友」，不惜與法西斯主義站在一起。鮑斯之外，還有另外一名國際知名的印度獨立建國運動者羅易（Manabendra Nath Roy, 1887-1954），他是共產國際成員。羅易積極在國際上尋求可以幫助他從事印度獨立的援助力量。他不僅是印度與墨西哥共產黨的創建者，1927 年，他也擔任過共產國際駐中國的代表。但他後來與共產國際決裂，反過來力主印度應該跟英國攜手合作，一起對抗法西斯極權。

　　印度建國史跟亞洲其他國家大不相同的是，他們主要是透過一步一步走向民主的過程來邁向獨立，而不是透過像鮑斯或羅易所訴求的武裝革命。因為這樣，印度避免了建國後軍隊與軍閥對國家公權力的宰制壟斷。然而，不可忽略的是，在印度建國史上，除了歷史主流論述筆下的甘地「非暴力抗爭」、與尼赫魯領導的國大黨做出重要貢獻外；過去主流論述很少觸及的鮑斯與羅易這些激進運動者，也在印度的獨立過程中，有過不可小覷的影響。

　　因此，如果要談印度建國史，不該如甘地所想的那樣，可以單純地從印度自己內部從事的解殖抗爭運動來談，而無視於印度當時也有人積極透過與極右的法西斯政權或極左的共產國際結盟，想讓印度快速脫離英國統治。此外，不直接涉足政治運動、但發言有一定份量的詩人泰戈爾，他對印度當時政局提出的種種意見，也對印度社會當時的走向產生過相當可觀的影響。

　　從這些角度來看，如何走出「國大黨」過去的官方歷史詮釋版本，以理性客觀的態度重新梳理印度獨立建國史，不僅攸關印度過去的歷史，同時也攸關印度當代民主政治的發展。

　　暫時脫離甘地與尼赫魯家族執政的印度，目前在莫迪總理領導的「印度人民黨」（BJP）執政下，正朝向以印度教文化為本的國族主義（「印度教國家主義」）與資本主義結合的路線發展。政治人物想以單一文化打造同質性高的國家，來解決社會文化、宗教習俗高度異質的問題，從 19 與 20 世紀極右派執政的後果來看，雖然在短時間內可令支持者感到暢快；但長期來看，藉由政治高壓來讓異議人士噤聲，最終逃不掉須要收拾更多殘局。

　　同樣的問題也可見於莫迪政府積極抓住鮑斯來與國大黨對抗的作法上。走出「國大黨」版本的印度獨立建國史，究竟會如何詮釋鮑斯對現代印度史的意義，的確攸關印度接下來的民主發展：是要將鮑斯視為爭取印度真正的政治自由，不惜奉獻出自己生命的人之一，因此應該多元地瞭解印度獨立建國過程中各種不同的理念與行動路線（例如，鮑斯如何有辦法將印度社會在宗教信仰上的弱勢各族群凝聚起來）？還是要將鮑斯的激進抗爭運動詮釋為被甘地與尼赫魯冷落一旁的「民族英雄」，藉此來暗示，只要為印度好，當法西斯路線的同路人也無妨？

　　誠如諾貝爾經濟獎得主沈恩一再提醒，印度雖然 80％以上的國民屬於廣義的印度教徒，但是，印度全國的穆斯林人口總數在世界上排名第三，人數加起來比英、法兩國的總人口還要多。此外，印度也還有其他宗教的信仰者，如基督教、錫克教、耆那教與祆教等等。[23] 在這樣的情況下，特別放大宗教在印度社會文化所扮演的角色，而無視於印度世俗文化本身也有非常值得重視的公共論理（public reasoning）底蘊，這不僅會對印度民主的發展造成傷害，而且就世界史的分類而言，也是一大錯誤。

世界史分類不只是理論問題，錯誤的分類思維會引發嚴重後果

　　為什麼作為經濟學者的沈恩要特別關注，錯誤的世界史分類會給人類世界帶來嚴重後遺症？針對這個問題，他藉由批判美國著名政治學者杭廷頓（Samuel Huntington, 1927-2008）所著的《文明衝突與世界秩序的重建》（*The Clash of Civilizations and the Remaking of World Order*）一書，[24] 進行深入的闡釋。

　　沈恩筆下的杭廷頓是一位「智識簡化者」（intellectual simplifier），[25] 這如同經典名著《東方主義》（*Orientalism*）的作者

薩伊德（Edward Said）批評杭廷頓其實是一名為強權說項的「政治的辯士」一樣。[26]

沈恩指出，當杭廷頓透過「文明圈」的分類，把印度歸在「印度教文明」的類別下時，杭廷頓已經犯了學術分類上的錯誤。換句話說，印度作為全球第三大擁有穆斯林國民的國家（筆者註：將近一億八千萬人），[27] 不可忽視印度的穆斯林人口總數僅次於印尼與巴基斯坦。然而，被杭廷頓歸類為「伊斯蘭文明圈」的國家，他們的穆斯林人口數幾乎都比印度少。[28] 因此，不能因為穆斯林在人口眾多的印度所佔的比例（14.2%）遠低於印度教徒，就率爾認定伊斯蘭文化對印度的意義不大。

沈恩進一步舉出，一個國家究竟具有什麼樣的性質，不同的分類標準會得到完全不一樣的結果。除了「宗教」以外，印度的「多數人口」也可從以下各種範疇來定義：

（1）中低收入戶
（2）資產有限階級
（3）住在鄉下的印度人
（4）不在政府劃定的工業區裡工作的人
（5）反對宗教迫害的印度人 [29]

透過上述這些分類可以得到對印度不同的定義來看，便可進一步討論，為什麼杭廷頓不願意去看到，有為數眾多的

印度人一直生活在貧困邊緣？他也不願意去看到，大多數印度人都反對宗教迫害？他反而執意在自己的學術論述裡，透過建構「文明圈」的概念，來說明現代世界的衝突主要都因「文明衝突」而起？這種與「偽科學」無異的理論，如同薩伊德所指出，最大的問題在於，杭廷頓依然從 19 世紀殖民主義觀點出發來看現代世界；但他卻明顯忽略了「公共意識」（public consciousness）在世界各地本土社會發展上，扮演了舉足輕重的角色。30

　　然而，如同沈恩所言，杭廷頓這種錯誤的分類，剛好正中政客下懷，讓他們可以借用學術包裝過的錯誤理論，來激發民眾盲目的民族主義熱情；31 此外，甚至還可進一步利用「文明圈」與「文明衝突」的分類概念，在歷史教科書上形塑「我者」與「他者」的分別：

　　　　基於「印度教復興運動」（Hindutva）優先的角度，改寫印度歷史的作法偏好去談論對內與對外的孤立，藉由在形式上區分「印度教」與「非印度教」，來讚揚印度教在過往的成就，而避談印度以外地區的智識與文化發展。但是這種「孤立主義者」的企圖，實際上很難站得住腳，光是看看印度在整個歷史發展過程中，是靠著何等廣泛的互動往來促成的——不論是在印度自己本土內、或是對外跟世界各地方。32

印度的路，台灣的路

印度獨立建國即將 70 週年了。在許多印度人心中，卻還有著各式各樣的內心歷史小劇場在上演、在互相叫陣、在爭奪舞台上想要享有的歷史定位。然而，有識者如經濟學家沈恩關心的，是印度民主發展的危機；就像鮑斯的姪孫——歷史學者 Sugata Bose——關心的，是家族長輩鮑斯的精神遺產不該被有心政客濫用來作為當下政治激進主義的催化劑。[33]

而台灣，面對 70 年前一場台北飛航事故可以連結到的印度建國史關鍵點滴，我們會想到，從台灣看出去，也是可以看到深邃壯闊的近現代世界史風景嗎？

泰戈爾在《吉檀迦利》曾寫下一句發人深省的詩句：「這是我對你的祈求，我的主——請你剷除，剷除我心裡貧乏的根源」。不管是從台灣望向世界、或是思考台灣未來的路，都請剷除我們在心底習慣性自己加給自己的貧乏根源。因為，健康的遠望來自於願意靜下心來看見深邃豐富，那是從我們願意給自己、給台灣一個泱泱開闊的視野開始的。

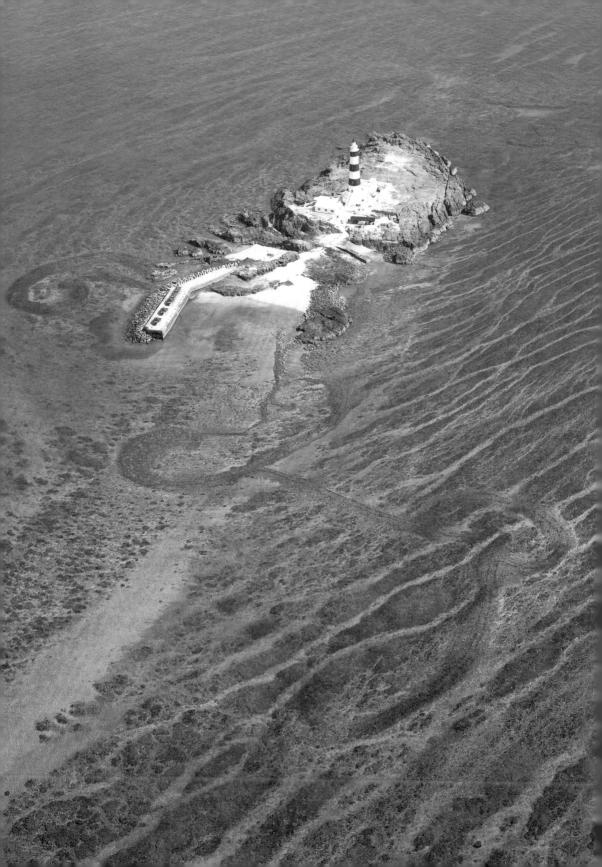

2

揮別性別文化意識形態的
21 世紀史學新思維

瑞典國立歷史博物館怎麼做？[1]

那些知道
這裡發生過什麼事的人，
必須讓路給
那些知道得很少的人。
還有那些比很少還少的人。
最後是那些幾乎什麼都不知道的人。

在把因果
覆蓋起來的草地上，
有人必須躺著，
嘴裡叼根草，
望著雲朵發呆。

——波蘭詩人辛波絲卡，〈結束與開始〉（1993）[2]——

現代史上，逞強的男性出了什麼事？

　　從台灣來看，2014 年發生好多事。從「三一八學運」到頂新餿水油風暴，以迄激烈論辯的性別平權與多元成家法案。即便到了年底，台灣社會仍有許多攸關未來發展的重大事件正在進行。大家似乎並不打算讓 2014 年再如過往幾年那樣，只能無奈地任人偷走。

　　從世界史的角度來看，2014 年也是重要的一年。有些事與台灣自身處境相仿，受到許多關注。例如，蘇格蘭在 9 月舉行了三百年來第一次住民自決公投，以及香港佔中行動。但是，也有一些重要大事，因與台灣沒有太直接關連，以至於我們的學界或媒體並沒有給予同等份量的關注，例如，烏克蘭的「克里米亞危機」（圖 1~1-1）與 2014 年是第一次世界大戰爆發 100 週年紀念。

　　在歐美，重新檢視第一次世界大戰的發生，可說是 2014 年史學界最重要的議題；而與此相關的論述，也經常被拿來與當下的俄國情勢及烏克蘭危機放在一起討論。透過許多專書在這幾年間陸續出版，西方學界對第一次世界大戰爆發的經過做了與過往大不相同的檢討，也帶動了更有啟發意義的詮釋觀點與討論問題的態度。

　　大體而言，有別於以往將戰爭責任完全歸咎於德國，100 年後的今天，歷史學者更傾向於去檢視，第一次世界大戰之

Ukraine EU Office @ukraineoffice · 6月23日 ﹀
#EU and #Ukraine hail closer ties: politi.co/2sYSQTC #Russia #sanctions #DCFTA

EU and Ukraine hail closer ties, extension of Russia sanctions
Visa-free travel and a new trade accord strengthen Ukraine's bonds to Europe.
politico.eu

1 & 1-1.

2017 年 7 月 13 日，烏克蘭在總統波洛申科（Peter Poroshenko）成功運籌帷幄下，走出三年前「克里米亞危機」陰影，不懼俄羅斯強大軍事威脅，正式與歐盟簽約結盟（自 2017 年 9 月 1 日起生效）。烏克蘭也積極與「北大西洋公約組織」（NATO）洽談，申請加入成為正式會員國。

⤶ Ukraine EU Office 已轉推

 Maja Kocijančič ✔ @MajaEUspox · 7月13日 ﹀
#EU #Ukraine Summit in Kyiv with @JunckerEU @eucopresident @poroshenko. Ukraine reforms combined w #EU support delivering positive results.

所以會爆發，當時的歐洲五強（英法奧德俄）究竟是如何在互動的？舉一本被高度評價的學術專著──劍橋大學歐洲近現代史教授 Christopher Clark 所著的《夢遊者：1914 年歐洲何以邁向戰爭之路》（*The Sleepwalkers: How Europe Went to War in 1914*）為例，[3] Clark 就指出，不應該用找替罪羔羊的詮釋方式，包裹式地解釋一戰的發生。他認為，一戰的爆發，並非肇因於「同盟國」與「協約國」兩個敵對陣營互相挑釁的結果。反之，兩個陣營都是非常脆弱的結盟。根據統計，盟友之間簽訂的白紙黑字協議，被履行的比例大概只有 25% 左右。在爾虞我詐的氛圍下，表面上同陣營的人，互信基礎實際上極為薄弱，誰也不敢確定所謂的「盟友」到底是敵是友？而正是這種深切的不確定感，引爆了第一次世界大戰（圖 2）。

　　Clark 在閱讀大量書信、備忘錄與回憶錄後發現，當時主宰歐洲政治的男性（全都是）在決策時，幾乎陷入同樣的性別文化思維框架，經常使用類似的語彙來描述自己面臨的困境。他因此提出一個概念：「強逞男性雄風而導致的危機」（"crisis of masculinity"）。雖然一些書評對這個概念並不完全認同，但是，Clark 的用意是想藉此指出，1914 年歐洲五強領導者雖然各自對當時國際情勢做過所謂的理性權衡與評估，但最終卻因難逃本位主義盤算；此外，他們更擔心自己若不硬撐出強者姿態，隨時可能會顏面掃地。因此，到頭來，他們紛紛像被無端夢魘所牽引的夢遊者那樣，雖然自認為處處小心，

但卻在無法看清前路的情況下，讓國家捲入戰爭泥淖。

　　Clark 提出「強逞男性雄風而導致的危機」這個概念，是有感而發的。對照第一次世界大戰在盲昧逞強的狀況下爆發，Clark 在出書後受訪時，不斷提出警告。[4] 他認為，目前我們所處的世界局勢很像第一次世界大戰爆發前夕那樣。而喜歡逞男性雄風的政治人物，就類似俄國總統普丁（Vladimir Vladimirovich Putin）。在 Clark 看來，普丁在心態上還活在 19 世紀

2.

第一次世界大戰歐洲地圖漫畫嘲諷版。

男性統治者性別文化想像裏，許多方面都只想靠逞狠鬥猛來維護自己的強者／強國威嚴。

　　強逞的男性雄風出了什麼問題？Clark 並非認為懦弱、意志不堅的政治領導人是好的。他書中所指的那些喜歡誇炫陽剛之氣的掌權者，問題出在，為了顧全自己的顏面，不斷用硬撐、硬拗的偏執手段，掩飾個人意志上的軟弱，只為了讓大家相信，他實實在在是個「勇者」，而非「懦夫」（in an obsessive desire to triumph over the 'weakness' of one's own will, to be 'a person of courage', [......] rather than 'a person of fear'.）。是這種性別文化的意識牢籠作祟，讓男性決策者假理性之名行事，但卻越來越往意氣用事的方向暴衝。而且當重大問題發生後，他們又無法放下身段，謀求如何圓融解決問題。

　　從「性別」觀點看世界史與個人，在歷史詮釋上，並非新的。然而，過去的作法比較聚焦在女性主義對男性宰制現實的抗議與抗衡上（例如《女人的世界史》一書）；在大眾媒體呈現上，也比較傾向於女性在世界大戰期間默默承受的苦難（例如日劇《櫻子》）。Clark 論述一戰爆發經過的切入點，卻是跳脫傳統「父權思想」與「女性主義」對立的二分法，改從男性如何陷入男性自身的性別意識牢籠，以至於思考底線變成不願意「輸人輸陣」。然而，硬拗之下，卻讓自己因此身陷困境難以自拔，最後連整個國家與世界都跟著捲入世界大戰的悲劇裡。

從歷史研究角度看「男人真命苦」？

「男人真命苦」是很多成年男性的口頭禪。然而，21 世紀可不可以讓這樣的悲嘆消失？

重新看待性別議題，不只是學術研究的問題，也牽涉到 21 世紀如何突破 19 世紀留下的「國族主義」思維。「國族主義」基本上是架構在父系繁衍基礎上的思想，強調具有一定血緣關係的人，就是種族文化的承載者，因此也必須成為繼續傳承共同文化的行動者。國家被想像成一群在父系血緣關係上，有一定程度連結的種族共同體；而且，為了延續種族永續存在的「神聖使命」，有血緣關係的人，不管意願如何，絕對不可彼此分離。

然而，現代學術研究卻清楚告訴我們，所謂「種族」或「民族」，其實都只是想像的共同體。[5] 在古代，即便是生活在相近地區的人，也不能直截了當論斷，他們一定就有近親血緣關係。他們也許因為貿易接觸或交通往來，在使用的語言上有了一些互相的影響，甚至有所謂「共通語言」（"lingua franca"）的出現。但學者並不能因此就斷定，這些使用共通語言的人群源自同一祖先；或是同一祖先對這些上古人群而言，具有無比重要的意義。在現代考古學家對早期日耳曼文化研究上，處處可以見到，在詮釋與推論上的小心謹慎，不讓過去建構在古羅馬父權主義思維上的傳統認知，繼續理所當然

地宰制現代學術研究。[6]

　　古羅馬思想傳統，不就是西方的傳統嗎？喔，喔，這真的要小心！我們的教科書在這方面錯得還滿嚴重的。就像漢族文化並非中國文化的全部，更非台灣文化的全部。

　　別忘了，歐洲原來也是各種原住民居住的世界。舉個簡單的例子來說，台灣媒體曾報導過一則有趣的新聞：〈考古大烏龍：王子其實是公主〉，[7] 就是義大利考古學者拿古羅馬的性別文化觀來詮釋伊特拉斯坎人（the Etruscans，義大利半島另一個原住民部族）的墓葬，結果把長矛視為男性文化象徵物，珠寶視為女性文化象徵物。經過骨質分析，卻發現完全錯置了。

　　西方經過 20 世紀上半葉種族主義帶來的重大災難，近幾十年來教育努力的方向，就是擺脫國族主義帶來的遺害，強調公民社會的多元價值。2014 年 9 月蘇格蘭公投採取住民自決原則，而不採取血緣認定原則，就是相當值得注意的成就。

當瑞典人不再以勇猛的維京人後代自居…

　　2014 夏天，斯德哥爾摩的國立歷史博物館（Historiska）舉辦維京特展（Vikings）。[8] 這個展覽的策展出發點簡單講，就是要破除瑞典人是維京人後代的「血緣臍帶想像」（圖 3）。換句

Vikings, myths and use of history

There is not just one single true picture of history.
Whether selection of information and presentation
of it is made consciously or unconsciously,
this sometimes says more about the present,
than the historical period being depicted.

History is used in various ways
and sometimes objectives are political.
A clear example of this use of history
is the image of Vikings during different eras.

The Swedish term "vikingatid" (Viking period)
was first created at the end of the nineteenth century.
The excavations of archaeologists at Birka, Lake Mälar,
during the 1870s provided historians with fresh knowledge.
In a rapidly evolving society
there was great need for a proud history.
Vikings became important to the creation of national feeling.

The myth of the strong "Swedish Viking" has been used
and abused throughout history and this is still going strong.

3.

斯德哥爾摩《維京特展》說明板。

© 攝影：花亦芬（Historiska, Stockholm）

話說，透過這個展覽，瑞典國立歷史博物館想傳達一個重要的訊息：作為現代國家，瑞典追求的價值，並非建立在國族主義之上。而且不要忘記，瑞典真正的原住民是 Sámi 人，而非所謂的「維京人」。

斯德哥爾摩這個維京特展開宗明義告訴觀眾，所謂 Viking，是一種遠洋出海討生活的「行業」，而非「人種」。史書常將西元 700-1100 年間的斯堪地納維亞歷史稱作「維京人時代」，並非正確的標籤。當時斯堪地納維亞地區大部分居民其實是農民、獵人、手工匠，而非遠洋出海的「維京人」。即便比較常出海做貿易營生的北歐人，也不是一年到頭都在海上 go viking，而是有時也會回家耕牧做農人、或做手工業（圖 4）。換言之，從國族主義的角度，將現代瑞典人、丹麥人、挪威人視為維京人後代，是有相當大的誤解。應該說，這四百年間，斯堪地納維亞的居民，有時會出海去當 Vikings，但整體來看，這些人在歷史上確實的行徑作為，並非一直是那麼勇猛、所向披靡（圖 5）。

當然，這樣的誤解其來有自。因此，展區的第一部分便展出 19 世紀以來的一些海報與圖像，告訴觀眾，維京人的概念是在 19 世紀末為了順應歐洲當時風起雲湧的國族主義思維，才在短時間內被強力建構起來的。自此直至納粹時代，這個概念不斷被有心人操弄，以幫不同的威權政治文化服務（圖 6）。

　　考古實物配合實景模型與嚴謹製作的多媒體影片，這個精心規劃的展覽從生活與社會文化各層面，深入介紹維京歷史。然而，最讓人驚豔的，更是在走出特展展場後，前往史前史常設展的銜接通道上，與另一個精心安排的思考區相遇。

4.

斯德哥爾摩《維京特展》以模型展出所謂「維京人」不出海時在家鄉過的農牧生活。
©攝影：花亦芬（Historiska, Stockholm）

進入時空任意門：瑞典博物館教育如何關心性別與家庭議題？

　　銜接通道上，一塊說明板讓我停下腳步，靜靜細讀起來，越讀越感動。說明板上寫著：「你剛從維京特展出來，對那

5.

斯德哥爾摩《維京特展》根據各種歷史材料重構出來維京時代的男女衣著服飾。

◎攝影：花亦芬（Historiska, Stockholm）

個時代而言，『出外』與『相遇』是重要的事。或許你已發現，當時的人與現代人的差別，並沒有想像中那麼大。許多我們現在會問的問題，當時人也在問。例如『我從哪裡來？要往哪裡去？』。你正站在一個銜接通道上，在一個時空之旅的旅程中稍事停歇。每一扇門上都有一個任何時代的人都會問、對歷史上所有人都重要的問題。這部分的史前史是根

Nazi symbol

The Viking period has become a Scandinavian myth of a time when we were powerful and travelled out and conquered the world. People think that the Vikings were all about power and adventure. That's why lots of people buy copies of Viking jewellery, such as Thor's hammers.

The Vikings have been used in many different ways. They played a role in Nazi propaganda. Pictures of the Vikings were used in 1940s posters and a panzer division was given the name "Wiking".

Picture

Part of the Vikings exhibition

6.

瑞典國立博物館透過舉辦《維京特展》告訴民眾，「維京人」概念是 19 世紀末才形成的。本張海報就是納粹利用「維京人」的武勇概念，吸引北歐人加入納粹建立世界帝國的行列。

據這些問題組織起來，但也是有關歷史知識如何借助考古學
幫助而建構起來的。」（圖7）

他們提出來的問題有哪些？

第一個問題【你從哪裡來？】（圖8）：「是上帝創造
的？是從別的動物演化來的？還是如北歐神話與許多千年前

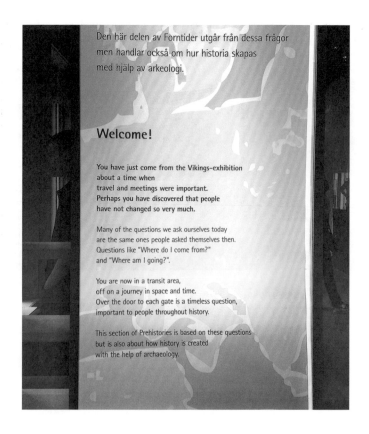

Den här delen av Forntider utgår från dessa frågor
men handlar också om hur historia skapas
med hjälp av arkeologi.

Welcome!

You have just come from the Vikings-exhibition
about a time when
travel and meetings were important.
Perhaps you have discovered that people
have not changed so very much.

Many of the questions we ask ourselves today
are the same ones people asked themselves then.
Questions like "Where do I come from?"
and "Where am I going?".

You are now in a transit area,
off on a journey in space and time.
Over the door to each gate is a timeless question,
important to people throughout history.

This section of Prehistories is based on these questions
but is also about how history is created
with the help of archaeology.

7.

斯德哥爾摩《維京特展》

攝影：花亦芬（Historiska, Stockholm）

的雕刻所顯示，與麋鹿、海豹及水禽連結在一起的創生起源有關？」

第二個問題【你往何處去？】（圖9）

看板上寫的內容很有思考引導性：「出外旅行時，我們跨越不同的邊界。今日所見的邊界，古時並無，這些也非絕對或永恆的邊界。有資源、也有機會的人，帶著好奇心環遊世界，認識世上萬物以及過往沒有學過的東西。但是當難民來到一個新的國家，彼此陌生雙方的遇合，卻往往不是那麼令人興奮。這個銜接區展示的，是過去旅人出外時留下的印跡，以及人與人遇合時的一些見證。今日的瑞典是經歷無數出外探尋與遇合後所得的結果。希望透過這個銜接區的展示，你開始有興趣去省思自己的世界觀，省思生命、他人與你自己。」

第三個問題【你的世界有多大？】（圖10）：「地平線的彼端是什麼？區隔『在家』與『離家』的界限劃在哪裡？你心目中的世界長什麼樣？未來看起來可能會如何？是你的責任嗎？」

第四個問題：【你的世界是以什麼方式組織起來的？】（圖11）

入門處看板上寫著：「這些東西是誰的？博物館為何用這種方式展示？東西如何被分類？這樣的分類方式如何影響歷史？」

8.

第一個問題【你從
哪裡來？】，斯德
哥爾摩《維京特
展》

攝影：花亦芬（Historiska,
Stockholm）。

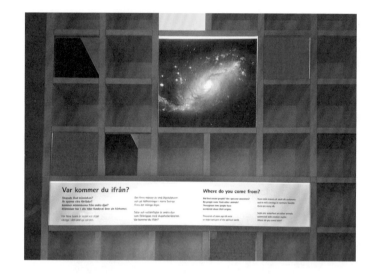

9.

第二個問題【你往
何處去？】，斯德
哥爾摩《維京特
展》

攝影：花亦芬（Historiska,
Stockholm）

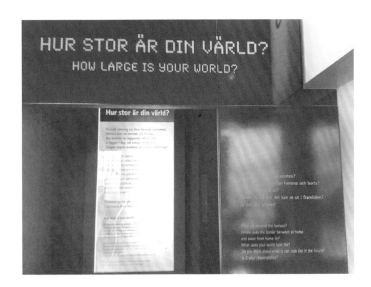

10.

第三個問題【你的
世界有多大?】,
斯德哥爾摩《維京
特展》

攝影:花亦芬(Historiska,
Stockholm)

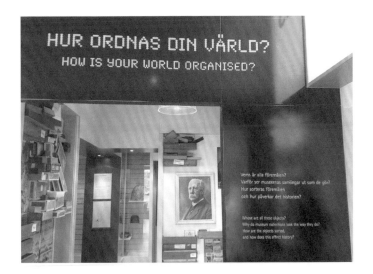

11.

第四個問題【你的
世界是以什麼方式
組織起來的?】,
斯德哥爾摩《維京
特展》

攝影:花亦芬(Historiska,
Stockholm)

另一個看板（圖11-1）則提出進一步的思考引導：「你
在尋找屬於自己的歷史嗎？考古學家創造了史前史，並將之
整理分類，以典藏圖錄記載之。博物館的典藏與展示，正反
映出博物館外的世界如何看待這些文物。我們目前所認知的
各種疆界，在史前時代並不存在。然而，在我們的庫房裡，
這些被發掘出土的文物，卻依發掘時所屬的現代行政區域與
教區被分類典藏。我們依照不同的分類標準來展示一些典藏
品。這樣的分類方式可以達到什麼目的？會影響到我們的詮
釋嗎？」

第五個問題【誰在述說關於你的歷史？】（圖12）

入門處的看板寫著：「我們該將歷史運用在哪些地方？
歷史能提供我們觀點來理解『今天』嗎？誰有權支配歷史？」

另一個看板則寫著：「同樣的文物或事件，可以用不同
的方式來展示。關鍵在於，由誰來述說這個故事？今天有一
些群體利用歷史強化他們的認同，史前時代的群體認同是什
麼樣子？活在現代的我們有辦法發現並瞭解其中的運作嗎？
試圖透過史前史研究來追溯不同文化的源流，這種研究法是
否可行？或者是重要的？不同的學者對此有不同的看法。」

第六個問題【宰制你生命的是什麼？】（圖13）：「誰決
定你該做什麼？上帝？市場？外力？家人？或是你自己？目
前的情況是你所願的嗎？為了達到你想要的，你可以捨棄什
麼？」

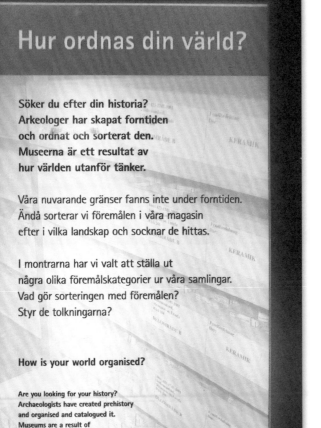

11-1.

第四個問題【你的
世界是以什麼方式
組織起來的？】，
斯德哥爾摩《維京
特展》

攝影：花亦芬（Historiska,
Stockholm）

12.

第五個問題【誰在
述說關於你的歷
史？】，斯德哥爾
摩《維京特展》
攝影：花亦芬（Historiska,
Stockholm）

13.

第六個問題【宰
制你生命的是什
麼？】，斯德哥爾
摩《維京特展》
攝影：花亦芬（Historiska,
Stockholm）

　　第七個問題【你是誰？】：「你怎麼看自己？別人又怎麼看你？何謂『人類』？不同時期的畫像對身體與臉部表情的刻劃非常不同。人們特別希望擁有哪些特質？大家會選擇展示哪些部分？是誰在決定哪些部分該被展示？我們常透過與動物互相比較，來定義人類是什麼。但我們卻也用動物的特質來形容某些人類的性格特徵，或有時拿人類的特質來形容動物。」

　　最後一個問題：【你跟誰同住？】（圖 14）門口的看板上寫著：「何謂家庭？誰決定什麼叫『正常』？什麼叫『不

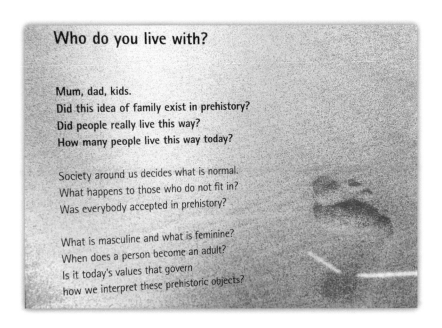

14.

第八個問題【你跟誰同住？】，斯德哥爾摩《維京特展》

攝影：花亦芬（Historiska, Stockholm）

同』？何謂男性？何謂女性？從何時起可以說一個人成為成年人？」另一塊看板寫得更有啟發性：「爸，媽，孩子，這種家庭觀存在於史前嗎？所有人都是依照這種模式生活嗎？現代社會還有多少人是按照這樣的型態在生活？我們所在的社會決定了何謂『正常』。我們是否知道，那些無法配合這種理想模式的人，到底如何生活？在史前時代，每個人都被社會接受嗎？何謂男性？何謂女性？從何時起可以說一人是成年人？我們今天的價值觀是否影響到我們對這些史前文物的詮釋？」

建構多元性別文化，讓我們回到「人之所以為人」的基本點

　　瑞典國立歷史博物館不算是歐洲觀光客熱衷朝聖的博物館。2014 年夏天他們卻以深具批判性的思考，推出一個讓參觀者可以靜靜檢視歷史知識與個人認知關係的美好展覽。這個策劃得極為用心的展覽提供的，不是國族文化意識形態裡的「黃金時代」；反之，卻用深具啟發意義的提問，鼓勵觀眾看過展覽後，自行進一步思考，歷史學與考古學作為建構之學，在詮釋上，可能產生的盲點；而我們又該如何警覺這

些盲點可能會出現在何處？

　　令人讚賞的，也在於這個展覽傳遞的訊息：國家並非由同一祖先的後代建構起來的，而是不同人群遇合後一起攜手打造出來的。在這樣的認知上，瑞典國立博物館放棄 19 世紀國族主義看重的課題，不再認為明確去定義一個國家的歷史文化根源是必要的事。反之，他們放棄傳統思維框架，不再以維京人自居，不再陷溺在彪悍的海上武士歷史迷思裡；更不認為男性雄風所追求的強者形象，是自己國家文化需要看重的價值。取而代之的，是對建立符合人性社會真正的關懷。他們認為，生態環保、民主多元、性別平等、尊重人權等普世價值，才是一個健康的國家在永續發展上應該努力追求的目標。

　　僵化制式的性別文化觀不僅讓生理上不是異性戀的人，長期以來受到不公平的待遇與歧視；僵化制式的性別意識型態牢籠，有時也讓一些自認為是「正常人」的人，給無數無辜的人帶來世界大戰的摧殘之苦。

　　性別文化平權的多元建構，不只是法律權利的問題，其實也攸關到世界和平的建構。

　　如果男性不再被要求時時要能擺出輸人不輸陣的「男性本色」，女性不再擺盪於電影《窈窕淑女》裡的奧黛麗赫本與唐代武則天兩個極端之間，大家共同回到「人之所以為人」的基本點；也由此出發，在理解異性的同時，同時接納傳統

「男」與「女」狹窄定義下所沒有照顧到的其他性別。如此一來，我們不僅幫助處在困境中的人走出枷鎖，我們更接納了自己。大家重新回到人之所以為人的基本點，互相善待，不再一起作為傳統性別文化觀宰制下的被綑綁者。

3

瑞士的「中立」是
世界史的「特例」嗎？

倘若生命不是對生命的創新，
那它只是對死亡的因襲。

——敘利亞裔當代詩人 Adonis [1] ——

2015 年春天，瑞士史學界掀起了一場「歷史學者論戰」（Historikerstreit），導火線是瑞士史學者麥森（Thomas Maissen, 1962- ）甫出版的新書《瑞士史上的英雄故事：以及隱藏在這些故事後面的歷史真相》（*Schweizer Heldengeschichten—und was dahintersteckt*）。[2]

麥森在這本書的〈序言〉挑明了說，他書寫的目的是為了駁斥瑞士排外的右翼民粹政黨「瑞士人民黨」（SVP）民族主義的觀點。因為「瑞士人民黨」想利用瑞士「歷史特例說」（Sonderfall）所形塑的迷思，強調「中立」是瑞士自古以來的傳統，藉此讓民眾相信，面對 21 世紀變化急遽的世局，瑞士應該積極捍衛自己的民族性，以「自掃門前雪」的態度將外來移民與多元文化擋在瑞士國門之外。

在許多人眼中，瑞士是令人羨慕的國家。他們在近現代列強環伺的環境裡，因為擁有「中立」的特權，因而躲開了許多國際的紛爭與無情的戰火。

但是瑞士究竟是如何踏上「中立」之路的？是「民族性」使然的嗎？為什麼瑞士歷史學家會認為，從「民族性」的角度將自己視為世界史上幸運的「特例」，對瑞士社會思考面對 21 世紀挑戰的問題，是相當嚴重的誤導？而世人又該從哪些角度來認識瑞士走過的歷程，以便可以好好理解「中立國」在 21 世紀該扮演的角色究竟是什麼？

驍勇善戰的瑞士僱傭兵，為何走上中立之路？

瑞士真正成為國家（nation-state），是 1848 年的事。在時間上，晚於國家性質跟它相近的比利時（1830 年建國），但早於以「單一民族國家」作為建國強力號召的德國（1871 年）。

缺乏天然資源的瑞士能在 19 世紀中期歐洲民族主義氣焰高漲的時刻，不循國族主義論述模式，將單一血緣、語言、宗教、文化視為建國最高指導原則，反而以平民百姓（而非貴族王室）為基礎，打造出一個多語文、多元民族的國家，從當時歷史環境來看，絕非「理所當然」、更非「自古已然」。簡單來說，瑞士之所以能透過「反其道而行」的方式建國，不隨當時週邊列強國家叫囂的「國族主義」起舞（圖 1），有識之士善於「逆向思考」扮演了關鍵影響的角色。

而瑞士建國過程之所以能平順地由鬆散的「邦聯結盟」（Staatenbund, 英文：confederacy）轉變成以立憲方式組成具有中央政府的「聯邦國家」（Bundesstaat, 英文：confederation），則又與他們在 1815 年的維也納會議上先取得「中立」（neutrality）的地位有關。[3]

中古時代以來，瑞士人向來以驍勇善戰聞名，擔任僱傭兵更是瑞士人最拿手的行業。但為何到頭來，瑞士卻成為近現代世界史上，最有指標象徵意義的「中立國」？這個發展，可從五百年前一場關鍵的戰爭──「馬瑞寧亞諾之役」（Battle of Marignano, 1515）談起。

「馬瑞寧亞諾之役」與法國的強權擴張

　　發生於 1515 年 9 月中旬的「馬瑞寧亞諾之役」是那年元旦剛登基的法王法蘭西斯一世（Francis I, 1494-1547, king of France 1515-1547）親自率軍打勝的著名戰役。21 歲就登基的法蘭西斯一

1.

法國漫畫家 Paul Hadol 在 1870 年「普法戰爭」爆發後，繪製的嘲諷版歐洲地圖。

世為了掃除大家對他年紀輕輕就登上王位的疑慮，不惜親自
帶兵到義大利米蘭作戰，以求快速穩定民心，建立自己的統
治威望。

　　然而，為什麼法蘭西斯一世特別選擇到米蘭作戰呢？簡
單來說，是因為法國與哈布士堡王室（House of Habsburg）兩雄相
爭。

　　神聖羅馬帝國的皇位原本是透過選舉德王連帶產生的
（先選舉「德意志王」，選上的德王經過教宗或主教加冕後，便具
有「神聖羅馬帝國皇帝」身份與頭銜）。但是自 1438 年起，神
聖羅馬帝國皇位就一直被哈布士堡家族壟斷，形成「哈布士
堡──神聖羅馬帝國王朝」。

　　在法蘭西斯一世即位之前，法王路易十二（Louis XII, 1462-
1515, king of France 1498-1515）──也就是法蘭西斯一世的岳父──
為了與神聖羅馬帝國爭雄，積極擴張在歐洲的版圖。1499 年，
路易十二攻下米蘭公國（Duchy of Milan），成為「米蘭公爵」（Duke
of Milan）。之後，他對米蘭採取寬鬆統治政策，開放米蘭的農
作物自由輸往法國販售，以此收攬人心，讓米蘭成為法國在
義大利中北部開疆拓土的橋頭堡。

　　直到 1512 年，教宗朱利安二世（Julius II, 1443-1513, pope 1503-
1513）為了遏阻法國在義大利繼續擴張，募集了瑞士傭傭兵，
並聯合威尼斯與原本被路易十二世罷黜的米蘭史佛薩公爵
（Duke Maximilian Sforza），發動一連串擊潰法軍的行動。1513 年，

英王亨利八世（Henry VIII）眼見法王在義大利連連敗陣，也揮
軍法國，攻下圖爾內（Tournai, 在今天比利時）。

　　1512 至 1513 年這兩年間，一連串的「義大利戰爭」（Italian
Wars）讓瑞士僱傭兵有許多機會立下戰功，將法國勢力趕出北
義大利。但是，隨著戰事推進，局勢也起了不少變化：1513
年 2 月，長期過著兵馬倥傯生活的教宗朱利安二世，因為高
燒過世（圖 2），接任者是從佛羅倫斯梅迪西（Medici）家族出

2.

米開朗基羅為教宗朱利安二世製作的陵寢。

身的里奧十世（Pope Leo X）。而因戰情連連失利、一直抑鬱寡歡的法王路易十二也在 1515 年元旦那天過世了，接任者是他的女婿法蘭西斯一世。

　　換言之，就在 1517 年宗教改革爆發前兩年，從北義大利的角度來看，在佛羅倫斯文藝復興濃濃氛圍下長大的教宗里奧十世（圖 3~3-1）是否能像過去「雷公教宗」朱利安二世那樣，霸氣地擋住法國進逼的攻勢，是北義大利究竟鹿死誰手的關鍵所在。

　　對剛即位的法蘭西斯一世而言，自己的岳父因連吃敗仗抑鬱以終，他想重振法國軍心士氣最好的方法，便是想辦法一舉收復米蘭，既為路易十二雪恥，同時可讓大家相信，他有能力帶領法國重登榮耀，站穩歐洲強國地位。

　　為了順利攻下米蘭，法蘭西斯一世在外交上，先以重金打點好英國與神聖羅馬帝國。在戰略上，他則大膽放棄傳統戰法，帶著新發明不久的可移動式火砲（artillery）與重裝備騎兵隊越過阿爾卑斯山，一路長驅直入米蘭附近的馬瑞寧亞諾（Marignano）。

　　1515 年 9 月 13 與 14 日，法蘭西斯一世靠自己帶來的三萬多名兵力以及趕來相助的威尼斯騎兵隊，險勝由米蘭史佛薩公爵（Duke Maximilian Sforza）與教宗里奧十世（Pope Leo X）共同聘僱的瑞士僱傭兵聯軍（兵力約兩萬人）。「馬瑞寧亞諾之役」雖然贏得驚險，卻成為法蘭西斯一世打造個人統治威望最佳政

3.

拉斐爾（Raphael），
《教宗里奧十世畫
像》。站在教宗右
手邊的是他的堂弟
樞機主教 Giulio de'
Medici（1523 年成
為教宗 Clement VII）。

3-1.

（圖 3 局部圖）

治宣傳素材（圖 4~5），讓他可以藉此向世人誇示，自己真的有能力把法國打造成「偉大的國家」（grande nation）。

　　瑞士僱傭兵聯軍之所以會輸掉「馬瑞寧亞諾之役」，除了無法有效抵抗新式火砲的強烈攻勢外，當時沒有強有力的軍事統率中心也是重要因素。

　　在開戰前幾天（1515 年 9 月 8 日），法王曾遣派特使來跟瑞士僱傭兵陣營談條件，當時有不少人（例如，離米蘭比較遠

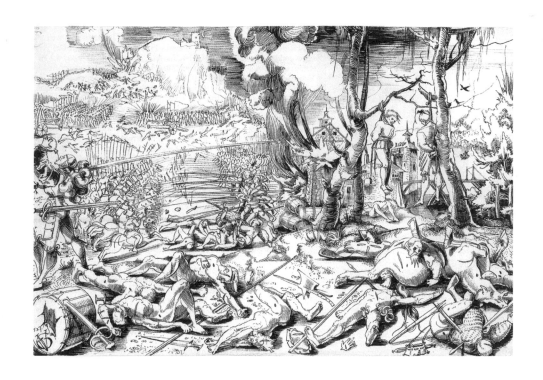

4.

一位見證者畫下他親眼所見的「馬瑞寧亞諾之役」（Battle of Marignano, 1515）的慘況。畫中前景清楚可見，瑞士輕步兵因只會使用刀劍等傳統武器，沒有當時的「高科技」裝備—火砲，也沒有重裝備的騎士，結果傷亡慘重，喪失了一半的軍力。

5.

法蘭西斯一世夫婦棺木下方銅雕特別刻著 1515 年「馬瑞寧亞諾之役」法軍以優異裝備戰勝的場景。

圖片提供：典匠資訊

的伯恩 Bern, 叟婁圖 Solothurn, 弗利堡 Fribourg 派來的軍隊）覺得可以放進口袋的和談金價碼不錯，馬上就決定撤軍回家。因此，後來留在戰場上迎戰法軍的，主要是瑞士比較靠近米蘭（如烏里 Uri, 舒維茲 Schwyz 與葛拉如斯 Glarus）的雇傭軍團，他們希望戰勝後，能跟米蘭公爵進一步結盟套利。然而，他們卻忽略了，沒有整體作戰計畫、各個部隊各打各的迎戰方式，剛好讓有火砲的法軍有了猛烈攻擊的機會。尤其慘烈的是，當威尼斯 12,000 名騎兵趕來支援法軍時，還在戰場上廝殺的瑞士聯軍竟有賴法軍幫忙保護，才能順利從戰場上撤退回家（圖 6）。

如果連達文西都去了法國……

嚐到敗仗滋味的教宗里奧十世在 1515 年 12 月 19 日，趕緊邀請法蘭西斯一世到波隆那（Bologna）作客。教宗除了以隆重的盛宴與歌舞款待法王外，還向在場作陪的著名畫家拉斐爾（Raphael）訂了一幅《聖家圖》（*The Holy Family of Francis I*, 圖 7），作為送給法國王后（Claude of France）的禮物。只是拉斐爾對這份委製工作興趣缺缺，轉交給工作坊裡的助理交差完成了事。

　　1515 年 12 月 19 日在波隆那教宗舉辦的宴會上作陪的藝術家，可能也包括達文西（Leonardo da Vinci），⁴ 因為法蘭西斯一世應該對他更熟悉。

　　1515 年 2 月，佛羅倫斯統治者朱利亞諾・梅迪西（Giuliano de'Medici, Duke of Nemours, 1479-1516）與法蘭西斯一世的姨媽──

6.

19 世紀法國浪漫派畫家 Fragonard 在凡爾賽宮描繪「馬瑞寧亞諾之役」瑞士慘敗的情景：法蘭西斯一世下令，要求法軍不要再追殺瑞士傭傭兵，放他們一馬。

Alexandre-Évariste Fragonard, Francis I Orders His Troops to Stop Pursuing the Swiss.

Galerie des Batailles（Gallery of Battles）, Palace of Versaille.

7.

拉斐爾畫坊，
《聖家圖》。

Workshop of Raphael,

The Holy Family of Francis I.

1518. Oil on canvas transferred

from wood, 207 cm × 140 cm.

Louvre, Paris.

也就是西班牙國王菲利浦二世（Philip II）的女兒 Filiberta of Savoy——舉行婚禮。出身佛羅倫斯畫壇的達文西為此接到一個委託案，希望他為法蘭西斯一世在那年 7 月 12 日進入里昂城（Lyons）的進城禮做一個機械獅子。這個機器獅子要能設計到，當它氣宇昂然地往前走時，可以同時把自己的胸膛打開，獻出胸中代表法國與佛羅倫斯紋徽的百合花束（fleur-de-lys）。[5]

　　不論達文西是在哪個機緣下與法蘭西斯一世有接觸，他們兩人的遇合，的確對義大利文藝復興藝術發展帶來不可抹滅的影響：在法蘭西斯一世力邀下，達文西於 1516 年永遠離開義大利家鄉，前往法國擔任「王室御用首席畫家、工程師與建築師」（Premier peintre ed ingenieur et architect du Roy）。達文西在羅亞爾河畔住的克洛呂絲城堡（Clos Lucé），離法蘭西斯一世所住的昂布瓦思城堡（Chateau d'Amboise）相隔不到 1 公里（圖 8）。

　　除了達文西外，離開義大利前去法國的，還有戰敗的米蘭史佛薩公爵（Duke Maximilian Sforza）。在「馬瑞寧亞諾之役」後，他被擄到法國。隨後，他承諾放棄對米蘭的統治權，接受法王提供給他 94,000 金幣（écus）的賠償金、以及每年 36,000 金幣（écus）的養老金，直到在法國過世。[6]

瑞士「十三邦郡」與法國簽約造成的重大影響

　　法蘭西斯一世的確擅長用砸大錢的方式，快速打造即食即享的盛世榮景。

　　「馬瑞寧亞諾之役」結束後，經過一年多的協商，1516年 11 月 29 日，法蘭西斯一世與瑞士「十三邦郡」（ "Dreizehnorte,"

8.

法國 19 世紀初古典主義大師 Jean Auguste Dominique Ingres 繪製的虛擬歷史圖像：達文西在法蘭西斯一世懷中安息（Francis I Receives the Last Breaths of Leonardo da Vinci）.

1818. Oil on canvas. 40 x 50.5 cm. Petit Palais, Paris.

圖9）及他們的同盟保護地簽訂「永久和平協定」（Treaty of
Perpetual Peace）。法蘭西斯一世以 170 萬金幣（écus）的現金以及
每年 2,000 銀幣（livres）的年金作條件，要求「十三邦郡」不可
以為有可能跟法國（及其轄地米蘭）作對的君侯、統治者或社
群組織提供任何軍事服務。7 從法國的角度來看，這是鞏固

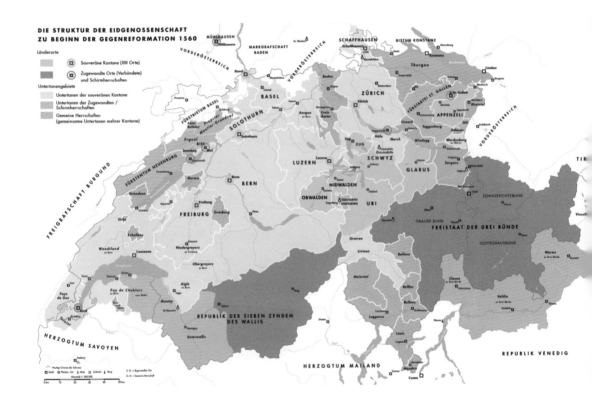

9.

16 世紀初期瑞士的「十三邦郡」（"Dreizehnorte"，以深綠色表示）地圖。深棕色的部分為其同盟保護地，
淺綠與淺棕色各為深綠與深棕色之轄地，灰色部分為共管區。

了東邊國境的邊防；對瑞士「十三邦郡」而言，這卻表示，他們的僱傭兵軍力不能再自行決定要為哪個政治勢力征戰。到了 1521 年，瑞士「十三邦郡」進一步與法國簽訂「僱傭兵結盟協定」（Soldbündnis），自此，法國國王幾乎成為他們唯一可以效勞的對象。

　　表面上來看，瑞士好像從 1515 年後只幫人打仗，自己不再主動興戰；但實情是，當時的戰爭規模越來越大，瑞士已無主動對外興戰的能力。在這樣的情況下，法國透過「永久和平協定」與「僱傭兵結盟協定」提供給瑞士強大的經濟奧援以及貿易輸出優惠，讓瑞士大部分地區在法國大革命之前，幾乎成為法國保護地。8

　　在這裡，有一個問題要先釐清一下。當時與法國簽訂「永久和平協定」與「僱傭兵結盟協定」的瑞士「十三邦郡」只是一種軍事防禦同盟，還稱不上是政治上有共識的共同體。這個防禦同盟的作用，主要是在遇到特殊緊急狀況時，會用重申盟誓的行動，一起抵抗外侮。但在承平時期，則各自追求不同的軍事與經濟利益，有時也會互相攻打、或彼此併吞。例如，1536 年積極擴張勢力範圍的伯恩（Bern）就侵吞了 Vaud（德文：Waadt）一半的領土。

親身經歷「馬瑞寧亞諾之役」的瑞士宗教改革家

　　1517 年馬丁路德掀起的宗教改革浪潮很快地襲捲到瑞士，瑞士各地也快速地投入這股時代洪流之中，其中最重要的先鋒，是蘇黎世的慈運理（Ulrich Zwingli, 1484-1531）。

　　慈運理原是羅馬公教神父。1515 年，他以隨軍神父身份跟隨瑞士葛拉如斯邦（Glarus）派出的軍隊前往義大利作戰。親眼見到瑞士僱傭兵在「馬瑞寧亞諾之役」潰敗的慘況（圖 10），讓慈運理對拿人錢財賣命、唯利是圖的瑞士僱傭兵事業十分反感，希望為瑞士的發展尋找新的出路。

　　回到瑞士後，慈運理受聘為蘇黎世大教堂的牧者。在人文學者伊拉斯謨斯（Erasmus of Rotterdam, 1466-1536）影響下，慈運理開始用人文學解讀聖經的方式講道，並積極支持反羅馬公教傳統習俗的改革運動。慈運理在蘇黎世掀起的宗教改革風

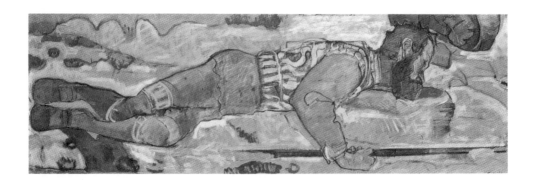

10.

19 世紀末瑞士畫家 Ferdinand Hodler 為蘇黎世瑞士國家博物館（Schweizerisches Landesmuseum）歷史壁畫《從馬瑞寧亞諾撤退》（Rückzug aus Marignano, 1900）所畫的草圖。

Ferdinand Hodler, *Dying Swiss. Sketch for his Retreat from Marignano fresco*（1900）. Private Collection. c. 1898.

潮，不僅讓瑞士各地紛紛捲入這股重新探問信仰真理的大時
代運動；同時也帶起瑞士人新的覺知，力圖擺脫羅馬公教在
政治經濟上的宰制，另謀瑞士新的出路。然而，面對羅馬公
教陣營強烈的鎮壓與反彈，慈運理為了維護蘇黎世的獨立與
自由，也親自披掛上戰場，結果不幸於 1531 年在 Kappel 作戰
時喪生。

沒有受到「三十年戰爭」波及的瑞士

宗教改革讓原本在政治上自主性就相當強的瑞士各邦郡
更加分裂，而且自此之後，「十三邦郡」也因信仰問題分裂，
不再舉行重申盟誓的儀式作為軍事協防上鞏固合作意識的象
徵。從後知後覺的角度回顧瑞士這段在政治上與宗教信仰上
大家各走各的路的歲月，雖然當時有不少人對此頗有怨言，
但也因瑞士位居阿爾卑斯山交通要衝，在這段期間卻因為缺
乏與歐洲強權爭鋒的力道，反而免於成為歐洲爭霸者忌憚的
眼中釘，逃過了 1618 至 1648 年間造成歐陸重大傷亡的「三十
年戰爭」之蹂躪。

「三十年戰爭」結束後，歐陸各國簽訂了「西發里亞和
約」（Peace of Westphalia）。在這個和約裡，瑞士雖然不像荷蘭那

樣，完全跳脫神聖羅馬帝國框架，自行獨立為「荷蘭共和國」
（Dutch Republic. 全名為：Republic of the Seven United Netherlands）；而是在名
義上繼續留在帝國框架內，但不須要為神聖羅馬帝國擔負任
何責任與義務。瑞士這種名存實離的狀況，正顯示出，在當
時國際政治上，對瑞士真正有實質影響力的，是法國，而非
神聖羅馬帝國。[9]

　　儘管如此，長期在法國庇蔭下的瑞士，並沒有因此真正
得到法國自 1515 年起所允諾的「永久和平」。拿破崙（Napoléon
Bonaparte）稱帝後，隨著他在歐洲各地發動征伐，1798 年，瑞士
也難逃被拿破崙入侵的命運。

瑞士如何取得「中立」的地位？

　　在「三十年戰爭」期間，眼見「以捍衛信仰真理之名」
所發動的政治爭霸戰，可以殘酷到極點，「中立國」的概念
開始浮現，為歐洲政治邁向人道主義思考的發展開啟了新的
里程碑。其中最值得注意的先鋒之作，就是日後被稱為「國
際法之父」的格勞秀斯（Hugo Grotius, 1583-1645）於 1625 年出版的
《戰爭與和平法》（De Jure Belli et Pacis）。

　　在歐洲中古時代，囿於當時基督教政治思想對戰爭時保

持「中立」（neutrality）態度者常以負面來評價，如聖經所說：「你既如溫水，也不冷也不熱，所以我必從我口中把你吐出來」（啟示錄 3, 16），因此「中立國」的思想在當時難以成立。格勞秀斯的論述最創新的突破點正在於，他從「自然法」（natural law）的角度出發，認為應以發動戰爭者是否具有合法正當性（而非自己認為對的信仰真理），來作為是否該支持發動戰爭之行為的判準。如果交戰各方都不具有合法正當性，那麼「中立國」應該以不偏不倚的態度來面對所有參戰國。

自 17 世紀起，「中立國」開始成為被正面看待的國際法概念，這對小邦林立的瑞士起了決定性影響。1700 年左右，瑞士作家與藝術家紛紛開始用正面的態度頌揚在阿爾卑斯山區裡這一大片錯落著大大小小獨立自治邦郡的地區。

1815 年為瞭解決拿破崙在歐洲四處侵略所留下來的殘局，召開了「維也納會議」。當時歐洲幾個強權為了防範法國與奧地利再度因為爭霸而引發危機，將瑞士宣布為永久中立區，作為法奧兩國間的緩衝地。

換句話說，瑞士所以能走上中立之路，是歐洲基於對整體區域安全考量而達成的共識。[10] 但是，這裡面有一個關鍵人物讓這個決定確實發生了——那就是「維也納會議」的主席俄國沙皇亞歷山大一世（Alexander I, emperor of Russia 1801-1825, 圖 11）。

亞歷山大一世自幼受瑞士學者德拉哈普（Frédéric-César de La

11.

「維也納會議」舉行期間繪製的政治嘲諷畫。

畫面最前方左邊坐著俄國沙皇亞歷山大一世，右邊坐著普魯士國王腓特烈。威廉三世（King Frederic William III of Prussia），另外一位穿白色軍服的是奧國的神聖羅馬帝國皇帝法蘭西斯二世（Francis II）。窗外遠處，被放逐的拿破崙正站在海中小島上，拿著望遠鏡遠眺「維也納會議」的進行。

圖片提供：典匠資訊

Harpe, 1754-1838）教導，兩人師生情誼一直維繫得很緊密。「維
也納會議」召開時，德拉哈普不僅以特別秘書身份陪在亞歷
山大一世身旁，他也叮嚀亞歷山大一世想辦法說服其他國
家，讓當時瑞士 22 州保有各自的獨立自主性，因為他不希望
自己的家鄉 Vaud 再被伯恩（Bern）併吞。此外，在「維也納
會議」上，德拉哈普本人也以 Vaud 代表的身份與會，為自
己家鄉的安全與和平發表意見。因為德拉哈普的高瞻遠矚，
終於促成歐洲各國同意，讓瑞士獲得「永久中立」身份。這
個身份不僅讓讓瑞士各州的獨立自主性獲得保障，也讓他們
在歐洲安全的維繫上，有著不可或缺的功能性意義。[11]

擺脫德法國族主義的瑞士建國之路

有了「中立」的身份，瑞士的建國之路就不會仿效同時
期也積極在建國的德意志那樣，力求成為像英法那樣的強權
國家。

反之，隨著 19 世紀德法兩國日益高漲的「世仇」敵對（圖
11），瑞士積極擺脫對德法兩種語言文化傳統的倚重，開始
發掘瑞士四種不同語區在共創瑞士共同體上的歷史經驗。透
過這樣的做法，瑞士建國的方向也擺脫了德意志建國時極力

高倡的「國族主義」（Nationalism），改往「以公民意志打造的國家」（Willensnation）這個新方向邁進。

瑞士走上這樣的建國路，誠如法國學者 Ernest Renan（1823-1892）在觀察「瑞士經驗」後，為「國家」所下的定義：

> 國家是凝聚大家團結共識後產生的大的共同體，奠基在前人付出的犧牲奉獻精神上，而且在未來大家也願意繼續犧牲奉獻。所有國民共享一個過去，面對當下也確信，大家有共識、也願意清楚明白地表示，未來也要一起繼續走下去。請允許我用這樣的比喻來說，國家的存在，有賴於公民每天所做的公決：就像個人生命的存在，有賴於每天持續肯定自己活在世界上的意義那樣。12

第二次世界大戰期間，瑞士南北兩邊各被義大利墨索里尼及德國納粹法西斯主義包夾，自己國內也有極右派的「國民陣線」在叫囂。為了避免讓瑞士落入極端主義者之手，瑞士政府在此時高調提倡自己國家是歷史上「特例」（Sonderfall）的說法，希望在共產主義與法西斯主義這兩個左右派極端主義之間，定義瑞士這個國家存在的特性——議會民主、個人自由、平等、與自由經濟。

然而，二戰期間情勢危急下發展出來的特殊自我定義，原是為了讓國家免於被極端主義挾持，毀壞了民主自由的根

基。但是，到了 21 世紀，如果這樣的自我定義反而有被極右
派傾向的政黨利用來主張瑞士應以固有的「中立」民族性來
排斥外來多元文化，從歷史學者的角度來看，已經到了瑞士
國民應該好好認清自己國家歷史的時候了。這也就是何以歷
史學者麥森教授要提醒：

> 瑞士之所以可以中立，那是因為有利於歐洲秩序的建
> 立。直到 19 世紀，瑞士還是介於法國與奧地利之間的
> 炮灰之地。直到今天，瑞士之所以能保有中立的地位，
> 那是因為其他國家同時受惠於此。一些瑞士人、尤其是
> 民族主義保守派，過度誇張了瑞士自己的中立與主權。
> 我們不能仗勢著有這些特權，就任意為所欲為──這是
> 對瑞士在歐洲以及全球脈絡下發展的錯誤詮釋。[13]

　　為什麼麥森要特別提醒瑞士人，不該毫無危機意識地以
為「永久中立國」的身份可以讓瑞士永享安定和平？
　　首先，麥森請大家想一想，過去歐洲歷史上有過不少中
立國（如荷蘭、比利時、瑞典、芬蘭），但為何到最後他們都逃
不掉捲入戰火的下場？除了政治與軍事的原因外，太自我神
聖化地看待「我族」、太輕率地以為宣布中立就不會有事，
這種似乎活在桃花源的特權狀態，正是容易讓中立國陷入危
機而不自知。

　　此外，瑞士在第二次世界大戰期間的一些錯誤作為，也令有識者憂心。在二戰期間保持中立、而且高倡捍衛自由與平等的瑞士，其實為納粹德國做了不少幫兇工作，例如，遣送猶太人到德國集中營、拒收猶太難民。二戰期間，不少瑞士猶太人將錢存在瑞士銀行避險，但戰後這些銀行卻以家屬無法提供確切死亡證明、或無法查帳為由，拒絕還款。瑞士金融機構與二戰受害者及其家屬爆發的巨大爭端，終於在 1995 年引發嚴重外交危機，最後由瑞士外交部長出面道歉才止血；瑞士並於 1997 年成立基金，展開對納粹大屠殺受害者還款的工作。[14]

內向式自我定義的危險

　　傳統的瑞士史喜歡強調自己是原住民所建立的國家，[15] 這跟其他北歐國家向來坦承自己是外來移民打造出來的國家不同。然而，從史實來看，瑞士是在內部充滿許多拉扯與矛盾之中建立起來的多語、多民族國家。與其說瑞士是在穩定中有著長期連續性的歷史發展，還不如說，瑞士真正的歷史是：即便曾經有過許多矛盾衝突，但最後還是克服了這些困難，逐步往打造可以凝聚內部共識的情感與公民社會機制方

向努力。

這樣的情況可以舉德意志詩人席勒（Friedrich Schiller, 1759-1805）所寫的名劇《威廉泰爾》（*Wilhelm Tell, 1804*）為例說明。

《威廉泰爾》講述烏里（Uri）一位熱愛個人自由的農民，如何英勇抵抗奧地利哈布士堡專制統治者的英雄傳奇故事。對 19 世紀積極推動瑞士建國的人而言，「自由」的確是當時建國運動裡重要的口號。但是，當時他們所談的「自由」，仍侷限在中古以來少數統治與文化菁英（不管是在自治城市或是同盟會社裡）才有權享有的自由。面對 19 世紀日益蓬勃的工人階級意識，19 世紀上半葉的瑞士建國運動並沒有針對所有公民均享有同等自由做出積極回應。這樣的情況一直要到第一次世界大戰爆發後，許多人體認到應將工人階級納入國家防衛共同體的重要，才開始有了明顯改善。

換言之，第二次世界大戰期間，瑞士為了避免國家成為左右派極端陣營的俎上肉，於是將自己國家定義為歷史上的「特例」說法，其實是第一次世界大戰爆發後才有的論述，而非瑞士原本的「民族性」之故。

如果不能好好瞭解這些曾經走過的歷程，而讓「民族性」之說阻撓國民對自己國家真實歷史發展應有清楚的理解，這種簡化的內向式自我認知，很容易造成瑞士國民對自己國家在世界上應扮演角色的誤判。

「中立」的確曾給瑞士帶來莫大的福祉。然而，面對 21

世紀一些至關重要的全球性安全議題——例如氣候暖化與恐怖主義與難民問題——已經跟「中立」的國家定位沒有關係時，瑞士該如何與全球一起解決 21 世紀人類生存需要面對的新挑戰？這的確不是極端保守的政客所鼓吹的孤立主義有辦法提供建設性思考的。

從瑞士看台灣

每一個國家看自己的歷史，都會認為自己國家的歷史很特別。從這個角度來看，世界上其實沒有依循「正常模式」發展起來的國家。每個國家都是因為走了一條「特殊道路」（Sonderweg）才能走到今天；每個國家都因為很特別，所以才或多或少跟其他國家不同。

既然大家都不一樣，所以並沒有什麼好自以為與眾不同的。

該小心的反而是，把自己想得太特殊、以為自己國家的歷史特別複雜，反而容易讓自己的國家自外於國際秩序，無形中養成習慣以「邊緣人心態」看國際局勢的運轉，而不能秉持跟全世界休戚與共的心，共同為全球一家的永續經營（sustainability）來盡力。

瑞士作為中立國，卻是許多國際組織總部的所在地，這是他們與世界連結主要的途徑。台灣雖然有比較艱困的外交處境，但自 2006 年起，與聯合國教科文組織（UNESCO）有關聯的「國際劇場組織」（OISTAT）將總部設在台灣，自 2017 年 4 月起，「無國界記者組織」（Reporters Sans Frontières，RSF）也將他們的亞洲總部設在台灣。

　　如果我們懂得善加發展、擴充這些世界級的網絡聯繫，能從各種不同角度將台灣與世界的關係層層緊繫住；也以我們自己公民社會不斷的進步提升，幫助推動 21 世紀人類社會往更加重視普世價值的方向發展，台灣的永續經營若要說有特殊的意義，那將是透過積極與具有「普世意義」的進步文明結合來達成的。

理解過去最好的方法，
是現在去做對的事

寫給 228 七十週年紀念[1]

即使是最高的山峰
也不會比最深的山谷
更接近天空。
沒有一個地方比另一個地方
有更多天空。

────波蘭詩人辛波絲卡，〈天空〉（1993）[2]────

2017 年，在紀念「二二八事件」70 週年的同時，台灣也解嚴 30 年了。

作為轉型正義的後進國家，過去台灣因為國民黨長期一黨獨大，民主政治發展無法透過轉型正義的推動，來為公民社會的人權法治基礎打底，也沒有機會將以「三民主義」為尊的憲法，改為以普世價值「人性尊嚴不可侵犯」為尊的現代國家憲法。

回顧過去對二二八歷史的討論經常陷入爭議的原因，有三個迷思需要先加以釐清。

轉型正義的三種迷思

第一，有一種說法認為，二戰後的台灣回歸中華民國，屬於戰勝國，「只有戰敗國才需要進行轉型正義，戰勝國不需要」。這是用「戰勝」／「戰敗」的政治話術來模糊焦點。其實，轉型正義著重的是處理「人權大規模受損的過去」，這與「戰勝」或「戰敗」無關。

例如，二戰史上法國屬於戰勝國，卻仍然需要為過去協助納粹載運猶太人到集中營的過往道

歉，並進行賠償。2015 年底法國更開放政府各部門相關檔案，調查納粹時期法國維希政權（Vichy Regime）擔任納粹幫兇的過往。

第二，因為黨國威權控制的影響，長期以來，台灣的教育內容與社會文化並不重視「公義／正義」（justice）價值觀的培養。在這樣的情況下，為了凸顯受害者的冤屈難伸，對二二八問題的探討，偏重在受害者的悲情，希望藉此喚醒社會的同情與重視。

但對加害的歷史、加害者與加害體制的研究探討還相當不足。因此，二二八轉型正義迄今停留在「只有受害者，沒有加害者」的窘況，而且常常淪為口水戰，爭論究竟是「本省人」、還是「外省人」才是受難者？

就轉型正義的角度來看，這種政治口水戰並沒有必要。轉型正義討論的重點應放在釐清加害的歷史：「二二八事件」究竟為何發生？受害者的身家性命如何受到嚴重傷害？後續系統性侵害人權的政治體制如何建構與運作？

第三，以蔣介石「功過」的詮釋，替代轉型正義的討論。

不可否認，台灣社會至今還有些人懷念蔣介石領導北伐抗日、抵抗共產黨、以及讓他們在台灣有

安居發展機會的「功業」。許多人彷彿以為，要
一併討論蔣介石的「歷史功過」，才稱得上公正
客觀；而所謂的「轉型正義」，只是企圖想醜化
「民族救星」與「國家偉人」。

但需要釐清的是，轉型正義旨在處理「人權大規
模遭到侵害」的過往，以重建國家體制對「人權
價值」的重視；而不是藉由討論歷史人物的「功
過」，以某些得利者的「感恩」之心，來「抵銷」
受害者的傷痛。

經濟崩壞、法治蕩然與「奴化論」

仔細回顧二二八的發生，日治時期的台灣人對脫離殖民
政治的想像，受到「漢人民族主義」不少影響，以致於忽略
了，清廷割台五十年來，台灣人對「祖國」的「文化想像」
與「政治現實」間有著嚴重落差。即便當時有極少數有識之
士（如台灣金融界先驅陳炘）率直地對中國現況不佳提出警告，
卻沒有獲得台灣民間意見領袖的重視。

1946 年 10 月來台主持接收工作的陳儀，其實清楚台灣
的發展高出當時中國許多。1935 年，當時擔任福建省主席的

陳儀到台灣參觀「始政（台灣割讓給日本）四十週年紀念台灣博覽會」，在回國後所寫的《台灣考察報告》裏就提到，台灣建設進步的情況令人驚訝，福建省應該效法台灣的經濟發展。

　　然而，陳儀作為二戰之後從中國來台灣進行接收的主要負責人，卻以政治與文化沙文主義的倨傲，將台灣視為「被奴化」地區，以「懲治漢奸」的高姿態，對台灣人大興恐怖的政治忠誠度檢查，以遮掩自己在接收台灣過程中，因貪污腐敗造成的經濟大崩壞。

　　當時的台灣人原本想像，迎接來的是一起脫離日本帝國主義桎梏的「祖國」新政府，大家能以「平起平坐的公民」（fellow citizens）身份，一起打造更美好的生活。他們沒想到，實際迎來的是沒有西方法治觀念的黨國政府，這個黨國政府半封建的思維難以理解台灣人在日治時期，已經習慣了執政者行事是要講究法治的。換言之，「二二八事件」之所以發生，肇因於接收人員貪污腐敗造成台灣經濟崩潰、民不聊生，以及在台灣人眼中，「法治精神」與「政治清明」的蕩然無存。

　　這樣的社會心理，連在「二二八事件」發生時適巧在台灣的中國記者唐賢龍都觀察到了：「台灣同胞……對於日本人統治時代的政治清明，均予以良好的印象。是以台灣同胞對於官吏的貪污，均認為一種莫大的恥辱。但對於國內到台灣去的一般不肖的官吏，那種目無法紀，公開大膽的貪污，

都不禁驚訝咋舌」。

　　經濟大崩壞之餘，又因新政府在台灣推行的「中國化」，台灣人不僅在政治上失去參政權，同時也喪失了對自己故鄉歷史的詮釋權與文化論述權。吳濁流在《無花果》（1967）一書裏就提到國民政府剛接收台灣後的狀況：「為了保守自己的特權而提出本省受了日本的奴化教育，需要再教育再訓練的謬論，於是把任用本省人的門戶緊緊關閉。」

　　「祖國」令人心傷，「奴化論」令人受辱心寒，系統性的迫害令人驚駭。這些因素，應該作為瞭解二二八歷史的背景；對於外省人在二二八中的受害，也應該放在這個大脈絡下來理解。

反共大旗下，不分省籍的人權迫害

　　因此，不該用貼標籤的方式，爭執究竟是「本省人」還是「外省人」受害，來定義「二二八事件」的本質。作家唐香燕的父母在二戰結束後，由上海到台灣工作兼旅行，適巧在台北親身經歷了二二八。當時他們個人以及相識的外省朋友，都受到本地同事的保護與安置，平安脫險，沒有因「外省人」的身份遭到傷害。[3] 在中部，許雪姬從保密局台灣站

二二八史料中，摘錄情報人員陳向前（化名）對台中二二八
情況的紀錄，「……外省人雖有一部分被毆，但大部分被集
中保護，秩序尚佳。」[4]而當彭孟緝3月3日開始在高雄發動
二二八時，高雄中學學生組成的自衛隊及學校行政人員也在
雄中校園裏保護了上百名外省人（圖1）。

　　凡此種種都顯示出，當時衝突的本質並不是所謂本省／
外省族群對抗，而是出於台灣人對接收的貪官污吏之憤恨，

1.

高雄中學校園的牆上至今留有二二八發生時的彈痕。

◎攝影：花亦芬

以及對於陳儀接收後採取了不當的政策，深感被歧視凌辱所致。

　　蔣介石、陳儀、彭孟緝等人對二二八事件的處理，沒有受到美國的警告與制裁，以致於在 1950 年之後，蔣介石用同樣無所忌憚的殘酷手段，在台灣大肆興起「白色恐怖」。當時在「剿共」行動中，還包含許多無端羅織人入罪的「預防性」清洗。在「白色恐怖」這三十幾年當中，受害的就不只限於在「二二八事件」裏飽受驚嚇的本省人，而是連讓蔣介石心生疑慮的「外省人」，都難逃他的殺滅之網，誠如作家王鼎鈞所言：「除了『最高領袖』以外，人人都可能因叛黨與叛國受審。」⁵

　　冷戰下，共產黨諜影幢幢，是當時以美國為中心的所謂「民主陣營」共同的問題。但是，蔣介石的統治問題在於，他始終是以「威嚇」與「鎮壓」來鞏固群眾與部屬對他個人的領袖崇拜；並透過操作族群間的嫌隙，讓整個台灣社會長期處於互不信任的對立中。他個人在台灣獨掌國家機器，為了鞏固領導威權，對人權造成的系統性迫害，無分省籍。

　　轉型正義處理的是「國家暴力」的問題。希特勒當年的崛起也是打著「反共」的旗號。然而透過大規模的「反共」恐懼動員，他所掀起的排他性大屠殺，成為人類歷史上最黑暗的一頁。因此台灣應該好好思考的是：蔣介石所推動的「反共」，真是藉由反對共產黨的極權統治，推動讓台灣的自由

民主「生根發展」？還是只想藉「反共」之名，鞏固個人的
獨裁威權？

　　實際上，過去蔣介石所領導的黨國體制，不僅「黨」在
「國」之前，而且他「個人」的意志更在「黨」之上。在他
的統治下，台灣不僅民主政治無以發展，更有一長串嚴重侵
害人權的紀錄。台灣要建立人權國家，就無法迴避應該進行
撫平這些傷痕的轉型正義工程。這不是在他羽翼下有人獲得
恩庇，有「感恩之情」，就可以用個人感情因素來「抵銷」的。

從歷史樹立價值，我們都有責任

　　前述三個迷思，還不斷糾結在台灣社會對二二八的討論；
由此可見，轉型正義所追求的「普世價值」，還沒有在台灣
社會文化生根，並為大家看重。

　　長期以來，台灣的教育內容跟真實生活脫節。學生到
學校受教育是為了考試、拿學位。我們的教育內容長期受到
威權體制制約，與現代民主法治國家的人文社會教育，還有
著相當大的距離。我們的學校教給學生的，常常是以「假中
立」、「各打五十大板」的態度，讓學生對政治冷感，對公
義不關心。整個社會長期被「中國化」的尊君（領袖崇拜）思

想宰制，缺乏明確的價值框架（例如憲法對個體生命尊嚴的肯認）來理解歷史與轉型正義。

更嚴重的還在於，因為社會對轉型正義的長期漠視，以及對這些歷史的曲解，致使「二二八」及「白色恐怖」一些受難者家屬及後代，為了不想遭受社會異樣眼光的「對待」（通常是閃避與歧視），在心理上不僅無法接受、甚至不能諒解自己家人的受害遭遇，同時也抗拒肯認自己家人因抵抗威權而受難的正面意義。社會上對政治受難者及其家人蒙受冤屈的過往，也大多不願聞問，生怕惹來無謂事端。

這種對轉型正義冷感的歷史教育，讓我們的社會心靈長期處在一種「不願意當真」的漂浮狀態。我們捫心自問：台灣有多少人，對自己長期生活的縣市鄉鎮的二二八歷史，有最基本的認識？台灣從中央到地方政府，是否有提供基本參訪路標或說明牌，讓大家瞭解當地二二八所發生的事？

捷克推翻共產黨統治後第一任總統哈維爾（Václav Havel, 1936-2011）在 1990 年新年演說中的一段話，值得台灣好好警惕：「當我談到我們周遭道德淪喪的氛圍，我是指著我們所有人說的。我們都變得習慣極權制度，認為這是難以改變的事實，因此都幫著讓它繼續存在下去。換句話說，我們所有人──雖然有程度上的不同──都對這個極權主義的體制還能繼續運作負有責任。我們大家都不僅只是極權體制的受害者，我們也是共同創造者。」[6]

　　讓威權遺緒繼續存在，就像瀰漫在生活環境裏，大家已經習慣的絲絲縷縷腐臭味。生生死死之間，就像哈維爾談話接下來所說的，「是我們自己在殘害自己」。

　　理解過去歷史最好的方法，是現在去做對的事。讓現在所做正確的事，燭照出過去的荒謬幽暗。當台灣社會可以因著天然獨世代出現，台灣認同趨於增長，不再困於過去二二八分歧歷史記憶所產生的對立時，也是我們需要為台灣內部和解做新準備的時候。

　　面對二二八，如何積極釐清歷史真相，讓受難者真正安息，不必再淪為詮釋爭論的工具，是最先該盡快做好的工作。只有當我們願意走出歷史迷思，以「公義」價值為基準，理性梳理這段陰暗幽深的歷史，我們才能將這段歷史轉化成世界轉型正義歷史的一部分——而不必被中共欲意操弄台灣歷史的政治盤算干擾。

　　期待在不久的將來，因我們願意為公義一起努力，二二八的歷史真相能盡快得到釐清，而台灣也能以人權價值更穩固地立足於世界。在那時，大家真的可以帶著平安的心對無辜受難的前人說：「魂兮來歸，安息鄉土，鄉土有疼惜。」

Part 2
台灣如何邁向世界？

歷史反省的向度

冰島國立博物館如何談「冰島與世界」？

小孩應從父母那裏得到兩樣東西：
根與翅膀。

ZWEI DINGE SOLLEN KINDER VON IHREN
ELTERN BEKOMMEN: WURZELN UND FLÜGEL

——歌德 Johann Wolfgang von Goethe（1749-1832）——

位於冰島首都雷克雅未克（Reykjavík）的「國立博物館」
（National Museum）有一個常設展，主題是 *Iceland in the World, the
World in Iceland*。這個展覽可說是瞭解冰島官方介紹自己國
家近現代歷史最好的窗口。

　　整體來說，這個常設展的內容，可以透過三個焦點來理
解：

1. 以世界地圖的視覺化說明，建立瞭解「冰島與世界」
   互動關係的切入點：一個 19 世紀貧困的國家，如何因
   為不同歷史因素造成的「人群移動」（mobility），逐漸
   邁向多元化的現代國家？
2. 以冰島知名繪本作家的作品為例，反省過去種族歧視
   的偏見。
3. 以新移民（包括移入與移出）為例，說明現代冰島社會
   人口結構與文化的多元性。

世界地圖裡的冰島

　　在這個常設展的入口，參訪者會先見到，策展構想說明
板上寫著：「從過去到現在，冰島，就像一些其他國家那樣，
一直被視為屬於『跨國主義』（transnationalism）的國度。因此，

好幾個世紀以來，冰島的存在一直被視為是人群移動以及思
想流通脈絡下的一部份。當今之時，這樣的認知需要好好被
強調。因為現在常常流行一些說法，認為在過去，在世界各
區域，不同的人群各自孤立地生活著，彼此間沒什麼往來。
在冰島社會裡，也有不少偏見，例如，幾個世紀以來，冰島
也受到流傳全世界的種族（race）思想所影響那樣。」（圖 1）

ICELAND IN THE WORLD, THE WORLD IN ICELAND

Iceland, in both past and present, has been characterised by transnationalism– just like other countries in the world. Iceland has thus been a part of the mobility of people and ideas through the centuries. It is important to highlight this in the present when current discourse is often based on the idea that in the past different parts of the world existed in isolation from each other. Prejudices are nothing new in Icelandic society, as for centuries Icelanders' ideas have been influenced by global conceptions of race.

#theworldiniceland

1.

冰島國立博物館展示說明牌（National Museum, Reykjavík, Iceland）

攝影：王志銘

走進這個常設展，一眼就可以看到展示牆上的世界地圖。冰島位於地圖偏左方，並沒有被放在世界地圖的中心（圖2）。

從左上角開始，最先介紹的是：「外國音樂家改變了冰島樂壇」（*Foreign musicians transformed the music scene in Iceland*, 圖3）。在這個小子題下，介紹的是來自維也納的鋼琴家卡爾・碧立希（Carl Billich, 1911-1989）。碧立希於1933年跟維也納三重奏第一次來到冰島演出後，便留了下來。1940年，英國軍隊攻佔冰島時，碧立希被當作德語區戰俘，送到曼島（Isle of Man）拘禁，直到1944年才透過戰俘交換，重回維也納。1946年，他的冰島籍妻子把他接回冰島，從此定居於此，並擔任國家劇院院長。

為何這個關於「冰島與世界」的常設展，一開始是從介紹音樂家開始的？這與冰島非常重要的文化地標——Harpa（音樂廳兼國際會議中心，圖4）應該有關。Harpa位於雷克雅未克港邊，是商業精華區的中心。這座音樂廳的建造，本身深具歷史意義。它是在2008年冰島爆發嚴重的金融危機、與2010年大規模的火山爆發災難中，冰島政府排除一切困難努力完成的。換句話說，從2008年的財政風暴以迄2011年5月這座國際級音樂廳開幕啟用，在這段冰島風雨飄搖不止的三年艱困歲月裡，冰島政府唯一咬緊牙關出資興建的公共建築就只有Harpa這一棟。因此，Harpa不僅被視為「冰島復甦

2.

冰島國立博物館 *Iceland in the World, the World in Iceland* 常設展地圖牆

National Museum, Reykjavík, Iceland

攝影：王志銘

3.

冰島國立博物館
*Iceland in the World, the
World in Iceland* 常設展
National Museum, Reykjavík,
Iceland.
攝影：王志銘

4.

位於冰島首都雷克雅未克港邊的音樂廳 Harpa。
攝影：王志銘

的象徵」（Iceland's symbol of recovery），[1] 而且也在 2013 年獲得歐盟當代建築獎（Mies van der Rohe Award），以優質文化贏得的榮耀來撫平前幾年大家一起同舟共濟、沒讓國家崩解的驚駭記憶。

　　然而，面對這座代表冰島重新站起來的文化地標，冰島國立博物館卻希望大家瞭解，二戰之後，冰島之所以會有豐富的音樂文化，要感謝的是外籍移入的鋼琴家卡爾・碧立希奠定下來的深厚基礎。

　　接下來，這個展覽藉由 19 世紀末兩封冰島人寫的信，說明當時的冰島因為生活相當困苦，國民紛紛向外移民，尋求比較好的機會。

　　左邊展示牆上展出的第一封家書（圖 5），是一位正在候

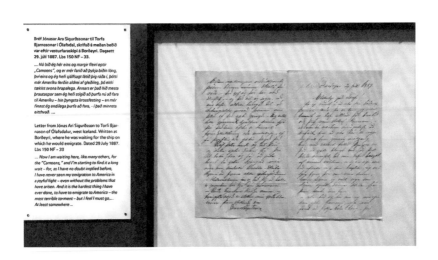

5.

冰島國立博物館 *Iceland in the World, the World in Iceland* 常設展

National Museum, Reykjavík, Iceland.

攝影：王志銘

船，想移民到美國的人寫的：「我現在坐在這裡，跟很多人一樣，在等 Camoens 這艘船。我開始覺得，我等船等得有夠久了……我從不覺得移民到美國是件讓人開心的事……。選擇移民美國，其實是我下過最困難的決定，讓我最感痛苦揪心的事，但我覺得一定得走……至少一定得找個可以去的地方……。」

繼續往下看，可以看到展示牆上有一個小說明（圖 6~6-1），提到 19 世紀末，冰島約有 80,000 人口。但在 1874-1914 年間，移民到美洲的人數就有 16,000。

在展示牆左下方，展出第二封信（圖 7）。這是一名叫克里斯提安（Kristján）的冰島人，於 1873 年 12 月從巴西里約熱內盧寫給住在丹麥哥本哈根的冰島籍神學家馬格努斯（Magnús Eiriksson, 1806-1881）的信。克里斯提安在信中寫到：「我及家人（太太及小女兒）在此一切都好，身體也健康。小女兒是個很棒的孩子，今年 7 歲了。我太太是德國人，是一位優雅的女士，而且受過良好教育——除了德文外，她也能說英文、丹麥文、葡萄牙文。我很高興有她為伴。過去一年十分忙碌，也聘了許多人來幫忙——在這裡，只要肯做事、有技能，不怕沒工作……。」

由左往右看，展示牆上的地圖在德國與中東歐部分寫著：「1949 年，有超過 300 名德國人移居到冰島工作，其中超過 200 名是婦女」（圖 8）。

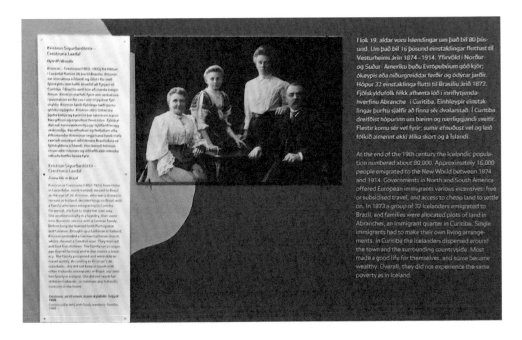

At the end of the 19th century the Icelandic popula-
tion numbered about 80,000. Approximately 16,000
people emigrated to the New World between 1874
and 1914. Governments in North and South America
offered European immigrants various incentives: free
or subsidised travel, and access to cheap land to settle
on. In 1873 a group of 32 Icelanders emigrated to
Brazil, and families were allocated plots of land in
Abranches, an immigrant quarter in Curitiba. Single
immigrants had to make their own living arrange-
ments. In Curitiba the Icelanders dispersed around
the town and the surrounding countryside. Most
made a good life for themselves, and some became
wealthy. Overall, they did not experience the same
poverty as in Iceland.

6.

冰島國立博物館
*Iceland in the World, the
World in Iceland* 常設展
National Museum, Reykjavik,
Iceland.
攝影：王志銘

6-1.

圖 6 右上角文字局
部圖。
攝影：王志銘

7.

冰島國立博物館
*Iceland in the World, the
World in Iceland* 常設展
National Museum, Reykjavík,
Iceland.
攝影：王志銘

Letter from Kristján Ísfeld Guðmundsson to theologian/writer Magnús Eiríksson in Denmark. Written in Rio de Janeiro 6 December 1873. Lbs 303 b fol.

... My family and I are doing well and all in good health – my wife and our little daughter, who is a promising child, now seven years old. My wife is German, a fine woman and well educated – she speaks, in addition to German, English, Danish and Portuguese - and I am very happy with her. I have had a busy year and had a lot of people working for me – for here there is no shortage of work if one has the will and the skills – and I have also acquired some machinery that is labour-saving and helpful, for instance for sawing wood, planning, cutting holes and so on...

8.

冰島國立博物館
*Iceland in the World, the
World in Iceland* 常設展
National Museum, Reykjavík,
Iceland.
攝影：王志銘

　　針對這個部分，國立博物館以 Eva Maria （1929-2010, 圖 9）
為例，說明這些在二戰後從德國移居到冰島的人——個人生
命經歷的特色。

　　Eva Maria 的爸爸與哥哥在二戰期間都被徵召去服兵役，
但爸爸卻在前赴東線作戰時，永遠失去了音訊。Eva Maria 於
是跟媽媽帶著證件與幾張相片，開始逃難。Eva Maria 原本希
望能上學讀書，但戰爭時期，學校都改做醫院。最後，她選
擇逃到冰島工作，不久後在此地結婚，一共生育了 9 個孩子。

　　在世界地圖靠近亞洲的部分，展示牆先作了這個部分子
題的說明：「直到 20 世紀末，冰島主要移入的社群是丹麥
人。」（圖 10）這是因為在 1944 年冰島獨立建國之前，它是
丹麥殖民地，因此彼此的國民都可獲得對方的公民權。

　　在亞洲部分，這個常設展介紹的個人生命史是 Ebba
（1912-2004, 圖 10）的故事。Ebba 的爸爸是丹麥人，媽媽是泰國
人。Ebba 的爸爸在丹麥東印度公司服務，因此她是在曼谷郊
區出生，童年也在曼谷度過。8 歲時，Ebba 才被送到哥本哈
根的姑姑家，接受丹麥教育。17 歲時，她重返曼谷，隨後跟
全家人一起搬回丹麥。1938 年，她嫁給一位冰島人，從此成
為冰島公民。

　　透過介紹 Ebba 的生命史，這個展覽希望參訪者瞭解，冰
島外來移民人口結構在過去 20 年間有著重大變化（圖 11）：
1996 年時，冰島的外來移民只佔 2%，其中斯堪地那維亞國家

9.

冰島國立博物館
Iceland in the World, the
World in Iceland 常設展
National Museum,
Reykjavík, Iceland.
攝影：王志銘

10.

冰島國立博物館
Iceland in the World, the
World in Iceland 常設展
National Museum,
Reykjavík, Iceland.
攝影：王志銘

移入的佔 30%，歐洲裔佔 40%，波蘭裔佔 6%。換言之，20 世紀末，冰島的外來移民絕大部分都是歐洲及其週邊國家。但是到了 21 世紀，情況有了相當大的變化。從 2015 年的統計資料來看，冰島的外來移民佔總人口的 9%，其中波蘭裔佔了 38%，立陶宛裔佔了 5%，菲律賓裔佔了 5%（圖 11）。

反省種族偏見的過往

面對人口結構開始產生明顯變化的多元文化社會，冰島國立博物館在介紹「冰島與世界」時，並沒有高舉什麼誇炫的口號來展示冰島在社會文化融合上的成就。反之，他們透過切實的反省，點亮望向未來的燈火。

在地圖展示牆的背面，《冰島與世界》策展團隊安放了一個展示櫃（圖 12），透過冰島著名童書繪本畫家 Muggur（本名：Guðmundur Pétursson Thorsteinsson, 1891-1924）的作品省思長期存在於冰島社會文化裡的偏見。

展示櫃裡放著兩本童書：一本是 Muggur 為自己姪女寫的《小公主狄瑪琳的故事》（The Story of Dimmalimm, 1921 年初版，圖 13、圖 14），另一本是他為美國童謠集《黑人男孩》（The Negro Boys）繪製的插圖（1922 年初版，圖 15）。

11.

冰島國立博物館
*Iceland in the World, the
World in Iceland* 常設展

National Museum, Reykjavík,
Iceland.

攝影：王志銘

12.

Muggur 繪製的《小
公主狄瑪琳的故
事》與《黑人男孩
（*The Negro Boys*）。
冰島國立博物館
*Iceland in the World, the
World in Iceland* 常設展

National Museum, Reykjavík,
Iceland.

攝影：王志銘

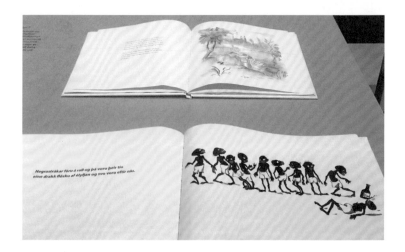

13.

Muggur 繪製的《小
公 主 狄 瑪 琳 的
故 事 》（*Sagan af
Dimmalimm*. Bókabúð
Kron, 1942）。

14.

Muggur 繪製的《小
公 主 狄 瑪 琳 的
故 事 》（*Sagan af
Dimmalimm*. Bókabúð
Kron, 1942）。

　　在《小公主狄瑪琳的故事》裡，我們看到書中女主角是個白白淨淨可愛的小女孩，與她相關的故事都是那麼討人喜愛（圖14）。然而，在《黑人男孩》裡，Muggur 卻下意識地用負面、調侃的筆調畫出黑人小男孩種種可笑的行徑。這種差別化的表現方式，不僅跟 Muggur 筆下的白人小公主大異其趣，也成為當時冰島大眾文化相當喜歡用來作為訕笑的符號（圖15）。

　　冰島國立博物館之所以特別舉出 Muggur 的作品為例，來反省冰島過去普遍存在的種族偏見問題，不僅清楚反映出，2007 年當冰島一家出版社重新出版 Muggur 的《黑人男孩》時，引發了社會大反彈的事實；[2] 而且，也透過社會當時對這個爭議繪本的激烈討論，檢視了冰島的兒童讀物至今仍存有若干種族偏見，並藉此提醒大家注意，這個現象不該繼續被漠視下去。

　　知道反省，才能清楚看見，真的能走得長遠的路該從哪裡起步，而不要再重蹈覆轍。畢竟多元文化的社會，不是口號喊出來的，而是要先找出過去的錯誤，不斷互相提醒，才能真正打造出互相尊重的社會底蘊。

15.

Muggur 繪製的《黑人男孩》（*The Negro Boys*）。

冰島國立博物館 *Iceland in the World, the World in Iceland* 常設展

National Museum, Reykjavík, Iceland.

©攝影：王志銘

誰是「我們」？

16.
___
冰島國立博物館
*Iceland in the World, the
World in Iceland* 常設展
N a t i o n a l　M u s e u m,
Reykjavík, Iceland
◎攝影：王志銘

　　「冰島與世界」這個常設展最後在展覽廳後面的圓
形牆上，列出 6 個冰島新世代公民的生命故事、以及他
們與冰島這個國家的連結關係（圖 16）。由左至右，這
六個年輕人分別是：

　　（1）來自肯亞的 Sonia（1979 年生）。她在 1999 年先
　　　　以交換生身份到冰島求學，後來在 2006 年取

　　得公民權，目前是「冰島─肯亞協會」的主席。

（2）來自波蘭的 Lukasz（1985 年生）。他透過閱讀許多
　　　跟冰島地理相關的書籍，對冰島產生濃厚興趣。
　　　後來到冰島的大學就讀森林系，目前在冰島工作。

（3）來自菲律賓的 Marvi（1972 年生）。自 2007 年起，
　　　她在冰島國立大學附設醫院擔任護士。Marvi 的
　　　母親在菲律賓是醫院院長，但她個人喜歡寫作，
　　　不想按照母親的願望只是留在醫界發展。她努力

將自己在心理治療領域的醫護心得與寫作結合起來，在冰島發表了不少作品。

（4）伊朗難民 Nazanin（1988 年生）。Nazanin 原本在德黑蘭讀英國文學。2009 年，她原本滿心期待，總統大選可以為伊朗的民主政治帶來曙光；但沒想到，因為選舉不公，Nazanin 跟同學上街抗議時被逮捕。Nazanin 的爸爸付出了大筆贖金，讓人蛇集團將她帶往加拿大。沒想到，經歷長達兩年躲躲藏藏的日子後，她最後被丟包在冰島的機場。後來她取得冰島的難民庇護資格，因而能留在冰島定居。

（5）來自立陶宛的電器技師 Algirdas（1975 年生）。Algirdas 的妻子是立陶宛職業手球選手，她先來到冰島定居，Algirdas 隨後跟太太搬到冰島居住，並在這裡組織籃球隊與足球隊。

（6）從冰島移民到挪威的 Jói（1983 年生）。Jói 原在雷克雅未克的廣告公司擔任攝影師，但 2011 年受金融風暴影響被解雇。他後來跟女友搬到挪威奧斯陸，努力賺錢還債。經過一段時間的調適後，他已經在奧斯陸展開了快樂的新生活，之前在金融風暴欠下來的債也還清了大半。

全世界最快樂的國家如何打造「冰島與世界」的寬闊視野？

　　2008 年冰島瞬間爆發的金融泡沫化，不僅造成嚴重的國家危機，更被視為人類史上少數極為嚴重的國家財政風暴。當時，冰島全國上下總計欠下 850 億美金外債，全國 32 萬居民中，也有 5 萬人破產，四分之一有房產的人頓時成為銀行斷頭戶。

　　然而，冰島只花了 3 年時間就走出風暴，順利開創經濟復甦的新局面，這個成就也創下了世界史的新紀錄。[3] 誠如德國《明鏡週刊》在 2014 年所做的專題報導〈從冰島的復甦學習經驗〉（"Looking for Lessons in Iceland's Recovery"）一文所指出：

> 冰島的財政危機與復甦可被視為人類史上代價最慘重的群體治療。冰島人花了 5 年時間團結在一起，他們好好問了自己：我們是誰？我們在世界上要以什麼立足？（Who are we, and what is our place in the world?）[4]

　　我們是誰？我們在世界上要以什麼立足？

　　〈從冰島的復甦學習經驗〉這篇專題報導訪問了金融風暴前，一位在冰島三大銀行之一擔任高階主管的阿思給（Ásgeir Jónsson）的看法。阿思給在金融危機爆發前好幾年，就非常反

對冰島透過吸引外資來玩高獲利金錢遊戲的作法。針對冰島該走什麼樣的路才是長遠之道，阿思給說：「勤奮工作的國民。健康的民主。高水準的教育。觀光。天然資源，例如風力、水力和地熱能源。還有漁業。沒有漁業的冰島算什麼？」[5]

這是一位冰島國民在經歷巨大風暴後，對自己國家的重新定位。他重視的，不再是虛浮的成就表象，而是真正有質感、小而美的國家發展。

一個國家要有多少國民有這樣深刻的自我覺醒，才能像冰島這樣，從走出金融風暴後，不僅在幸福度的全球排行榜上一直名列前茅；而且是自由民主國家裡，國民對法律與社會秩序最有安全感的國家（圖 17）。[6]

他們是怎麼做到的？

絕對不是透過空言夸夸與浮濫不實的業績吧！

作為現代國家，冰島國立博物館透過介紹了移入冰島的人、與從冰島移出的人各種不同的生命故事，來探討《冰島與世界》的主題，並由此啟發冰島國民重新思考「我們是誰？」「我們該如何立足於世界？」的問題。

透過參訪這個小型的常設展，我們會發現，館方並不想給參訪者任何明確的答案。他們只是靜靜地引發參訪者自行產生歷史反省的視野，冰島社會文化從過去到現在並不像大家理所當然地認為，是開放性的「跨國主義」，而是大家潛意識裡還是有著心照不宣的種族偏見。然而，交織在這個種

族偏見的歷史現實之中的冰島，其實曾經是極為窮困的國家。他們有相當比例的人口在 19 世紀因受不了此地的困苦，被迫離鄉背井，到外地求生。到了 21 世紀初，即便冰島的經濟大幅改善，但卻也曾因為金融嚴重泡沫化，又再度促使自己的國民離鄉背井，到國外尋求其他發展。

　　但是，與這個貧窮的軸線交錯的，在冰島近現代歷史上，也有一些人因為戰亂、因為貿易、因為對冰島充滿好奇，選擇離開自己的家鄉，來到冰島這個國家，跟先前定居下來的

Law and Order Index Worldwide 2016

Lowest　Highest
42　97

GALLUP WORLD POLL

17.

根據 2017 年蓋洛普民調公佈前一年對「司法與社會秩序」（Law and Order）的調查，冰島排名第三（92 分），僅次於新加坡（97 分）與烏茲別克（95 分）。但相較於前兩名國家並非真正自由民主國家，維安是透過不少嚴刑峻法來建立，冰島國民在民主開放社會裡，能享有高度法律與社會秩序安全感，非常值得注意。

居民，一起面對不時而來的巨大困難。他們一起面對常常不定期爆發的火山威脅，選擇咬緊牙關一起努力解決問題；也透過不斷地反省，看到自己需要確實改善之處，願意好好面對真實，一起打造世界上眾人稱羨的幸福國家（圖18）。

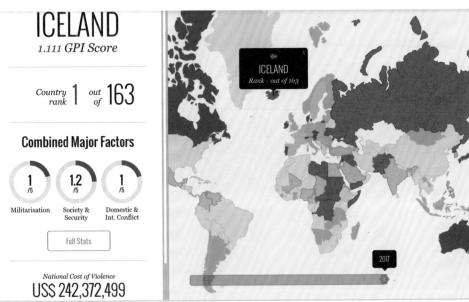

18.

經濟與和平研究所（Institute for Economics and Peace，IEP）公布的 2017 年和平指數（Global Peace Index），冰島居冠。

6

不要將「世界史」
扭曲簡化爲「外國史」

望向普世價值的「柔性課綱」[1]

以為可以透過課綱來鞏固特定歷史圖像，這是
違反現代史學對歷史學特質以及方法論基礎的
看法。

——德國歷史學者 HANS MOMMSEN（1978）[2]——

21世紀國民歷史教育的寧靜革命

　　2015 年 6 月 13 日，當台灣高中生正為教育部執意推動微調課綱走上街頭抗爭時，BBC 新聞週刊登出一篇文章：〈沒有遊戲空間、卻有墳場的校園〉（"The schools that had cemeteries instead of playgrounds"）。[3] 這是有關加拿大原住民法官要求將過去他們在教育與文化上被迫害的歷史納入加拿大教科書內容的報導。

　　事情的起源是有關 1880 年代至 1990 年代，約有 15,000 名加拿大原住民小孩被送到特定寄宿學校就讀，斷絕他們與自己原生部落的接觸。在寄宿學校裡，原住民學童心理上受到許多打擊，有些甚至被性侵害。2008 年 6 月，加拿大政府成立「真相與和解委員會」（Truth and Reconciliation Commission），在原住民法官 Murray Sinclair 主持下，對這個被他稱為「加拿大歷史上最黑暗、最棘手的篇章之一」進行深入調查。[4] 調查結果顯示，過去一世紀以來，有 6,000 名學童因在加拿大寄宿學校受到不人道對待，在長期營養不良的情況下過世。然而，校方卻沒有通知家屬，便直接將這些學童埋葬在校園裡。倖存下來的學童則因與家庭、族語以及自己部落文化長期隔離，往往無法回答一些相當簡單的問題，例如：「我從哪裡來？要往哪裡去？為什麼我現在會在這裡？我是誰？」

　　透過大規模的訪談與深入調查，Sinclair 法官最後做出判決，認定這是「文化滅絕」（Cultural genocide）。為了促進原住

民與加拿大社會真正的和解，Sinclair 法官列出 94 項具體行動建議，作為「和解前提」。[5] 第 62 項希望加拿大各級學校能將原住民歷史納入教材；第 63 項則建議，針對這段原住民在寄宿學校被迫害的慘痛歷史，加拿大教育部每年應定期追蹤檢視學校提供的教材內容是否恰當。

　　過去二十幾年來，不少民主政治比較成熟、多元、且上軌道的國家，對於國民歷史教育應該提供什麼樣的內容與價值思考，正在經歷一場寧靜革命。歷史教育從二戰之前喜歡強調「文化根源」、「我者／他者之分」，到現在積極轉向與「普世價值」對話。

　　反省自己國家過往歷史曾有過的不堪，不再被視為有損國家形象與顏面。歷史教育越來越與建構多元民主、以及鞏固公民社會基礎的努力一起攜手前進。

瑞典政府為何發表白皮書，揭露自己國家的不堪？

　　與加拿大同樣的情況，2014 年也發生在瑞典。

　　2014 年 3 月，瑞典政府發表《二十世紀初瑞典如何迫害吉普賽人並剝削他們應有權利白皮書》（*White Paper on abuses and rights violations of Roma during the 1900s*, 圖 1），[6] 揭露瑞典在 1900 年代迫

害吉普賽人（Roma）不堪的過往。透過歷史研究與口述訪談，這本白皮書不只清楚寫出，吉普賽人過往曾遭受過何種不人道的待遇；瑞典政府親自出面發表這本白皮書的目的，更是為了確保吉普賽人可以根據法定受保護的少數族群（a national minority）身份，安心地在瑞典與主流社會人群平等相處。

瑞典政府於 2014 年 3 月發表的《二十世紀初瑞典如何迫害吉普賽人並剝削他們應有權利白皮書》。

2015 年，瑞典文化與民主部（Ministry of Culture and Democracy）更進一步將上述白皮書改以書籍形式出版，名爲：《被掩蓋的陰暗史：二十世紀瑞典如何迫害吉普賽人並剝削他們應有權利白皮書》（*The Dark Unknown History: White Paper on abuses and rights violations of Roma in the 20th Century*, 圖 2），提供社會大眾免費索取。

2.

瑞典文化與民主部提供免費索取的專書《被掩蓋的陰暗史：二十世紀瑞典如何迫害吉普賽人並剝削他們應得權利白皮書》。.

根據「民主多元」核心價值以及歐盟憲章規定的「少數族群語言保護法」，瑞典眾議院（Riksdag）在 1999 ／ 2000 年通過「保護國內弱勢族群法」，將吉普賽人的語言文化納入國民教育內容。然而，在學者專家體檢後，發現教科書對相關內容的敘述、以及補充教材的編寫做得仍不夠完善。[7] 因此，瑞典文化與民主部委託學者專家以及人權公民團體，合力寫下這本白皮書，作為政府與公民團體接下來推動，讓吉普賽人直接參與有關他們自己歷史語言文化教材編寫的工作。

國民教育裡的「歷史」究竟該教什麼？

從以上加拿大與瑞典兩個例子可以清楚看到，民主政治與公民社會較為成熟的國家，越來越將歷史教科書應涵蓋的內容，往公平正義、民主多元、照顧弱勢群體等普世價值方向推進。為了確實將這些價值具體落實在歷史教育裡，這些國家勢必得面對自己曾經有過的、難堪的過往。然而，他們的政府並不因此迴避這些挑戰，反而一致選擇勇敢誠實面對。

哪個國家沒有不堪的過去？家家都有本難唸的經了，更何況是國家？問題只在於，願不願意坦誠面對，積極反省，並且願意真心追求和解。

沒有好好被解釋清楚的「過去」，會帶來令人時時恐懼的「現在」，以及無望的「未來」

　　重新看待「國家」與「歷史教育」之間的關係，不僅攸關民主社會多元文化的鞏固，更攸關是否將學生視爲「學習主體」的問題。

　　過去的掌權者可以透過各級學校歷史教育，灌輸國民特定意識形態。然而，21 世紀網路革命帶起了全球資訊快速流通；便捷的交通也帶來「全世界走透透」的大眾觀光旅遊（mass tourism）。這些都讓現代政府不再握有過去的利器，可以透過教育宰制國民對世界的認識。而人與世界的關係，既無法、也不該再用地理上的距離遠近來丈量。

　　同樣地，年輕世代對「國家」、「歷史」與「世界」的認知，不再是透過意識形態教育的灌輸來取得；而是透過親身接觸、實際碰撞、近距離觀察，並參考網路世界提供的五花八門意見。換言之，比較年長世代對「過去的歷史」與「廣大世界」的認知，是國家機器比較容易操控的；然而，進入 21 世紀的世代，情況大不相同。

　　在這樣的情況下，年輕世代之所以會意識到，他們何以身處在「充滿問題、充滿爭執、充滿世代衝突的現在」，根本原因在於，還有很多「刻意被掩蓋／或是沒有被好好釐清的過去」。而這樣的狀況也應該讓大家看清楚，原來「現在」

與「過去」不是不相干、各自被分別打包好的兩個時空包裹。反之，沒有好好被解釋清楚的「過去」，會帶來令人時時恐懼的「現在」，以及令年輕世代完全看不到希望的「未來」。

當年輕世代必須以自由開放的多元視野來面對 21 世紀全球化浪潮帶來的嚴峻挑戰，黨國歷史教育想強力灌輸給他們的「大中國國族意識」，剛好只是幫倒忙而已。

什麼是「柔性課綱」？

從一些國民教育做得受到國際高度肯定的國家所提供的具體事例來看，「柔性課綱」具有兩個最基本的要素：「民主多元」與「普世價值」。以歐洲德語區為例，講德語的人分散在德國、奧地利、列支敦士登、瑞士德語區、盧森堡德語區，比利時東部德語區、義大利北部德語區、法國東部部分地區等七個國家。這些國家的人雖然可以用相同的語言溝通，但並沒有妨礙到他們對自己國家個別的認同。因此，18、19 世紀試圖透過語言、文化、血統來建構的「國族文化」想像，早被「一個德語」同時被許多國家共享的實際狀況打破。

在教科書政策上，這些國家採取的作法，有些相當值得

我們參考。例如，沒有中央集權政策下統一的課綱與教科書
政策，而是交由地方政府自行制定；教科書審查也屬於地方
自治權限。因此瑞士首都伯恩（Bern）有自己那一邦的課綱，
與蘇黎世、日內瓦的不同。德國首都柏林也有自己那一邦的
課綱，與慕尼黑所在的巴伐利亞邦的也不同。此外，他們採
取的是「柔性課綱」，而非我們在台灣向來採用的「硬性課
綱」。

多元詮釋，但不是各唱各的調：瑞士伯恩課綱怎麼做？

瑞士首都伯恩的高中歷史課綱，在「歷史教學基本宗旨」
（Fachdidaktische Grundsätze）所做的陳述，十分值得我們參考（圖3）：

人是歷史的動物。從過去到現在，人類在建構自己生存
意義時，一定會問到：我從哪裡來？要往哪裡去？
高中歷史應作為引導思考的學科。也就是說，歷史不應
被視為線性時序發展過程裡，必然會發生之事件的排
列。歷史教學應清楚指出，與各種歷史處境相關的發
展，是有開放的選擇性。歷史教學應該特別強調歷史的

斷裂處、值得懷疑探討處、尚未釐清之處、對問題的討
論還有開放討論的空間。高中生應該學習的，是提問，
而非只是回答問題。[8]

　　上引第二段的文字，寫得雖然簡潔，但包含相當豐富的
文意。首先，它推翻了過去「歷史決定論」所說的，歷史發
展有其「必然性」與「規律性」可循。伯恩的課綱強調，足
以影響歷史發展的人在各種不同處境下所做的決定（或是對
下一步棋該怎麼走所做的思考判斷），「是有開放的選擇性」（亦
即有運用自由意志來進行選擇的空間），而非一味受制於過去傳
統的「模式」、甚或是被抽象的歷史發展意志莫名其妙推著
往前走。

　　接下來，伯恩課綱指出，歷史教學不應灌輸學生歷史是
沿著線性單一方向前進；反之，應該注意到，歷史常常會有

Geschichte Grundlagenfach　　　　»Website　　　Geistes-, Sozial- u. Wirtschaftswissenschaft

Allgemeine Bildungsziele / Richtziele / Fachdidaktische Grundsätze
9. Schuljahr > Grobziele
10. Schuljahr > Grobziele
11. und 12. Schuljahr > Grobziele

Fachdidaktische Grundsätze	Der Mensch ist ein geschichtliches Wesen. Die Fragen nach dem Woher und dem Wohin waren und sind zentrale Bestandteile menschlicher Sinnkonstruktion. Geschichte wird im Gymnasium als Denkfach betrieben. Das bedeutet, dass Geschichte nicht als linearer Ablauf von Zwangsläufigkeiten dargestellt, sondern – wo es angeht – auch die Offenheit von Situationen deutlich gemacht wird. Der Sinn für Brüche, für Fragwürdiges, Unklares, auch für offene Probleme muss geschärft werden, Gymnasiastinnen und Gymnasiasten lernen, Fragen zu stellen, statt nur auf Fragen zu antworten.

3.

伯恩的高中歷史課綱所列的「歷史教學基本宗旨」

「斷裂處」（"Brüche", break, fracture）。

在黨國長期長江黃河「源遠流長」思想洗腦下的台灣，可能對「歷史的斷裂」這個概念不很熟悉。然而，光以台灣史而言，從日本殖民時期的「皇民化政策」到二次戰後國民黨政府來台後的一連串「中國化政策」，當時的人正是經歷了「歷史的斷裂」。三一八學運之前與之後的台灣，以至於 2015 年高中生群起反微調課綱的現象，也清楚顯示出，此刻台灣社會的體質正在經歷明顯的「歷史斷裂」過程。從世界史來看，宗教改革、法國大革命、六八學運也都標誌著重大的「歷史的斷裂」。

2014 年，已故的著名歷史學者霍布士邦（Eric Hobsbawn）生前所寫的一些散論與書評被集結成冊，書名取爲《破碎斷裂的年代：二十世紀的文化與社會》（*Fractured Times: Culture and Society in the Twentieth Century, 2014*）。這個書名清楚反映出，當代歷史研究已從只談「歷史延續性」，轉而越來越注意，在實際生活文化、與社會結構上，不同時期「歷史的斷裂」帶給全球各地的人重大的影響。

對歷史教育而言，將「歷史的斷裂」視爲重要的授課主題，正是爲了引導學生認識，不同世代的人，處在不同的歷史時空背景、與遠近不同地區的人有深淺不同層次的接觸，因此他們會有很多與前人不同的思考、判斷、抉擇、與願景。而歷史教育正應該引導學生去看不同世代人群在不同歷史時

空裡所做的差異選擇，並探討背後的原因。而非用粗略卻沒有堅實檢證根據的概略性定義，灌輸學生「東方是……，西方是……」、或「我們是……，外國是……」等陳陳相因的先入為主偏見。

Geschichte Grundlagenfach　»Website　Geistes-, Sozial- u. Wirtschaftswissenschaft

Allgemeine Bildungsziele / Richtziele / Fachdidaktische Grundsätze
9. Schuljahr > Grobziele
10. Schuljahr > Grobziele
11. und 12. Schuljahr > Grobziele

Den gesellschaftlichen Wandel vom Mittelalter bis zur Aufklärung verstehen. Den Übergang von der bedürfnis- zur gewinnorientierten Wirtschaftsform begreifen. Einfache Modelle entwickeln.	Feudalismus, Ancien Régime, Stadtentwicklung, Frühkapitalismus, Reformation, evtl. am Beispiel der Schweiz Begriffe: Modell Stände, Feudalismus, Ancien Régime, Ganzes Haus, Frühkapitalismus, Manufaktur, Merkantilismus, Subsistenzwirtschaft, Markt, Individualismus, Bürger, Reformation, Aufklärung, Säkularisierung
Die Beschleunigung des gesellschaftlichen Wandels erklären. Ideologien erkennen und zuordnen. Einen eigenen Wertstandpunkt entwickeln, begründen und vertreten. Aspekte der Alltagsgeschichte kennen.	Modernisierung im langen 19. Jahrhundert am Beispiel der Schweiz: industrieller Wandel, Demokratisierung, Nationalismus, moderne Ideologien (Liberalismus, Konservatismus, Sozialismus) Begriffe: Gleichheit und Gerechtigkeit Modernisierung, Fortschritt, Klasse, Massengesellschaft, Ideologie, Liberalismus, Konservatismus, Sozialismus, Nationalismus
Einblicke in historische und politische Theoriebildung gewinnen. Die Zwischenkriegszeit als Krise des Liberalismus erkennen. Politische Begriffe korrekt und überlegt einsetzen.	Totalitarismus: Faschismus, Nationalsozialismus, Stalinismus Ein totalitäres System in der aussereuropäischen Welt (z.B. Maoismus, japanischer Faschismus) Begriffe: Theorie- und Begriffsbildung Totalitarismus, Faschismus, Nationalsozialismus, Stalinismus, Krise
Politische Emanzipationsprozesse nach dem Zweiten Weltkrieg erkennen. Die zeitliche Bedingtheit von Mentalitäten erkennen.	Dekolonisation Die 68-Bewegung als globales Phänomen Begriffe: Wertewandel, Mentalität Dekolonisation, Gender, neue soziale Bewegungen, Kulturrevolution, Emanzipation
Die internationale Zusammenarbeit als Chance für den Frieden erkennen. Das Ende der bipolaren Welt verstehen und bewerten.	Europäische Integration und die Schweiz Der Zerfall des Ostblocks Begriffe: Interdependenz Supranationalität, NGO, Friedenserhaltung, Integration
Die Komplexität der modernen Welt in den Spannungsfeldern zwischen Sicherheit und Gefährdung, Menschenrechtsuniversalismus und Kulturrelativismus, Demokratie und Massengesellschaft, Völkerrecht und Machtpolitik, Pluralismus und Fundamentalismus verstehen.	Unsere Welt im 21. Jahrhundert Begriffe: Gestaltungskompetenz Neue Kriege, Terrorismus, Sicherheit, Pluralismus, Fundamentalismus

伯恩的歷史課綱只有一頁

說到課綱主文本身，台灣高中師生應該會很羨慕，伯恩的歷史課綱只有一頁（圖 4），在他們整本高中課綱的第 68 頁。

為了方便大家理解，就將這頁課綱翻譯如下。左欄是學習目標，因文句較長，採中譯；右欄是在此目標下應該涵蓋的主題與關鍵字，專門術語的部分採英譯，其他採中譯。

4.

伯恩高中歷史課綱主文。

理解自中古以迄啟蒙時代社會的變遷。 理解自給自足式與獲利導向的經濟類型。 幫助學生建立簡易的詮釋模型（Modell）。	Feudalism, Ancient Régime, 城市的發展，早期資本主義，宗教改革，可考慮以瑞士為例說明。 關鍵詞：詮釋模型（Modell）。資產階級（Stände），feudalism, Ancient Régime, household（Ganzes Haus），early capitalism, manufacture, mercantilism, subsistence economy, market, individualism, citizen（市民／公民），reformation, enlightenment, secularization.
解釋社會變遷速度加快的現象。 對於不同的意識形態，能夠辨識並加以分類。 學生能發展出屬於自己的價值取捨立場，能夠理性說明為何選擇這樣的價值，並讓人信服。 瞭解日常生活史研究的各種面向。	以瑞士為例說明「漫長的 19 世紀」邁向現代化的過程；工業轉型，democratization, nationalism, modern ideologies（liberalism, conservatism, socialism）。 關鍵詞：公平正義，現代化，進步，階級，大眾文化社會，意識形態。liberalism, conservatism, socialism, nationalism.
理解歷史學與政治學研究的相關理論是如何建立起來的。 能夠清楚識別，兩次世界大戰之間的歷史時期是自由主義陷入危機的時期。 能正確並恰如其分地選用政治學的觀念來做陳述。	極權主義，法西斯主義，國家社會主義（納粹），史達林主義。 歐洲以外的極權主義（Maoism, Japanese fascism）。 關鍵詞：理論與概念的建構，極權主義，法西斯主義，國家社會主義（納粹），史達林主義，危機。
瞭解二戰之後政治解放的過程。 認識不同歷史時期裡各種不同的心態。	去殖民化。 六八學運是全球性現象 關鍵詞：價值轉型，心態。 去殖民化，性別，新型社會運動，文化大革命，解放。
理解國際合作是邁向和平的機會。 瞭解冷戰對立的世界如何結束，並給予評價。	歐洲統合與瑞士。 東歐集團崩解。 關鍵詞：互相依存（interdependence）supranationality, NGO, maintenance of peace, integration.
瞭解現代世界如何擺盪在安全與隨時被危害的緊張複雜關係之下。瞭解人權的普世價值，文化相對主義，民主，大眾文化社會，民權與強權政治，多元主義與基本教義派。	我們所生存的 21 世紀。 關鍵詞：建構的能力，新型態的戰爭，恐怖主義，安全，多元主義，基本教義派。

伯恩課綱的特色

我們可以從這份簡潔的課綱看出伯恩這份柔性課綱五個主要特色：

1. 不分本國／外國史，而將所有歷史整合在一起。
2. 課綱設定的時間是從中古如何過渡到啟蒙時代開始，結束於我們所生存的當代。
3. 解釋重大歷史潮流發展時，常以瑞士自身為例（例如：中古城市的發展，宗教改革，早期資本主義，19 世紀的現代化浪潮）。面對重大發展潮流，但瑞士沒有積極加入的，則以專章專節做特別說明（例如：歐洲統合與瑞士）。
4. 著重學習能力的養成。主題只做簡要規定，並以關鍵字規範應涵蓋的內容，但不做進一步細部規範。
5. 對於個別歷史分期，不貼上附有價值判斷色彩的標籤，例如「盛世」或「黑暗期」。唯一的例外是，針對曾給民主政治帶來危機的歷史經驗，會特別加以強調，並以普世價值為指標，引導對學習這段時期歷史應有的認知。例如，特別標舉出兩次世界大戰之間的時期「是自由主義陷入危機的時期」，以此提醒學生應有的民主價值認知。

伯恩課綱如何落實到教科書編寫？

　　這只有一頁的課綱規範了伯恩 9 至 12 年級學生四年歷史課學習的重點。在實際的教科書編寫上，編寫者擁有相當自由的書寫空間。以下以瑞士 Cornelsen 出版社所出的歷史教科書（圖 5）為例，說明「柔性課綱」究竟如何運作？

　　首先，我們看到，課綱開始的時間點是中古，這意謂著，課綱沒有加以規範之處，教科書編寫者可以完全自由發揮。Cornelsen 版的教科書便從瑞士的主體性出發，自「史前史」開始寫。因此第一章的標題是：「史前時代的瑞士」（Die Schweiz in vorgeschichtlicher Zeit, 圖 6）。

　　值得注意的是，第一章雖以在瑞士能見到的史前史爲題，但並不像台灣課綱想透過史前史來談「文化根源」的問題。反之，他們只是藉由學生在瑞士比較容易見到的實例，來教導學生認識史前文化應具備的基本知識架構。因此，第一章第一節是從狩獵到農牧的角度，介紹什麼是「石器時代」文化。第二節則從農牧到手工業與貿易的角度，介紹什麼是青銅與鐵器時代的文化。第二章則以埃及爲例，介紹何謂高度發展的古文明（Hochkultur）。

　　第三章的標題是「古代世界」（Die Antike Welt），共分爲兩部分：

5.

Cornelsen 出版社出版的瑞士歷史教科書

Inhalt

6.

瑞士 Cornelsen 版教科書第一冊前兩章目次。

1. 雅典的民主制度

　1.1 西元前 6 世紀雅典的城邦與 Solon 的政治改革

　1.2 波斯戰爭：戰勝及其後果

　1.3 民主的雅典

　1.4 家庭與教養

2. 羅馬帝國

　2.1 羅馬共和國

　2.2 帝國時代的統治與社會

　2.3 羅馬帝國裡的基督徒

　2.4　羅馬帝國時代居住於今天瑞士疆域內的原住民 Helvetier

　（** 筆者註：請注意此節是從瑞士原住民的歷史來看羅馬帝國與歐洲原住民文化的關係，而非如台灣課綱與教科書常以「帝國史觀」來介紹羅馬帝國。）

　2.5 羅馬帝國的衰亡

　　以上三章完全在課綱規定的範圍之外。但所謂「柔性課綱」可貴之處，正在於提供這樣自由書寫的空間。Cornelsen 版值得注意之處，還在於它抓住了瑞士的主體性，不管是史前史或上古史，都能以瑞士為例來進行說明。這不僅可以讓學生就近從瑞士本身的考古遺址來瞭解何謂史前文化；也能透過教科書提供的多元觀點，從一開始就培養學生瞭解，如

何從原住民觀點來看古代的帝國。此外，也能從一開始就啟發學生思考，「在地性」與「世界帝國」之間的對話關係，而不是將自己矮化為帝國一隅的小角色。

＊　　　＊　　　＊

　　第四章與第五章就進入所謂「中古」。但在編排上，實在相當有趣，可以帶給台灣世界史教學許多啟發。

　　第四章的標題是「7 至 13 世紀的伊斯蘭世界與歐洲」（圖7）。小節標題如下：

1. 伊斯蘭的興起與擴張

2. 8 至 13 世紀的政治、經濟與社會

3. 十字軍：以上帝之名發動的戰爭？

　　這一章的標題看似平淡，其實非常有突破性。

　　首先，不像台灣總是「理所當然」地從西羅馬帝國滅亡那一年（西元 476 年）開始講歐洲中古。Cornelsen 版是先從 7

7.

瑞士 Cornelsen 版教科書第一冊第四章目次。

世紀開始講中古。換言之，介紹「歐洲中古」是先從介紹「伊斯蘭的興起」著手。這樣的做法不僅先打開一個寬闊多元的歷史視野，不再用單色／單一的歐洲中心論來解釋中古歷史文化發展的重要脈絡；而且，可以藉此深入引導學生去認清，歷史發展往往是透過許多「異質性」的因素在互相形塑。如何多元深入地解析這些異質因素的互動、或彼此間的拉扯，正是歷史教育應該好好著重之處。

　　第五章的視角則拉回以瑞士為主體，來與中古歐洲對話。標題是：「中古歐洲與瑞士」。小節標題如下：

1. 從羅馬式轉變成中古式的統轄
　　1.1 從上古轉變到中古
　　1.2 法蘭克人建立的王國（5 至 9 世紀）
　　1.3 中古中期（10-13 世紀）神聖羅馬帝國的皇帝
　　1.4 5 至 11 世紀的瑞士
2. 中古社會
3. 基督教會
4. 中古城市
5. 中古晚期政治上的轉變（13 世紀中葉至 15 世紀末期）
6. 中古晚期現今瑞士境內的狀況（13 世紀至 15 世紀）
7. 瑞士同盟會社（Eidgenossenschaft）的興起與發展
8. 瑞士同盟會社自我認同意識的建構

這一章從各種不同層面處理上古到中古的轉型與過渡。值得注意的是，Cornelsen 版跳脫了時間序列的限制，放棄單線排序式的敘事，改用各種不同的小主題來討論「何謂中古歐洲？」以及「瑞士與中古歐洲的關係」等重要課題。這種透過「問題意識」引導的提問，從多個不同小面向來探討一個大主題的做法，生動地讓「歷史課」成為「討論課」，而非「背課」。

畢竟，所有對「中古歐洲」的定義都是後設的，歷史教學應該跳脫為每個歷史時期下特定正負標籤的做法（如「盛世」、「黑暗期」），盡量將歷史本身具有的多元面向開展出來。這樣學生才能透過具有許多橫切面的歷史稜鏡，學習從不同角度深入探討，歷史的斷裂何以產生？在哪些層面上可以看到這些斷裂面形成？在政治、社會、文化上，它們又帶起哪些質變？

另一方面值得注意的是，在講述歐洲中古「帝國」與「城市自治」這兩個重要發展脈絡之餘，Cornelsen 版教科書在這一章也以超過三分之一的份量談瑞士各種「同盟會社」（Eidgenossenschaft）興起的歷史。「同盟會社」是肇始於中古時代瑞士「森林小邦郡」自主發起的自治與自我防禦運動，一直延續到 17 世紀簽訂「西發里亞條約」，促成瑞士成為擁有實質獨立主權的政體，也奠定了瑞士在 20 世紀發展為中立國的歷史基礎。

這一套教科書的倒數第二章，主題是：「1945 年之後的

瑞士」。瑞士自己的歷史不斷穿插在整個歷史脈絡裡進行，而且常常獨立成章，並不會因為自己在地理上的「小」，而在敘述份量上受到任何壓縮或委屈。這樣的做法，應該可以提供台灣許多啟發。

最後一章的主題則是放眼全球目前的現況：「20世紀的第三世界、中國、與近東」。該章最後一節的標題則是：「以色列與巴勒斯坦之間沒有和平」。以此來做為結尾，的確清楚點出，我們正是生活在一個表面看似和平安樂，實際上卻衝突不斷、危機四伏的不穩定時代。

小結

綜觀瑞士的「柔性課綱」與「教科書」之間的關係，可以看到以下幾個具有深刻教育意義的面向：

1. 「柔性課綱」規範一定要包括的內容與主題，但其他部分完全放手。
2. 教科書編寫充分反映出最新、最有啟發意義的學術研究新視野，而非提供中學生落伍的知識與想法（這一點很重要）。
3. 透過對歷史斷裂面的探討，引導學生對歷史問題進行多元的觀照與思考。
4. 對於全球視野越來越重視。但不是塞一大堆史實與資

料要求學生「百科全書式」地學習繁鎖的細微知識。
而是針對不同時期，以有代表性的例子做介紹。例如，
上古介紹埃及，中古介紹伊斯蘭，近代介紹中國與日
本。到了當代則以「主題」為導向，介紹「去殖民化」、
「全球六八學運」、「以巴衝突」、「普世價值」與「文
化相對主義」的差別、「多元主義」與「基本教義派」
的衝突等等。

柏林的課綱

讓我們換個視角，來看德國首都柏林的課綱。柏林的課
綱是與布蘭登堡邦（Brandenburg）一起聯合制定（圖 8），核心
理念是「民主多元」。[9]

相較起瑞士伯恩的課綱，柏林的課綱在主題制定上更為
簡要，主軸完全環繞在「民主」這個普世價值上。

課綱以時序先後分為四大主題（圖 9）：

1. 上古與中古為近現代奠定的基礎：
   • 上古為近現代奠定的基礎
     民主政治：以雅典城邦為例
     共和國憲法：以羅馬為例

8.

柏林與 Brandenburg 邦
的歷史課綱，2006
年公佈。

主題一
上古與中古爲近現代世界奠定的基礎

1. 上古爲近現代奠定的基礎
   民主政治：以雅典城邦爲例
   共和國憲法：以羅馬爲例

學科能力培養要點說明

2. 中古爲近現代奠定的基礎
   中古的「自由」：以城市爲例
   （歷史個案分析）

9.

柏林的歷史課綱。

翻譯與製表：花亦芬。

- 中古為近現代奠定的基礎

中古的「自由」：以城市為例（歷史個案分析）

2. 近現代社會與國家結構的建構：近代初期至 19 世紀

- 啟蒙時代的社會與國家

啟蒙的哲學基礎：康德，洛克，孟德斯鳩，盧梭。

絕對君權：法國，普魯士

- 市民／公民革命

英國，美國，法國，德意志，1848 ／ 49 年的革命（主題式時間縱剖面的探討）

（共同必修課至少選一個例子講授，重點選修課至少選兩個例子講授）

3. 現代世界及其危機：民主與獨裁

- 介於第一與第二次世界大戰之間，歐洲面臨的危機

歐洲各國比較（主題式區域橫剖面的探討）

- 德國第一次民主政治的失敗：納粹暴政

4. 1945 年以後冷戰下對立的世界

（不管是共同必修或重點選修課，都需要到一個校外的學習參訪地做現場實地教學。可以從校外教學地點建議名單擇一，或自行選擇一個學習參訪地）。

- 以兩個分裂的德國為例，討論個別事件與結構之間的關係。

分裂

系統整併

反抗運動

國際現行框架下允許動彈的空間

（Internationale Rahmenbedingung）

兩德：憲法秩序（Verfassungsordnung），人權，日常生活

（冷戰對峙下的）東西集團解散

• 東西對峙下的衝突與解決衝突之道

國際上的東西衝突（例如，韓國，匈牙利，波蘭，古巴，

越南，捷克—斯洛伐克）。

軍備競賽

（冷戰對峙下的）集團如何開始接觸，東歐集團的解散。

柏林課綱的特色

從柏林所採的課綱來看，明顯可見以下四個特點：

1. 去除帝國史觀、國族主義史觀，確立「民主多元」、「人性尊嚴」等普世價值的核心立場。

2. 基本上，捨棄帶有正負面價值判斷的標籤來談論特定歷史時期的特色（例如用「盛世」、「黑暗期」等標籤）。

唯一的例外是有關「納粹」的歷史。課綱直接用「暴政」（Gewaltherrschaft）定義這段歷史，不容泯滅人性的重大歷史錯誤透過歷史教育的疏失，有再度發生的可能。

3. 不斷檢討人類走上民主歷程的各種經驗，省思當時做得不夠好，以至於後來失敗的原因，以此不斷探討現在與未來需要繼續努力之處。對於民主政治容易陷入的危機，特別以專章處理，提醒年輕世代不要重蹈覆轍。

4. 現代史部分以主題導向的方式探討二戰之後的全球局勢。

這份簡要的課綱，在每個主題下，都有一個「學科能力培養要點說明」（Kompetenzerwerb im Themenfeld），要點如下：

• 從史料學歷史
  ◦ 分析文字與圖像史料，並評判這些史料是否具有確實的可信度。
  ◦ 分析具有爭議性的史料各自所持的立場，並評判這些史料是否具有確實的可信度。
• 從詮釋與敘事學歷史
  ◦ 切實切事地描述、分析、比較歷史上的各種結構及其發展過程。
  ◦ 根據適切的分類概念，一針見血地分析、描述、比較各種政治結構及社會結構。

- 在有爭議的課題裡學歷史
  - 在老師的引導下，切實切事地對學術研究上有爭議之課題的出發點進行分析與討論。藉此學習從理性論述上建立具有說服力的論點，或對其他論點能從理性討論的角度提出批判。
  - 區分切實切事的敘述、與帶有價值判斷的論述之差異。

從以上的要點，可以清楚看出，高中歷史教育應該著重培養的能力有：

1. 可以分析、評論文字與圖像史料。
2. 切實切事簡要描述事實梗概的能力與解析能力。
3. 不是零散地記憶史事，而是能瞭解背後的結構性因素。
4. 有面對、分析爭議性課題的初步能力。重點在於，培養學生用理性而有信服力的論述與別人討論，並能提出批判性的見解。

柏林的課綱如何落實到教科書編寫？

柏林課綱的重點看似比較以歐洲史為重心，但這樣的設

計並不是要侷限學生的視野。反之，這提供教科書編寫者足夠寬廣的空間，可以自由地進行世界史（或全球史）的書寫。換言之，這樣的課綱提供我們重要的參考：課綱之所以「柔性」，在於它只規範一定要寫進去的內容，而非全部內容。它提供寬廣的空間給教育現場的老師與學生，自行去討論自己感興趣的課題。

　　本文接下來就以 Cornelsen 出版社於 2014 年出版的教科書（圖 10）為例說明。

　　該書第一章標題是：「古代世界：陌生與親近」。內容如下：

10.

Cornelsen 出版社於 2014 年出版的歷史教科書 *Kursbuch Geschichte*。

1. 雅典的民主
  1.1 民主政治發展前的狀況與建立民主制度的基礎
    ＊歷史與文化：過去與現在的戲劇舞台，如何演出
      波斯戰爭？
  1.2 "demos" 的治理：治權屬於全民？西元前 5 世紀的
  雅典
2. 羅馬帝國
  2.1 羅馬共和國
  2.2 帝國時期的統治與社會
  2.3 羅馬帝國的奴隸
  2.4 羅馬：國家 vs. 基督教
  2.5 上古晚期：羅馬帝國的衰亡
    ＊史學方法：文字史料解讀與討論
3. 上古時代女性擁有的權利 vs. 男性擁有的權利
    ＊基本知識補充教材（年表，地圖……）
4. 全球史視野：上古世界帝國的比較
  精選時論短文：Peter Bender,〈當古希臘人變得傲慢自
  大時〉，《時代週報》（*Die Zeit*）41/2002, p. 9.

＊　　＊　　＊

拿 Cornelsen 教科書第一章為例，可以看到幾個特點：

1. 不只講雅典民主政治的歷史意義，同時也著重探討當時民主制度缺失不足之處。

2. 雖然課綱沒有要求，但教科書有專門的小節，探討古代弱勢的女性與奴隸權利被剝奪的情況。這樣的做法，不僅讓歷史敘述照顧到弱勢社群，避免淪為既得利益者的觀點，而且也跳脫了強權史觀與帝國史觀。

3. 從「反省」的角度重新審視過往的歷史，而不是流於片面地緬懷古人先賢，單視角地以古為尊。

4. 討論歷史時，穿插歷史事件如何在古今戲劇（或其他文化媒材）被表現的專題。透過結合不同文化類型，讓學生從多元的角度，瞭解「歷史事件」與「文化創造」之間的關係。

5. 以具有清楚問題意識的精選現代時論短文為閱讀文本，作為學生從全球史觀點進一步思考歷史問題的素材。

台灣世界史教育應避免淪為改裝版的「大中國心理創傷史」

過去我們的歷史教育，存在一個很大的盲點：不斷強調「同質性」。但卻忽略了，人類歷史之所以經常有變動、變

遷，正是因為存在許多異質性的因素。這些異質性因素互相拉扯、但也互相形塑。如果我們不懂得多元地去看歷史上各種「異質因素」，只想用「同質性」、「單一方向性」來提供學生不用大腦思考的簡便認知法則，歷史教育最後能提供的，就只剩下灌輸先入為主的偏見與文化歧視。在相當程度上，我們的媒體之所以極為缺乏有深廣度的國際新聞分析，在在都反映出，台灣長期以來偏向用「同質性」觀點進行歷史教育的嚴重後遺症。

　　過去受限於國民歷史教育應具有「民族精神教育」功能，中國史幾乎是在「中華民族」這個假命題下，不斷往單一線性、而且高度同質化的方向被詮釋。而為了強化這個假命題，所謂「世界史」也順勢被扭曲為站在中國史對立面的「外國史」。

　　隱藏在這種「我者」與「他者」之分的背後，不僅是老式的「中外歷史」，更是漢文化沙文主義念念不忘的「華夷之分」。

　　有鑒於中國史是從高度同質性的角度來介紹，在「華夷之分」對立的二分法架構下，「世界史」也就被扭曲簡化為具有高度同質性的「外國史」。透過不斷與「中國」互比高下映照，我們國民教育裡的世界史教學，大體上可以說，16世紀之前的「世界史／外國史」，基調就是文化遠遜於中國；16世紀之後，基調就是「強權」、「帝國主義」。

　　說實在，這不是世界史，這是改裝版的「大中國心理創傷史」。

　　我們對歐洲中古的介紹，只有「封建制度」、只有「宗教迫害」，卻從來不提「城市自治自主」這麼重要的歷史面向。我們的課綱也不談具有全球史意義的「六八學運」、或是戰後在不少國家進行的「轉型正義」。對於近三十年來民主上軌道國家將歷史教育不斷往「反省」方向推動的趨勢，更置若罔聞。

　　多彩豐富的世界，不是只有「文化霸權」、「大國崛起」、「帝國主義」、與現代「消費文化」。世界上不同角落的原住民，有些正與他們所生存的社會，有越來越多積極的對話。台灣社會向來與歐美、日本有非常密切的經貿文化教育往來，近二十年來也有越來越多東南亞新移民帶給我們豐富的文化新內涵。雖然我們目前仍無法加入聯合國，但並不表示我們與國際社會絕緣。反之，即便目前是用 officially unofficial 的方式建立雙邊關係，台灣與世界的聯繫仍然非常緊密。

歷史教育應避免灌輸邊緣性格思考習慣

　　當我們思考什麼是「我者」時，不該將「世界」以「外國」

來理解，將自己排除在世界之外（圖11）。

　　台灣不是處於「世界」之外，而是在「世界」之內。即便我們一時之間無法正式成爲聯合國成員，我們仍是地球村的一員。在全球和平安全維護上，扮演重要角色。

　　在各個不同的時空背景、各種不同領域，台灣不斷與各種人、各種力量、各種語言文化相遇。我們應致力於透過具有開闊世界觀的教育，幫助台灣新生代更容易走進世界，與世界連結；而不是以僞裝成「世界史」的「中國式外國史」來教育台灣的新生代。更不要透過錯誤的歷史教育，灌輸他

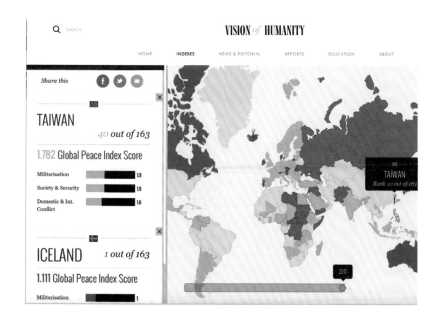

11.

經濟與和平研究所（Institute for Economics and Peace，IEP）公布的 2017 年和平指數（Global Peace Index），台灣位居 40 名，第 1 名是冰島。

們一套老一輩看待世界的偏見（「東方是……，西方是……」；
「我們是……，外國人是……」）、或者灌輸他們莫須有的排外
心理保護機制（例如，「亞洲價值」）。學生在學校應該學習
如何解析外交困局、思考如何化解國際衝突、如何有策略地
防範或因應危機。而不是透過歷史教育，將「自己」與「外
國人」的界線區隔出來，以不斷地畫地自限，在學校教育裡，
不知不覺染上邊緣性格的思考習慣。

小國需要的「柔性課綱」

　　對台灣而言，可以確保我們永續生存、並與國際社會緊
密連結的關鍵，是與「普世價值」及「多元文化」結合。在
「民主多元」、「人權」、「公平正義」、「性別平等」、
「環保生態」等公民社會必備的價值上，好好走我們自己的
路。台灣是小國。我們應將「小」視為我們難得的優勢。因
為「小」，轉動翻新更容易；因為「小」，我們讓各種文化
在此都有一些生根的土壤，但不致於肆意壯大到壓抑別人的
根苗無以望向陽光。因為「小」，我們更知道要努力瞭解世
界的多樣繽紛，並與之連結。

　　正如印度聖雄甘地所言：「信仰決定思想，思想決定言

談，言談決定行動，行動決定習慣，習慣決定價值，價值決定命運。」[10] 我們應透過普世價值，讓台灣的「小」，可以與「世界之大」連結起來。藉由與普世價值連結在一起，確保台灣的永續生存。

讓歷史教育內容回到「人之所以為人」的基準點

「歷史教育」究竟是要帶來「啟發」？還是「災難」？如果加拿大原住民法官 Murry Sinclair 問原住民學生以下這些問題：「你從哪裡來？要往哪裡去？為什麼你現在會在這裡？你是誰？」，並期待他們可以自在地回答。我們是否也有信心，我們的學生都能自在地回答同樣的問題？還是他們也同樣在歷經被剝奪與自己成長土地的連結後，不管在心靈上、在思考表達上，也有著某種程度思想被禁錮後的「失語」？

如果說，黨國教育擅長神聖化國家威權、也擅長道德化統治者謀私行徑，那麼，能夠讓陳腐落伍思想下場的，唯有更開放、更好、更前進的思想。一個社會如果想要擁有更多具有更開放、更前進、更優質思考力的公民，唯有讓年輕學子在校時，是在鼓勵獨立理性思考、樂於互相討論的環境下接受教育。

　　此外，也不要忘記，能開啟自由思想的鑰匙，是讓學習者清楚意識到，他是普世價值意義下擁有主體性的「人」。既然如此，我們的國民歷史教育也應回歸「人之所以為人」的普世基準點，願意深刻反省，而不是繼續國族思想。如果「柔性課綱」是一條更能幫助台灣打開歷史教育僵局的活路，就讓我們開始思考，適合台灣歷史教育的「柔性課綱」，可以先從哪些地方開始著手構思？當討論累積越來越多，逐漸就會有比較清楚的輪廓浮現。如果我們希望學生可以開開心心受教育，就讓我們自己先從願意開開心心把「討論」內化為我們生活文化、與教育文化的一部分開始吧！

從米開朗基羅的發薪表，
看文藝復興「姓名學」[1]

能找到很多解答的人，是因為曾經提出過更多、更多的問題。

有智慧的人，一輩子常保赤子之心。

只在意答案是什麼，徒然讓生命的底蘊枯乾，人生也難以暢快呼吸。

WER VIEL ANTWORTEN HAT, MUSS NOCH MEHR
FRAGEN HABEN.
DER WEISE BLEIBT EIN KIND SEIN LEBEN LANG,
UND DIE ANTWORTEN ALLEIN MACHEN BODEN
UND ATEM DÜRR.

——諾貝爾文學獎得主 ELIAS CANETTI（1905-1994）——

在佛羅倫斯的米開朗基羅（Michelangelo Buonarroti, 1475-1564）故居紀念館（Casa Buonarroti）文獻室裡，收藏著米開朗基羅從 1524 年 3 月至 1525 年 8 月每週固定親手寫下的助手工作日數表，作為他每週的發薪紀錄。在這段期間裡，米開朗基羅在佛羅倫斯專心創作梅迪西（Medici）家族委製的梅迪西家族禮拜堂（Medici Chapel, 圖 1）雕像，並負責設計、監造羅倫佐圖書館（Laurentian Library, 圖 2）。

米開朗基羅不僅是不世出的藝術奇才，也是傑出的藝術行政總監。在他的故居紀念館文獻室裡，收藏著許多他親手寫下來的帳目資料，讓後世的我們得以從另一個面向清楚看到，這位在雕刻、繪畫、建築三個領域都留下曠世鉅作的藝術大師（圖 3），儘管脾氣火爆，性情上卻也有相當溫暖、慷慨的一面，因此有不少優秀匠師願意長期跟隨他工作。

尤其當他成名後，承接的都是大型創作案，不管在羅馬或是佛羅倫斯的工作坊裡，米開朗基羅聘任的助理人數都不少。這與電影《萬世千秋》（根據美國作家 Irving Stone 的小說 The Agony and the Ecstasy 拍攝而成）極力想將他刻劃為孤獨的創作天才大不相同。成名後的米開朗基羅一直是帶著為數可觀的助理一起工作。他對助理的素質相當挑剔，然而，一旦獲選進入他的創作團隊，他待助理如同家人，幾乎認得每一個人。

米開朗基羅其實不必事必躬親到親自登錄助理的發薪紀錄。一直有不少人勸他，這種事找個做事細心牢靠的人代勞

1.

米開朗基羅留下的「未完成作品」：聖羅倫佐教堂（San Lorenzo, Florence）的正門牆面。

©攝影：花亦芬

2.

羅倫佐圖書館（Laurentian Library, Florence）

就好。但在這方面，他像個傳統的工作坊工頭或領班，不僅明細寫得清清楚楚；有時為了節省紙張，甚至還會把一張紙用來寫兩週的紀錄（圖4）。

　　從1524年5月7日與14日那張記錄表（Archivo Buonarroti, Florence, I. 39. 圖4）來看，5月7日（週六）那天，米開朗基羅發薪水給

3.

米開朗基羅雕像（*Portrait Bust of Michelangelo*）。

Museo Nazionale del Bargello, Florence.

◎攝影：花亦芬

19 名匠師，那一週他們每人工作 4 個整天；5 月 14 日發薪那一週，每人則工作 6 個整天。在名單下面，米開朗基羅還寫下，每個人的日薪是 20 soldi（20 soldi 可換算為當時的 1 里拉 lira. 7 里拉＝1 佛羅倫斯金幣 florin）。此外，他還寫下，付員工薪水的錢是從 Saviati 銀行付款部經理 Giovanni Spina 處獲得，這些員

4.

米開朗基羅手寫的助理發薪表（1524 年 5 月 7 日與 14 日）。

Archivo Buonarroti, Florence, I. 39

© Associazione MetaMorfosi, Rome, Italy

工的工作是協助他雕刻梅迪西禮拜堂新聖衣室（sacristy, 圖 5）裡
羅倫佐（Lorenzo de'Medici）與朱利亞諾（Giuliano de'Medici）兩位公爵
的雕像。

　　從其他資料還可以看到，名下有房產的米開朗基羅也喜
歡把自己在郊區的房子以低廉的租金租給外地來的員工，一
個月房租往往只要 30 多 soldi，大概不到一天半的日薪。

　　隨著米開朗基羅的工作量越來越大，需要聘僱的助手也

5.

米開朗基羅，佛羅倫斯梅迪西家族禮拜堂新聖衣室《朱利亞諾。梅迪西墓像》（*Tomb
of Giuliano de' Medici, Duke of Nemours*）。1526-1533. Marble. Medici Chapel, Florence.

越來越多。尤其自 1525 年 3 月起，他同時負起設計、監造聖羅倫佐圖書館的任務，需要的人手一下子大增。我們可以從他接下來所寫的員工發薪表清楚看到，他在這段時期前後總共聘僱了 168 名刻石匠師，4 名專門鋸大理石的工匠，3 名金屬工匠，以及 3 名雜役工人。有趣的是，米開朗基羅依然堅持自己親手寫下員工發薪表。因此，我們可以從 1525 年 6 月 23 日的紀錄看到，他自己用鵝毛筆在兩張紙上，密密麻麻（別忘了，不時要沾一下墨水）寫下了 104 位助理的名字，以及他們個別的工作日數（Archivo Buonarroti, Florence, I, 62, folios 2 verso-3 recto. 圖 6）。

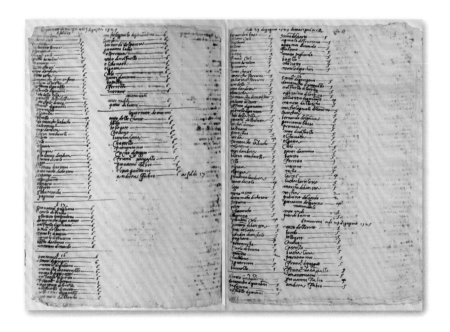

6.

米開朗基羅手寫的助理發薪表（1525 年 6 月 23 日）。

© Associazione MetaMorfosi, Rome, Italy

　　終於有一天，米開朗基羅難以再挪出時間來抄寫這麼冗長的助理名單了。從 1525 年 8 月 6 日起，他把這項工作轉交給其他人來負責。

　　離開藝術史從另一個面向來看，米開朗基羅助理發薪名單上的名字，提供我們瞭解文藝復興時代歐洲人姓名及其社會文化關係的寶貴資料。整體而言，根據男性聖徒之名來命名的名字，如 Giovanni（John），Pietro（Peter），Raffaello（Raphael），是當時一般人相當愛取的「菜市場名」。除了名字外，受薪名單上有不少人是以「綽號」或「暱稱」被登錄上去。例如：1525 年 5 月 21 日的發薪單上，就有兩名員工的名字是寫為「左撇子」（el Mancino）與「美麗的臉頰」（el Belle Gote）。根據藝術史學者 William E. Wallace 的統計，在米開朗基羅為梅迪西禮拜堂與聖羅倫佐圖書館工作期間，約有 1/3 至 1/2 的助手名字是用綽號或暱稱登錄在發薪表上，其中不乏帶著諧謔、甚至含有當時社會偏見的稱號，如神父、修士、教士、黑人、土耳其人、敵基督者……等等。[2]

　　直到 17 世紀，歐洲人才普遍都有「姓」。在此之前，很多人都只是在出生後接受洗禮時，根據出生時的聖徒紀念日（saint feast day）或是長輩崇敬的聖徒之名獲得自己所屬的「教名」（Christian name）。他們一生的紀錄大概也就出現在自己所屬教區教堂對他們出生、結婚、死亡簡短的紀錄上。相較之下，佛羅倫斯在這方面有許多其他的豐富史料。除了自 13 世

紀初起，各行會（guild）有自己的會員名冊外，1427-1430 年間，
佛羅倫斯對自己統轄區域進行了相當徹底的人口與稅收普查
（catasto）。當時填報資料的家戶數有 60,000 戶，共包含 260,000
人。從戶長的名字來看，其中男性約有 53,000 人，女性約有
7,000 人。這些資料是提供我們瞭解當時人姓名極為難得的史
料。

　　值得注意的是，雖然人人在出生時都得到一個「教名」，
但是這個「教名」不一定跟著這個人一輩子；此外，當時人
還不時喜歡更改自己的名字。在行會紀錄上，我們可看到，
1225 年佛羅倫斯絲織業行會的名冊上，有人乾脆把自己的名
字登記成「無名氏」（Senzanome, 英文："without a name"）。在其他
資料上，也可看到，有人登記的名字是「喝酒的」（Trincamusta,
英文："wine-drinker"）、或「半個鄉下人」（Mezovillano, 英文："half a
peasant"）。從這些資料可以看出，中古時代的人並不太把「教
名」拿來終生使用，他們另外取名的來源則相當繁多（例如，
文豪但丁的名字 Dante 或是聖方濟的名字 Francesco 都與基督信仰無關；
有些名字的意涵則類似於中文的「來福」Benvenuto, Bencivenni）；有些
名字也不一定取得一板正經，而且不時還會換名字。[3]

　　到了 15 世紀以後，隨著佛羅倫斯發展成當時歐洲的商
業與藝文重鎮，規規矩矩用一個正經的基督教名字來代表自
己，日益成為趨勢。然而，值得注意的是，雖然當時人對古
希臘羅馬歷史文化的研究興趣日增，卻很少反映在名字的選

用上。根據 1427 年佛羅倫斯人口普查所收錄的名字來看，前 15 個男性最常用的名字裡有 13 個採自男性聖徒之名。此外，還常出現類似像米開朗基羅（Michelangelo）這個名字的組合方式──結合大天使 Michael 之名再加上 Angel（天使）一字。

為什麼 15 世紀的命名會產生跟 13 世紀不一樣的趨勢呢？從目前的研究來看，應該與邁向都會化的過程中，公部門越來越希望公民用「正經像樣」的名字來稱謂自己，而且也開始立下規範要求他們不可隨意改名有關。另一方面也可能有越來越多人希望透過採用與聖徒相關的名字，來讓自己在各方面獲得比較多的超自然庇佑。換句話說，在日益都會化的生活裡，有不少人在心理上越來越期待從宗教信仰上獲得有形或無形的支撐。這樣的現象也清楚表現在離佛羅倫斯不遠處的一個小鎮 Pistoia。歷史學者 David Herlihy 就指出，1219 年，Pistoia 最常採用的男性「菜市場名」，前 20 名裡，只有 5 個是從基督教聖徒之名而來；但是到了 1427 年，根據當時填寫的人口普查資料來看，前 20 個「菜市場名」裡有 18 個是從聖徒之名而來。

米開朗基羅所寫的助理發薪表反映出來的，是一群與採石、石雕相關的職業社群之名，這些匠師的名字與基督信仰相關的，比例沒有超過一半；但是，比起中世紀來，採用聖徒之名作為自己名字的比例已經增加不少。

從以上所談的這些現象可以讓我們看到，13 世紀的佛羅

倫斯人並不像一般所想像的那樣「中古」、那樣「基督教化」；同樣的，15 世紀、16 世紀初的佛羅倫斯人（包括週邊城鎮來此工作者），也不像一般所想像的「文藝復興」是那麼地「世俗化」。

　　傳統的歷史教育喜歡把不同時期的歷史貼上標籤，像是生物標本般分門別類有著清楚的框框架架，然後在這些既定框架上繼續建立論述。20 世紀上半葉的史學尤其喜歡透過這些分門別類好的標籤來談論「東西文化差異」、或是「歷史分期」的問題。這些做法都缺乏好好去反省這些被操作得很「理所當然」的標籤本身是否有不少問題？而且也沒有去看到，這些標籤當初在被創造時，背後往往有著為了鞏固「我者認同」（不論是出於國族意識、還是假學術之名的意識形態建構），刻意去刻板印象化「他者」的企圖。

　　如果我們願意用更開闊的眼光回頭好好細看各種時空下人的存在，應該可以看到許多迥異於傳統刻板印象的活潑歷史。只有跳脫教條式被分類好的歷史詮釋框架，我們也才有機會看到，各式各樣的人究竟如何在當時的生活處境下真實地活著？他們如何在有血有肉的奮戰與困頓之間擺盪、徘徊，如何不斷尋找可以安頓自己的空間，開創自己認為值得肯認的生命意義？

　　只有當我們願意用開放的心態重新看歷史時空裡真實

活過的人，我們才有足夠的彈性看到為創作苦思的米開朗基
羅，如何在百忙中，每星期仍不厭其煩地填寫助理發薪表。
此外，也才能更進一步讀懂他在 1522 年所寫的一首詩。在詩
裡，這位被視為不世出的「文藝復興通才」（圖7），藉由「廣
闊的大海」、「渴慕的靈性高峰」、以及「回不去的生命原初」
三個意象，清楚說出自己作為一個凡人行走於人世時，時常
深深感悟到的無限與有限（圖8）：

7.

米開朗基羅之墓。Santa Croce, Florence.
©攝影：花亦芬

大海與山，伊甸園門前躍動著火焰的劍：

這些一起交織出我所存活的世界。

(Il mare e 'l monte e 'l foco colla spade:

in mezzo a questi tutti insieme vivo.)

8.

米開朗基羅最後的作品：「未完成的」的 Pietà Rondanini.

課綱修訂未竟之路（一）

去除教科書作爲「國民標準知識」載體的想像[1]

理性的智識思辨討論不會帶來攪擾，

只想「河蟹」求和諧才該讓人真正難安。

尤其難以忍受的是，追求自由思考的人竟得接受讓人感到

屈辱的引導，告訴你該往右還是往左。

——瑞士文學家 FRIEDRICH DÜRRENMATT（1921-1990）——

　　2014 年開春以來，高中文史社會課綱與特定出版社對歷史教科書的編寫，一再引發台灣社會的高度爭議。馬政府一方面以違反程序正義的粗糙手段，刪除高中「公民與社會」課綱原本有關「我國的白色恐怖、良心犯、德國納粹等政權清除異己的種族大屠殺」等內容，而以輕描淡寫的「政府濫用權力對人民的迫害，以及殖民政府對殖民地人民的歧視」來取代；另一方面又以「經過合法程序審查下通過」為由，對充滿黨國意識形態的特定出版社編寫的歷史教科書進行背書的工作。[2]

　　國家機器與政府官員這種粗魯行徑，應讓大家徹底看清：「受國家控制的教科書」與「現代民主社會」之間，本質上存在著互不相容的矛盾。這個問題如果不解決，不管哪一黨執政，都會爭論不休。若真的要為國民教育必須使用的教科書問題解套，台灣公民社會應該嚴肅思考的其實是：讓課綱與教科書撰寫脫離「受國家機器宰制」的可行之道何在？公民社會（包括各種 NGO 組織）參與教科書品質審定的機制又該如何建立？

課綱與教科書編修：不斷追求具體落實普世人權價值的「過程」

　　台灣社會近年來之所以在高中課綱與歷史教科書問題上有許多爭議，關鍵迷思在於：以為課綱制定的，就是最核心的知識體系；而歷史教科書，就是代表國家認證無誤的標準歷史知識。在升學考試掛帥的中學教育傳統裡，為了以「標準答案」作為升學競爭的客觀依據，很少人會質疑，「國家」認定的課綱與教科書本身，是否有值得商榷之處？是不是需要公民社會經常加以討論和檢視？正因大家通常把討論焦點集中在「教科書」與「升學考試」緊密的連帶關係上，更讓黨國機器覺得，透過考試領導教學的機制，只要能對課綱與教科書下手，就能遂行「撥亂反正」的企圖。[3]

　　然而，當大家把爭論焦點鎖定在台灣史的用字遣詞是否正確之際，卻忘了更根本的問題：就是去提醒我們的莘莘學子，不要把教科書裡的知識當作唯一的知識來源，更不要將教科書傳達的知識內涵看作國家「保證」過的「正確無誤」知識。換言之，我們如果要打破威權政府對課綱與教科書的宰制，除了抗議不當的用字與詮釋外，更應提醒學生與家長，教科書並非「升學寶典」，多去涉獵教科書以外的知識，才是更重要的。

　　畢竟，世界上並沒有完美的教科書。舉例來說，近三十

年來，德國歷史教育非常重視對納粹問題的反省。不僅規定歷史課本對納粹政權的討論要有獨立篇章，也要求歷史課要有足夠比重的授課時數來討論納粹獨裁帶給全世界的禍害。然而，做了這麼多的努力，已經成為世界楷模了，德國的歷史課與歷史教科書就沒有必要再求進步了嗎？

2014 年 1 月 27 日發行的《明鏡線上週刊》（*Spiegel online*）指出，德國歷史教科書雖然討論納粹大屠殺的篇幅越來越多，但是從歷史學專業眼光來看，少數版本的教科書使用的敘述語言仍不夠精確。例如說，不應將歐洲屠殺、迫害猶太人的原因簡化成希特勒一人所為，而沒有檢討整個納粹共犯結構的深層問題。[4] 此外，全世界最有聲望的教科書研究中心——位於德國布朗史維格（Braunschweig）的「艾克特國際教科書研究中心」（Georg-Eckert-Institut für Internationale Schulbuchforschung in Braunschweig, 簡稱 GEI, 圖 1）的研究也指出：德國中小學教科書對「以色列」現代發展的介紹並不夠。為此，該中心自 2010 年起，特別與以色列共組中小學教科書調查委員會，針對德國所有版本的歷史、地理與社會科學教科書中，有關以色列當代公民社會新發展的敘述，進行全面性檢查。「艾克特國際教科書研究中心」負責此活動的 Dirk Sadowski 博士對這項活動喊出的口號是：「喚起憂慮，建立信任：中小學教科書是政治問題」（"Ängste wecken, Vertrauen bilden: Schulbücher sind ein Politikum"）。[5]

由此來看，德國中小學教科書的編寫與製作，在世界上

雖已享有高度肯定，但從德國人自己的眼光來看，課綱與教
科書永遠需要不斷再調整、再修訂。換言之，應將課綱或教
科書的修訂，視為一個社會往更重視普世人權價值方向邁進
的「過程」，而非像國民黨政府的做法，透過操弄國家機器，
強行將「定於一尊」的黨國意識形態植入課綱；且以「合法」
之名，為特定出版社發行的問題版本護航。

　　我們必須認識到，為了更好的教學品質與教學方法，不
管是課綱還是教科書，的確有必要時時加以修纂。但問題是：

1.

位於北德布朗史維格（Villa von Bülow, Braunschweig）的「艾克特國際教科書研究中心」。

往那些方向修訂？如何透過這個不斷修訂的「過程」，打造具有多元價值的公民社會，讓在學校讀書的孩子有開闊的世界觀，擁抱普世人權，願意為公義及世界和平努力？

　　2014 年 1 月底，正當馬政府領導下的教育部官員積極對課綱進行所謂「微調」時，「艾克特國際教科書研究中心」與聯合國教科文組織（UNESCO）剛好聯合發表他們長達數年所作的重要調查結果——《有關納粹大屠殺國際教育現況：全球教科書與課程設計調查報告》（*"International Status of Education on the Holocaust. A Global Mapping of Textbooks and Curricula"*. 圖 2）。[6] 這是針對全

2.

聯合國教科文組織於 2015 年發表《有關納粹大屠殺國際教育現況：全球教科書與課程設計調查報告》簡介版封面。

球 125 個國家國民教育在有關納粹大屠殺的相關課程設計與教科書內容所進行的大規模跨國調查。調查重點在於：國民教育是否將納粹大屠殺視為課程設計裡不可或缺的重要項目？教科書是否有獨立篇章討論納粹大屠殺帶來的禍害？與此相關的課程是否有足夠份量的授課時數（圖 3）？

根據調查單位公佈的結果可知，西方民主國家國民教育對國族主義的危害與納粹大屠殺的議題相當重視，歷史教科書都特別規劃單獨一章來討論。反之，越不重視人權的國家，如盧安達與中國，納粹大屠殺在教科書所佔的比例越小（圖 3,圖 4）。這些不重視人權國家的教科書通常不會以專門篇章討論納粹帶來的禍害，而「只是以幾筆輕輕帶過的方式，將之與其他地區性的種族大屠殺相提並論。」

從以上的標準來看台灣的高中教科書課綱，也是不及格的（圖 5）。這個狀況政府若不再加以特別重視，近幾年來，我們的年輕學生因對納粹歷史無知，一再引發以色列嚴重抗議與鬧出國際笑話的風波，恐怕不會只是個案。大家應該還記得，2011 年三名年輕人穿著納粹軍服參加國防部暑期戰鬥營，國防部不但沒制止，竟還將他們的照片公佈在國防部官網上，引發以色列駐臺辦事處嚴正抗議。[7] 2013 年底，在「下一代幸福聯盟」反對多元成家草案的凱道遊行裡，又有一個高中生穿著納粹軍服參加，再度引發以色列駐臺辦事處不滿。[8] 2016 年 12 月底新竹高中生的校慶納粹扮裝遊行，更是引發以色列與德國駐台辦事處共同嚴正抗議。[9]

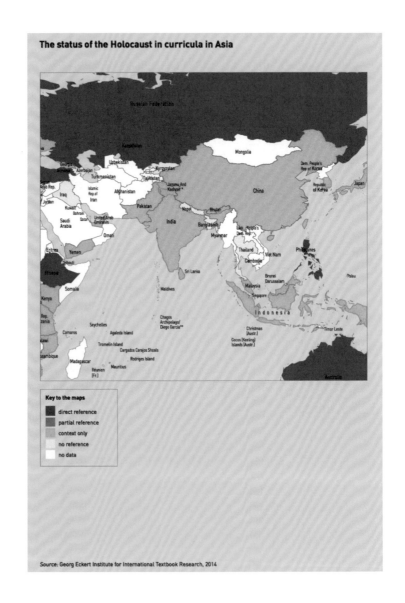

3.

《有關納粹大屠殺國際教育現況：全球教科書與課程設計調查報告》2014 年對亞洲
課綱狀況所做的調查結果。

Country	Name of document	Subject	Page no.	Date	Terminology	Status
Canada (Newfoundland and Labrador)	Social Studies – World History 3201	Social Studies, World History	40, 41, 77, 83	2003	'Describe the tragedy of war with reference to each [of]: the Holocaust, allied bombing of Dresden, Japanese treatment of prisoners of war', 'Prepare a multimedia presentation on images of the Holocaust to capture the human experience'	DR
	Social Studies Grade 9	Social Studies	41, 76, 77, 80		'Historical Influences on Identity I: Significant Events (1920-1945) [...] primary attention should focus on: the Holocaust, and the use of atomic weapons', 'Why is it important to study and remember events such as the Holocaust or the use of atomic weapons in the Second World War?', 'What evidence is there that the Holocaust occurred?'	DR
Canada (Nova Scotia)	Canadian History 11 Curriculum	History	42	2002	'Analyse Canada's role regarding Jewish immigration and the Holocaust'	PR
Canada (Ontario)	The Ontario Curriculum Grades 9 and 10	Canadian and World Studies	46, 47, 49, 55, 56, 57, 72	2003	'Explain the impact in Canada of the experience and memory of the Holocaust', 'Analyse significant events related to the Holocaust (e.g. the rise of anti-Semitism and Nazism; Kristallnacht; establishment of ghettos, concentration camps and death camps), and Canada's response to those events'	DR
	The Ontario Curriculum Grades 11 and 12	Canadian and World Studies	176, 195, 206	2005	'Explain how genocides that have taken place since 1900 have affected the victims and victimizers, but also the world at large (e.g. famine in Ukraine, the Holocaust, mass executions under Pol Pot, the Rwandan genocide, ethnic cleansing in Bosnia)', 'analyse key factors that have led to conflict and war (e. g .[...]) genocides including the Holocaust [...])'; 'the Holocaust, genocides in Armenia, Ukraine, and Cambodia'	DR
Canada (Prince Edward Island)	Prince Edward Island Social Studies Curriculum – History 621A, Canadian History	History	68, 156	2010	'Analyse Canada's role regarding Jewish immigration and the Holocaust.'	PR
Chile	Historia, Geografía y Ciencias Sociales. Programa de Estudio, Primer Año Medio	History	35, 45, 84, 92	2011	'Holocausto', 'genocidio nazi', 'Alemania Nazi', 'regímenes nazi' ,'Caracterización de los principales rasgos de la Segunda Guerra Mundial: su extensión planetaria, el uso de la tecnología para fines de destrucción masiva, los genocidios y la política de exterminio de pueblos, las cifras superlativas de víctimas civiles'	DR
	Historia y Ciencias Sociales, Programa de Estudio, Cuarto Año Medio	History, Social Studies	30	2004	'El profesor o profesora explica las principales características de la Segunda Guerra Mundial: guerra total, ocupación, resistencia, genocidios (campos de concentración, Holocausto), bomba atómica'	DR
China	义务教育 历史与社会课程标准	History, Social Studies		2011		NR
	义务教育 历史课程标准	History		2011		NR
	普通高中历史课程标准（实验）	History	25	2003	'反法西斯战争'(Anti-fascist war)	CO
	（上海）中学历史课程标准	History	33, 59	2014	'意德日法西斯专政'(Fascist dictatorship in Italy, Germany and Japan)	CO

4.

《有關納粹大屠殺國際教育現況：全球教科書與課程設計調查報告》2014年對加拿大、中國課綱現狀所做的調查結果。

「艾克特國際教科書研究中心」

　　有關台灣青少年因為對納粹歷史無知不時鬧出國際笑話，這個問題正顯示出：我們的國民教育在國際觀的培養上，有相當需要再進步的空間。如何進步？關鍵不在於再塞更多內容到教科書裡讓學生記誦，而在於我們必須揚棄國族主義的迷障，跳脫「中學為體，西學為用」的陳腐思想，不要再

Country	Name of document	Subject	Page no.	Date	Terminology	Status
Italy	Schema di regolamento recante "Indicazioni nazionali riguardanti gli obiettivi specifici di apprendimento concernenti le attività e gli insegnamenti compresi nei piani degli studi previsti per i percorsi liceali di cui all'articolo 10, comma 3, del decreto del Presidente della Repubblica 15 marzo 2010, n. 89, in relazione all'articolo 2, commi 1 e 3, del medesimo regolamento" : Decreto 7 ottobre 2010, n. 211	General Curriculum	17	2010	'Il nazismo; la Shoah e gli altri genocide del XX secolo; la Seconda Guerra Mondiale'	DR
Jamaica	Curriculum Social Studies Lower Secondary	Social Studies				NR
Japan	Junior High School Course of Study	Social Studies	38, 86	2008	'... Situation of the European and North American nations, and the life of the people during the war'; 'Enable students to understand that the war caused ravages to the people worldwide ...' (paraphrase)	CO
	High School Course of Study	World History	22, 34, 45	2009	'...The causes of the two World Wars and their nature as total wars, and the impact of them on the world and on Japan'; '[...] the rise of fascism relating to the emergence of mass society by focusing on such topics as Nazism in Germany [...] enable students to see that the war caused serious loss of human life, including many civilians' (paraphrase) (trans.)	CO

5.

《有關納粹大屠殺國際教育現況：全球教科書與課程設計調查報告》2014 年對義大利、日本課綱現狀所做的調查結果。

讓歷史教科書成為國家機器企圖在青少年心中建立「我者」與「他者」（或「我們」與「他們」）有所不同的洗腦工具。

　　有關德國歷史教科書長年以來在這方面的努力，前面提到的「艾克特國際教科書研究中心」居功厥偉。

　　「艾克特國際教科書研究中心」由德國布朗史維格（Braunschweig）大學歷史學教授 Georg Eckert（1912-1974）於 1951年創立。鑑於納粹時期，德國為了強力形塑國族意識，不斷透過教科書醜化「對敵」形象，讓教科書淪為打造支持法西斯政權的幫兇，第二次世界大戰後，Georg Eckert 希望透過國際間友善的對話，幫助德國在教科書編寫與中小學歷史課程安排上，跳脫國族意識形態偏見。1951 年創立時，他先設置第一個跨國對談的教科書合作機制──「德法中小學教科書委員會」（Deutsch-franzoesische Schulbuchkommision），讓德法歷史教師針對兩國在詮釋歐洲歷史發展的爭議問題上，有可以長期對話的平台。1975 年，又接著成立與波蘭歷史及地理老師對話的「德波中小學教科書委員會」（Deutsche-polnische Schulbuchkommision），發表《給德波歷史與地理教科書編寫之建言》。1985 年再與以色列合作，發表《給德以教科書編寫之建言》。

　　透過這些雙邊或多邊的長期對談，「艾克特國際教科書研究中心」致力於用宏觀的國際視野，幫助學生在閱讀教科書時，多元地瞭解德國與世界的關係，以此積極帶領德國走

出過去從國族文化觀點編寫教科書的傳統。為了鼓勵優良教科書的編撰與出版，自 2012 年起，「艾克特國際教科書研究中心」在各邦文化教育部長聯席會議（Kultusministerkonfernz）贊助下，設立「年度優良教科書獎」。每年都針對中小學各科教科書與補充教材進行評比，提供學校老師選書時參考。

德國教科書政策

　　除了「艾克特國際教科書研究中心」不時對德國教科書內容提出具有高度影響力的警訊與提醒外，德國教科書政策也非常值得我們參考。德國各邦獨立自主權相當大，因此，各邦「中小學教育部」（Schulministerium）會根據自己那一邦對國民教育的理念，彙集各個教育團體提出的專業看法，研擬符合最新學術專業水準與當代教育理念的課綱與教科書審查機制。[10] 整體而言，最重要的精神在於，反映最新又最好的專業研究成果與教學法。對有爭議的歷史事件，以呈現多元觀點的史料取代主文敘述，讓學生透過思考與理性討論，形成自己的觀點。然而，對於納粹慘絕人寰的暴行，則必須有徹底的反省與檢討。對德國在歷史文化根源上的反猶傳統，也要加以批判。

　　有些出版社除了出版全德國適用的教科書外，也針對個別的邦自己在歷史地理人文的特色，出版專門適合該邦需求的教科書。面對林林總總的版本，每一邦的中小學教育部每年都會公布年度通過審定的教科書名單，學校老師則針對自己學生實際的學習狀況，做出選擇。換言之，站在教學現場第一線的老師擁有教科書的最終選擇權。

德國「消基會」也對審查教科書「品質」有興趣

　　除了有「艾克特國際教科書研究中心」這種國際級的NGO 組織、以及各邦中小學教育部委託學校老師所組的委員會為教科書品質把關外，德國消基會（Stiftung Warentest）也於2007 年開始進行教科書抽檢工作。德國消基會的做法與其他由「大人」主導的審查機制不同之處在於，除了學者專家與老師外，他們也邀請高中生一起參與。每本教科書都至少有55 位以上的高中生一起參加審查工作（圖 6）。

　　消基會此次抽查了 10 個版本的高中生物教科書、以及七個版本的高中歷史教科書。抽查結果發現，有幾個版本的生物教科書寫得太難、太複雜，扼殺學生的學習興趣，作業也缺乏引導學生做進一步自發性的思考。反之，有些版本的

生物教科書相當能針對該年齡層平均的認知理解能力書寫，課本版面設計讓人一看就知該章節的主旨。文字敘述簡明清晰，作業設計也多元有趣。

抽查歷史教科書的結果則發現，有些歷史教科書沒有根據最新及最好的學術研究成果來寫；有些在當代史的敘述上，沒有加進最新的發展現況。此外，有些版本的歷史教科書觀點太單一，沒有注意到如何培養學生從不同角度思考歷史，並以理性且具說服力的方式建立自己的詮釋。

德國消基會將高中生一起納入評審團的做法，與完全只交給專家與老師審查的調查機制相較，所得到的結果確有差距。有幾個版本的教科書深獲高中生讚許，但看在專家學者

6.

2007 年德國消基會在官網上公佈「教科書抽查結果：成績欠佳」。

眼裡，卻是「尚待改進」。整體而言，依據德國人自己的標準來看，這次抽查所得到的平均結果是：沒有一本教科書足以被評為「非常優良」（"sehr gut"），大部分教科書獲得的評分都是「尚待改進」（"mangelhaft"）。

　　德國消基會表示，不應以此結果類推到其他尚未被抽查到的科目。但是，值得警惕的是，不管評鑑得分是好是壞，被抽查到的每一個版本的教科書，幾乎平均每 5 頁就有 1 個嚴重錯誤──有些是數字錯了，有些則是論述有誤。

　　若說德國數十年來兢兢業業從事教科書出版，編撰出來的教科書尚且無法獲得大部分德國人的高度肯定，我們就應知，教科書根本不該被看成是提供完全正確無誤知識的載具。反之，它是一個社會以平價（甚至是免費）方式提供給國民受教時的參考，但絕非受教者可以完全安心「服用」的知識內涵。

台灣公民社會可以做的方向

　　德國經驗離我們很遙遠嗎？如何落實在台灣？我們雖然沒有「艾克特國際教科書研究中心」這樣獨立運作、

又有崇高國際聲望的NGO機構，但是，德國消基會主動進行各版本教科書審查的做法，卻可以給我們不少啟示。

從三一八學運以來，台灣各NGO團體凝聚起來，共同為各種公共議題發聲、並一起尋找解決之道的努力成果，大家有目共睹。如果各NGO團體都能從自己關懷的角度，為目前的課綱修訂提出建言，也能從國民教育應該重視的重要社會公義觀點出發，對各版本教科書進行評比，並以清楚易懂文字將審查意見公布在網路上，提供各級學校及社會大眾參考，相信會對學校老師在選擇教科書時產生重大影響。此外，這也能讓在學學生（別忘了，我們的學生是網路世代！）透過比較具公信力的團體所發佈的訊息，學會不要盲目被教科書不夠周全、甚至立場有疑義的說法給誤導。

更重要的是，如果我們能有一個「大家一起體檢中小學課綱與教科書」的獨立運作網站，依據年級與科目做仔細分類，並針對課綱內容與各版本教科書做字字句句詳細的檢查；同時歡迎學生、家長、老師隨時將他們使用的心得或發現的問題上網提出，相信許多專家學者都樂意在網路上提供專業看法，供大家參考。學校第一線教學的老師也可反映使用不同版本教科書時發現的優缺點，供教科書業者改善。這樣一來，不僅各版本教科書的問題可以及時被發現，迅速獲得澄清與進一步解釋；對有問題卻一直不肯加以修訂、改善的教科書版本，網路累積的眾多疑問與批評，也可形成公民社會

集體的壓力。如果學校老師明知某些版本有問題，卻仍加以選用，家長團體也有足夠的依據來向學校抗議。

教科書不是「國民標準知識」的載體

　　課綱與教科書從來就不是、以後也不可能會是絕對完美無缺。將教科書從傳遞「正確無誤」知識的認知解構出來，是民主深化過程中關鍵的一步。在我們還無法找到比較好的方案解決升學考試「客觀」評分標準的問題之前，老師應讓學生知道，課綱與教科書目前能以「硬性」方式在台灣社會長期存在，是因為困境未解，而非教科書所言都是對的。

　　二戰之後的德國之所以花費那麼多心力，從各種不同角度編寫具有多元觀點的優質教科書，不同的 NGO 團體也時時對教科書品質進行查驗，而且，儘管如此，德國人還是認為他們的教科書不夠好——一切的一切，都只說明了一件事：一戰到二戰的慘痛歷史教訓，讓德國人清楚意識到，想要透過以國族思想為核心的教育快速讓自己成為「大國」或「強國」，不僅會讓原本好好的國家走上瘋狂、沒人性的不歸路，而且每個國民必須為此承受的代價極為慘痛。既然如此，與其用霸道蠻橫的手段擁有短暫的「強國」虛榮，不如以文明

的做法建立一個讓人尊敬的國家。正面國家形象帶來的種種長期效益，不是窮兵黷武的短暫利益可以相比的。

　　教育是為了孩子的未來，教科書的存在是為了開啟孩子的學習興趣，而不是為了幫助一群無法適應民主社會變遷的人，將自己牢不可破的政治偏見灌輸到國家未來主人翁的腦袋裡。老師與家長也應坦率讓孩子知道，不要因目前中學教育主要還受限於升學至上的壓力，就把「教科書」傳遞的知識視為官方認證無誤的「絕對正確知識」。

　　教科書雖然不完美，然而，民主先進國家沒有輕言廢止教科書的原因在於，這仍是社會各階層比較可以負擔得起的簡便學習、參考工具。只要能放棄國族主義史觀、放棄單一政治正確價值觀，不斷追求改善，不斷追求與民主社會講究的普世價值對話，台灣是可以慢慢重建「教科書」與「民主社會」之間良性互動的關係。

9
課綱修訂未竟之路（二）

想瞭解「台灣與世界的互動」，
先拿掉天朝主義眼鏡 [1]

「啟蒙」是人走出自我招致的幼稚不成熟（selbst verschuldete Unmündigkeit）。所謂幼稚不成熟就是如果沒有別人引導，自己就不知該怎麼辦。這種幼稚不成熟是自找的，因為造成的原因不在於缺乏理智，而在於沒有別人的引導就不敢發揮自己知性的決心與勇氣。「勇於認知吧！」（*Sapere aude!*）要有勇氣運用自己的理智，這就是啟蒙運動的呼籲。

——哲學家康德，〈何謂啟蒙？〉（1784）——

缺乏良好世界史教育的台灣，如何發展外交思考？

　　2017 年〈十二年國教歷史科課綱草案〉出來了。[2] 經過各方不斷敦促、呼籲，第三次政黨輪替後，新組成的課綱研修委員會終於放棄自己原先擬就的中國史課綱，改將中國史放在東亞脈絡下討論。對於課綱研修委員會願意從善如流，是該對其辛勞給予肯定。

　　然而，在媒體喧騰之際，還是應該靜下心來好好檢視新版課綱草案。尤其當教育部強調，新版歷史課綱「世界史也將更著重台灣與世界互動」時，我們更該好好注意世界史究竟是如何研修的。

　　台灣歷史教育過去受到中國史大力箝制，不僅台灣史難以成立，世界史更是扭曲。世界史在過去的框架思考下，要不是作為「中外」歷史裡的「外國史」、不然就是「中西史學」下的「西洋史」。就重視國民教育的先進國家歷史教育而言，歷史教育本該放在世界史脈絡下，從「互為主體性」（inter-subjectivity）的角度——也就是說，在看重自己主體性的同時，也尊重別人的主體性——來看自己國家與世界的互動，同時也瞭解自己國家在世界史脈絡下，不同時期在發展上的各種歷史經驗（圖 1）。

　　像台灣這樣將歷史科分為三個領域（台灣史，中國史／東亞史，世界史），其實是在政治與歷史學界傳統生態壓制下，

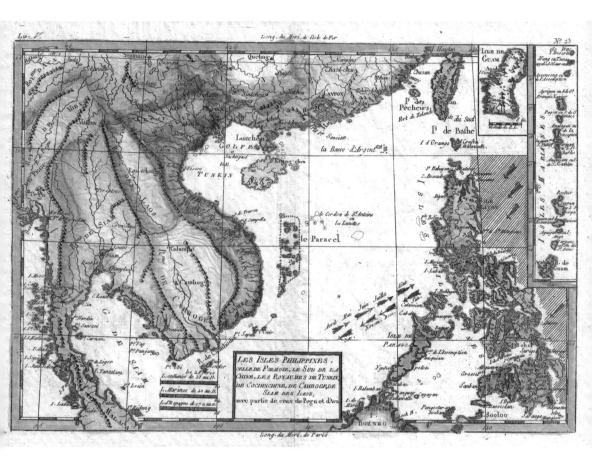

1.

法國製圖師 Rigobert Bonne（1727-1795）於 1780 年繪製的南海區域圖《菲律賓諸島、福爾摩沙、中國南部、北越（河內古名Tonkin）、南越Chochin、柬埔寨Camboge、暹羅王國Siam、與寮國》（*Les Isles Philippines, celle de Formose, le Sud de la Chine, les Royaumes de Tunkin, de Cochinchine, de Camboge, de Siam des Laos*）。23x33 cm.

台灣在地圖右上方以粉紅色標出，地圖上可見到有寫出「大員」（Tayoan）與「熱蘭遮城」（Fort de Zelande）等地名。在台灣的周邊則可看到有畫出澎湖群島（Is des Pecheurs）、東沙群島與西沙群島。從這個角度來看台灣，與「帝國邊緣」的思維毫無關係，Bonne 很明顯是從海洋的角度來看南海以迄印度洋的世界。

固守導致得出的扭曲遺緒。在這樣的做法下，學生不僅必須學習三種不同、各自為政的歷史敘述；更大的問題在於，這樣的課綱所呈現出來的「世界」，是一個被肢解、而且難以互相匯通的「世界」。換言之，課綱本身塑造了一個各自發展、彼此之間關聯似乎不大的虛假世界歷史圖像。對國際情勢險阻的台灣而言，透過這種三段式肢解的世界史，學生並沒有辦法學到如何好好培養歷史省思的眼光，來瞭解國際局勢的變化；也不懂得思考，如何發展台灣自己的外交策略。

就暫且放下這些教育理想，從目前的草案看起吧！

戴著中國史眼鏡的「東亞史」

仔細看課綱草案所謂的「東亞史」，幾乎是中國史的翻版。課綱內容談到其他東亞國家的部分非常有限，而且大體上不脫離從中國天朝的眼光來看東亞周邊國家的歷史發展。從教育的角度來看，如果要用這樣的內容做為「東亞史」課綱，應該要很清楚告訴學生，這是妥協下的「政治產物」。就教育、以及知識能力的養成，真正的東亞史不該長成這樣。日本與韓國應該不會認為，這種戴著厚重中國史眼鏡的課綱，適足以跟他們對東亞史的認知進行溝通交流吧（圖2）？

世界史課綱應該化繁為簡，真正做到「台灣與世界的連結」

　　應該從學生角度思考的，也包括不要在條目說明上，給出那麼多教科書編寫內容細節的指示。難以想像一個國中生，在學完「兩宋時期，國際間以對抗與征服為主的關係，蒙元時期王朝的國際新秩序，明清與周邊國家及西方國家的互動後」，接著馬上要學「蕃薯、玉米、馬鈴薯、花生如何在明清時期傳入東亞」，然後又要緊接著學「明清之際傳入東亞的西方宗教」，接著，還。沒。完₋，還有「儒家經典、醫學典籍、庭園設計轉譯到其他社會」要學（草案，頁 83）。

2.

著名好萊塢導演 Frank Russell Capra 於 1944 年為美軍拍攝戰時宣傳片《我們為何而戰：中國戰事》（*Why We Fight: The Battle of China*），片中對「中國地圖」區域劃分所下的詮釋。

這些子項目彼此之間的關係，老師有辦法在短短數小時內，講得清楚嗎？有想過國中社會科（包含公民、歷史、地理）每週只剩 3 小時，平均分下來，國中歷史老師光是為了講授這一小段時期的歷史，要趕課趕成什麼樣？

課綱不是 All you can eat 的總匯自助餐，而必須消化這套超人課綱的是十幾歲的國中生！高中新版歷史課綱簡化成主題式，卻把原先高中上的通史以高密度的方式，塞到國中課綱裡。跟九年一貫課綱比起來，十二年國教的國中歷史課綱，讓人相當擔心，國中生如何消受得了？這是把國中生的腦袋當大型倉儲在使用。

比較九年一貫課綱（圖 3）與現在提出的十二年國教國中歷史課綱草案（圖 4）針對近代世界變遷之條目與說明，可以清楚看出國中歷史課綱繁瑣的程度增加了多少。

用這樣的課綱來寫教科書，需要塞進多少密密麻麻的內容？還能有空間留給教學現場的國中老師，去啟發十四、五歲的學生對這段時期的歷史產生興趣與進行討論思考嗎？

此外，令人遺憾之處還在於，這些密密麻麻寫下的說明，有問題之處還真是不少（草案，頁 86）。例如，「文藝復興時期人文及藝術的發展，可以印刷術複製古籍的革命性影響及全才的達文西兩例為代表」，以及「近代國家的興起，在宗教改革的脈絡下，可以法、英、西、和葡四個王國的中央集權發展為例，並兼及俄國沙皇政權。」

如果真要從「台灣與世界」的脈絡來談，文藝復興與印刷術的關係，與其從「複製古籍」來談，不如從因為有了印刷術的新發明，許多新學說、新思想得以自由散佈來談（圖5）。對 15 世紀末、16 世紀的歐洲而言，印刷術的發明形同

2.近代歐洲的興起	◆能知道早期民族國家發展的經過。 ◆能理解宗教改革的原因、影響。 ◆能知道近代科學的發展與啟蒙運動主要思想及其影響。 ◆能理解英國議會政治、政黨與內閣制的發展與意義。

3.

九年一貫課綱

P.近代世界的變革	a.近代歐洲的興起	歷 Pa-IV-1 文藝復興的人文主義與藝術發展。 歷 Pa-IV-2 宗教改革與近代國家的興起。 歷 Pa-IV-3 科學革命與啟蒙運動。	近代世界的重大變革之一從歐洲的崛起開始。這一項目建議擇要討論： 1.文藝復興時期人文及藝術的發展，可以印刷術複製古籍的革命性影響，及全才的達文西兩例為代表。 2.宗教改革，可以馬丁路德及英國國教兩者為主角。近代國家的興起，在宗教改革的脈絡下出現，可以法、英、西和葡四個王國的中央集權發展為例，並兼及俄羅斯沙皇政權。 3.科學革命與啟蒙運動重點在討論其時代背景與歷史影響。

4.

十二年國教國中歷史課綱草案（頁 86）

5.

德國為迎接 2006 年舉行世界盃足球賽（FIFA World Cup），特別舉辦了 *Welcome to Germany - the Land of Ideas* 戶外公
共藝術展。柏林 Humboldt University 前豎立的現代雕刻 Modern Book Printing Sculpture 是其中之一。這個公共藝術品
一方面紀念五百年前古騰堡（Gutenberg）發明活字印刷術；另一方面介紹印刷術對近現代德意志文化蓬
勃發展產生的關鍵影響。

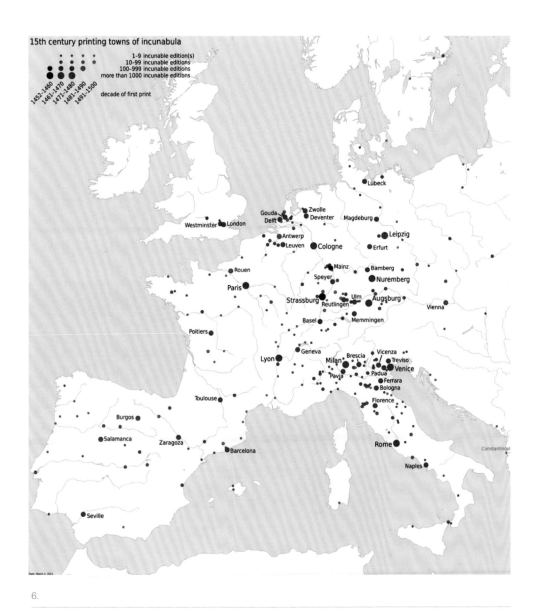

6.

印刷術約於 1450 年左右在德意志中部大城麥茨（Mainz）成熟發展出來，之後很快傳到歐洲各地，帶來知識傳播與教育內容的巨大革命。印刷術發明後的半世紀（15 世紀下半葉）被視為「早期印刷術／搖籃期印刷術」（incunabula）發展階段。這張地圖清楚顯示出 15 世紀下半葉印刷術廣傳至歐洲 271 個城市的情況（資料根據：大英圖書館 2011 年 *Incunabula Short Title Catalogue*）。

今天的網路革命，各式各樣的意見都出籠了（圖6）。從這一點來談印刷術帶來的影響，中學生切身的即視感不是更強嗎？這是連結過去與現在非常好的切入點啊！

　　而在宗教改革脈絡下要談「近代國家的興起」，怎麼不是提跟台灣關係密切的荷蘭呢？荷蘭人當初成立東印度公司，來到了福爾摩沙，有部分原因就是為了累積建國的財源。而他們在 1648 年所建立的國家，是世界近代史上第一個真正具有「共和國」（republic）意義的國家──「荷蘭共和國」（Dutch Republic, 圖7）。放掉這麼具有公民社會建構的里程碑歷史經驗

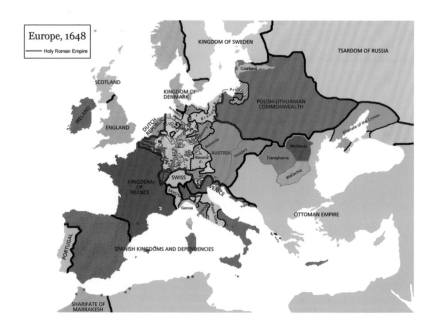

7.

1648 年歐洲地圖。當時的荷蘭是唯一具有近現代「共和國」身份的「國家」。

不談，況且又跟台灣史緊密相關，反而選擇去談近世「中央集權國家」的發展，這種作法背後的教育思維，著實令人不解。更何況法國中央王權的建立有更早的發展脈絡，到了 16 世紀，那已經是進入到與神聖羅馬帝國「爭雄」的階段（見第 3 章），並非宗教改革脈絡適足可以做解釋的。

在台灣教世界史也要戴上中國眼鏡嗎？

這種只偏重「大國／強權」歷史，卻不願意去重視比較追求公民平權的共和小國之歷史發展，向來是台灣世界史課綱的嚴重問題。我們自己是小國，我們的早期文化是原住民文化，我們的世界史卻只知教導「大國／強權」的歷史。而我們的世界史開頭也從來不曾有意願去談，其他國家歷史的開頭也涵蓋了原住民文化。

教育部雖然強調「世界史也將更著重台灣與世界互動」，但在國高中的世界史課綱草案卻看不到，與台灣原住民文化相關的「南島文化」在其他地區發展的歷史經驗跟台灣有何異同？他們的現況又是如何？台灣應該不要只知停留在滿足於自己作為南島語言的原鄉這一點上，更應好好培養下一代去瞭解，如何透過這麼可貴的文化遺產連結，去建立與南太

平洋國家的友誼。

　　跟南島文化同樣情況的是，我們大部分邦交國所在的中南美洲古代原住民文化（如馬雅、印加文化），也都在我們的世界史新課綱裡隻字未提。

　　取而代之的，是新版國中歷史課綱沿襲了「四大古文明」的思維，世界史的開端是從「西亞、埃及與印度」早期文明講起。教這些上古文化並沒有不對，但問題是，要放在何種脈絡下教？這些被歸類為「高度發展的文化」（high cultures）並不是世界上絕大部分國家在講世界史時，會被一起搬出來講的。

　　如學界早已揭櫫，「四大古文明」的概念其實是梁啟超在 1900 年為了將中國納入世界史體系所提出來的說法。這個概念的提出，本身是為了提振中國民族主義用的。

　　台灣史既要標舉自己是南島文化的原鄉，又要在世界史教育裡，要學生戴上中國眼鏡，學習 1900 年才被虛構出來的「四大文明古國」（中國部分，請搭配「東亞史」課綱草案一起服用），學生在討論「歷史是什麼？」時，難道不會想請視網膜主持的「眼球中央電視台」一起來幫忙製造笑料嗎？

台灣世界史教育「反西方」？

　　這種既想高倡「以台灣為主體」，離開台灣望向世界各地（包括我們的鄰國）時，卻又顯出沒有中國眼鏡不知眼睛要往哪裡擺的窘態，在這方面，最大的問題可從高中世界史課綱草案一再出現的關鍵字——「西方」——來看。

　　作為一個三十年來專注在研究世界史（尤其是歐洲史）的學者，坦白講，筆者真的不知道，「西方」具體指的到底是什麼（圖 8~10）？首都建立在伊斯坦堡（君士坦丁堡）的拜占庭帝國算是西方嗎？現代的紐西蘭、澳大利亞算是西方嗎？今天的德國有 1/20 人口是穆斯林，總數超過 400 萬人，當德

8.

1927 年拍攝的阿富汗女性，沒有人戴頭巾，穿著與當時的歐美無異。

9.

1950 年代在阿富汗
首都喀布爾大學
上生物課的女大
學生，沒有人戴頭
巾，也沒有人穿著
伊斯蘭傳統服飾。

10.

塔利班（Taliban）在
1994 年興起，而且
快速地在 1996 年取
得阿富汗政權。他
們以伊斯蘭基本教
義進行極權統治，
很快地將第一次
世界大戰後阿富汗
打造起來的開放榮
景摧毀掉。本圖拍
攝的是阿富汗紡織
工廠裡的女工，他
們全部被迫穿上伊
斯蘭傳統服飾、而
且也一定要戴頭巾
（2012 年攝）。

國總理梅克爾（Merkel）說：「穆斯林文化是我們的一部份」時，對這個今天歐盟領頭羊的國家，我們能不假思索用「西方國家」的標籤來定義它嗎？

我們應該知道，口語的「方便說」與應該有比較清楚定義的「教育語言」有所不同，而且課綱研修者應該警覺到其中可能導致的語意誤解。在一般輕鬆的日常對話裡，「西方」做為方便說，只要你懂我懂，沒什麼不可以。然而，很難想像的是，課綱研修委員何以那麼確定，「西方」這個概念可以成為課綱裡一再出現的關鍵字？甚至在條目說明裡，課綱編委明白寫道：「18 世紀後半葉以降，歐美的歷史進入現代早期，『西方』的概念逐漸形成，人類的政治組織和物質生活都經歷了重大變化」（草案，頁 87）。

針對草案裡這樣清楚寫出來的陳述，筆者只能用高中課綱草案第一條的條目：「誰留下來的史料？誰寫的歷史？」來反問研修委員，如此斬截立論、甚至積極要灌輸到我們中學世界史教育的學術根據何在？

就德國歷史學者史賓格勒（Oswald Spengler）於一次大戰後期（1917）所寫的歷史名著《西方的衰落》而言，他所說的「西方」，並不包括德國。而 20 世紀下半葉，美籍巴勒斯坦裔學者薩伊德（Edward Said）在他所寫的經典名著《東方主義》（*Orientalism*）裡，更清楚表明，「西方」與「東方」在他的學術論述中，是動態的觀念，而非靜態的地理區域概念。

　　沒有耐心好好細讀《東方主義》的人，請至少將薩伊德在 1995 年為該書所寫的〈後記〉好好讀一讀（台灣有相當不錯的漢譯本，不要擔心，不難讀）。在這篇〈後記〉裡，薩伊德一再強調，他對「西方 vs. 東方」的論述，並不像杭廷頓（Samuel Hungtington）在《文明衝突與世界秩序的重建》一書所說的「文明圈」那樣，是靜態的觀念。反之，在他的論述思想裡，「西方」與「東方」都是隱喻，是為了針貶現實政治而發，而非地理區域的指稱（儘管在書的本文裡，他所說的「西方」主要是在討論對伊斯蘭世界有偏見的英美法）。如薩伊德所說，他在《東方主義》裡想探索的，是「一個異質性高、動態的而又複雜的人類現實」。[3]

　　薩伊德提出來的「東方主義」論述模式，是為了凸顯強權集團為了合理化自我逞強行徑，不斷透過知識系統的建立，來刻板印象化被壓制的弱勢「他者」。因此在他的書中，強權壓制者被視為「西方」，而被壓制的弱勢他者被歸類為「東方」。按照薩伊德的論述邏輯，對 19、20 世紀被帝國主義凌駕的中東伊斯蘭世界而言，英美法是「西方」。然而，讓我們自己想想，繼續按照薩伊德的論述邏輯，就飽受摧殘威脅的東突厥斯坦而言，薩伊德所說的「西方」，該是中國？還是英美法？

　　拿著這些對世界學術史上重要論著內容理解有相當偏差的認知，要將這些「想當然爾」的偏差認知植入到我們的新

版課綱條目裡，已經是相當令人不解的教育行為了。如果再細看高中共同必修的課綱草案，明明白白有一個條目是「『西方』與『反西方』」（Nb-V-2, 草案，頁 18）。細看這個條目的說明是：「對西方霸權與『反西方』浪潮的省思」（草案，頁 92）；再看另外一個條目「反殖民運動」的說明是：「探討亞、非、美三洲的互動交流，從而思考西方霸權殖民過程中文明與暴力的兩面性」（草案，頁 92），課綱研修委員不斷積極想將「西方霸權」這個概念植入我們的中學歷史教育，用心清楚可見。

　　在此真的要請大家用非常嚴肅的心情好好思考以下兩件事：

　　第一，課綱條目用語應該盡可能客觀，留下討論空間。「西方霸權」這個用語幾乎是整個歷史科課綱草案裡，唯一一個有非常清楚價值判斷的字眼。帝國主義對世界各地造成的傷害，不容忽視。但課綱條目書寫，應該要細心思考，如何啟發學生在這些議題上有建設性的討論和理解。如果新版世界史課綱要放「西方霸權」這個條目，那也應該在東亞史與台灣史放「日本霸權」與「中國霸權」這兩個條目，才是持平的課綱設計吧？！特別挑出「反西方」與「西方霸權」這些條目與說明文字，而且多次植入課綱草案文本中，這是過去

　　　　　　　高中歷史課綱前所未見的大改變，連飽受抨擊的
　　　　　　103 微調版課綱都還沒有這樣做！

　　第二，當今之世，除了伊斯蘭國（IS）的恐怖份子外，誰
　　　　　最愛講「西方霸權」與「反西方」？如果願意誠
　　　　　實以對，那非習大大莫屬。如果研修委員要說不
　　　　　知道／沒想到／沒注意到，連世界政治重要現況
　　　　　都不清楚的人，適合來編我們接下來要用 8 至 10
　　　　　年的新版歷史課綱嗎？

　　這已經不只是戴著中國眼鏡在看世界史，這是在與對岸
一起唱和「反西方價值」的教育了。

　　真好！歷史課綱果真如總匯自助餐，pro-Taiwan 的，pro-
China 的，還有不知自己該何去何從的，各自請便。小店菜
色齊全，大家慢慢享用，慢慢看菜單，一定會有你的菜。大
中國主義者不要心急，真的，真的，慢慢兒（要捲舌嗎？）看
菜單，一點兒（要捲舌嗎？）也沒有對不起你們。

「自由主義」從台灣的歷史課綱消失了

　　課綱擬定基本原則就是論述邏輯與價值要能前後一致。
高中歷史課綱草案談到「歐洲文化與現代世界」的子主題「個

人、理性、自由」時，後面的條目只列出「資本主義與社會主義」（草案，頁 18），並在條目說明裡寫道：「對個人、自由與理性等價值的尊重，是民主政治、公民權利發展的重要基礎。探討它們的崛起與宗教改革、啟蒙運動的關係，及這些價值在資本主義、社會主義中的反映」（草案，頁 91-92）。

　　這個條目及說明已經不是「怪異到不行」可以形容的。與「個人、理性、自由」思想相關的，最該舉出的是「自由主義」。這不僅與社會科領綱標舉出的「重視人權」密切相關，而且與胡適、雷震以降，台灣民主運動思潮的發展也緊密連結。在過去的歷史課綱裡，「自由主義」一直是會被包含進去的關鍵字，新版的歷史課綱草案（不論國高中）為何要將「自由主義」刪除？！要從資本主義談自由，那是冷戰時期美國對抗俄共的說法。資本主義既可與美式的經濟體制、歐陸重視社會福利的體制結合，也可跟中國共產黨「拼經濟是硬道理」的一黨專政極權體制結合。中國將 VPN 翻牆軟體整個禁絕掉，國家資本幫襯下的中國數位工業資本主義不正開心嗎？這裡面的「自由」是什麼？「理性」是什麼？「個人」是什麼？這與社會科領綱標舉的價值吻合嗎？

扮裝納粹的事件不會再重演了嗎？

　　2016 年底，高中生扮裝納粹事件發生後，教育部長出面道歉，承諾「身為教育大家長，他有責任向國際社會表達歉意，且會更積極地推動歷史教育，讓學生們深入瞭解相關事件，才能避免再發生類似事件的可能性」；[4] 教育部也針對這個激起國際社會強烈抗議的事件發表了〈教育部回應台灣高中生高舉納粹旗參加校慶一案〉之聲明，表示「徹底落實學生歷史教育與國際觀」。[5] 言猶在耳，在我們新版的十二年國教歷史科課綱草案「共同必修」部分，卻早是船過水無痕。在這個新的歷史課綱草案「共同必修」部分，對德國納粹大屠殺的歷史過往，明明白白是完。全。隻。字。不。提。

　　蔡總統在高中生扮裝納粹事件過後幾天（2016/12/29），剛好出席「總統府人權諮詢委員會第二十五屆委員會議」。她在開場致詞時表示，「要讓學生瞭解他人曾經經歷的痛苦，並尊重他人的權利。」根據媒體報導，在致詞時，蔡總統同時也表示：「對於人權的教育，會邀請行政院和相關部會，針對十二年國教的人權教育，在委員會提出專案報告，希望在座的委員能夠幫忙，並給予改善建議。」[6] 筆者適巧受邀作為此屆「總統府人權諮詢委員會」審查教育部人權教育的外部學者專家，親自見識到總統府人權咨委會內外部委員對十二年國教課綱人權教育相關問題積極建言，希望被國際人

權組織鑑定為「台灣人權教育內容嚴重落後」的情況，能利用此次研修社會領域新課綱的機會，趕緊加以補強；同時也提醒教育部主管人員，中學生對納粹歷史誤解，一再激起以色列與德國嚴重抗議之事不宜重演，新版歷史課綱應好好重視這方面的教育。開會結果呢？只能用「言者諄諄，聽者藐藐」的「實問虛答」、「有溝沒通」，來形容掌管我們教育的官員，的確很懂得另闢為官之道，深諳如何博取媒體掌聲，打造亮晶晶的業績。

　　2017 年 4 月聯合國教科文組織（UNESCO）剛發表《關於納粹大屠殺與如何防範種族大屠殺的教育：政策指引》（*Education about the Holocaust and preventing genocide: policy guide,* 圖 11），其中清楚寫道：如果國民教育要教與納粹大屠殺相關的歷史，應該在課綱條目中清楚寫明（頁 55）。[7]

　　當我們的地理科新課綱是「參考國際地理聯合會公佈之《2016 地理教育國際憲章》揭櫫的基本精神」來研訂（草案，頁 18），而我們的社會科課綱更是相當用心地將所有（不是像歷史科只有寥寥數個）條目以提問的形式來書寫，做出一目了然的課綱條目對照表，讓人可以清楚看出，在同一主題類別下，國中到高中的公民教育如何由淺入深、由簡入繁推進（草案，頁 24-25, 圖 12）。相較之下，我們的歷史科課綱卻像是從 19 世紀故紙堆裡長出來的「宅課綱」。戴著中國厚厚重重的大眼鏡，一路嚷著自己有著不可忽視的主體性。卻不知道，健康、有

永續發展潛力的「主體性」，需要連結到懂得好好瞭解、尊重別人歷史文化的「互為主體性」，才可能打造得出穩實的基礎。只懂得從中國天朝眼光看世界，卻沒有自己的眼睛，只知一味地談「伊斯蘭與西方世界」，卻看不到我們社會裡有著許多印尼移工，他們來自全球最大的穆斯林國家。

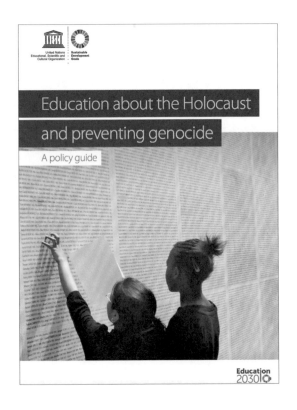

11.
《關於納粹大屠殺與如何防範種族大屠殺的教育：政策指引》（2017 年）。

不談「公民」、另立「人民」概念的歷史科課綱

從 19 世紀故紙堆裡「宅」出來的課綱，有爭議的設計思
維也表現在寧捨社會科領綱揭櫫的「公民意識」，自行另舉

主題	項目	條目	
		國民中學	普通型高級中等學校
A. 公民身分認同及社群	a.公民身分	公 Aa-IV-1 什麼是公民？ 公 Aa-IV-2 現代公民必須具備哪些基本的德性？為什麼？	公 Aa-V-1 公民身分如何演變？為什麼從特定群體，漸次擴張至普遍性身分？ 公 Aa-V-2 我國的公民權利如何發展與落實？ 【探究活動】為什麼我國憲法、原住民族基本法賦予原住民族具有民族的地位和自治的權利？對於原住民族的公民身分有什麼意義？
	b.權力、權利與責任	公 Ab-IV-1 民主國家中，權力與權利有什麼差別？ 公 Ab-IV-2 學生們在校園中享有哪些權利？如何在校園生活中實踐公民德性？	公 Ab-V-1 為什麼人是權利主體，且享有平等的權利能力？為什麼在自然人之外，還有法人的概念？ 公 Ab-V-2 為什麼部落、原住民各民族、原住民族都有權利能力？ 公 Ab-V-3 民主國家中，人民或國家須經由何種正當程序才會被賦予法律上的義務或責任？ 公 Ab-V-4 國家的權力行使，為什麼必須權責相符？ 【探究活動】學生在學校應有哪些權利與責任？為什麼？

12.

十二年國教公民科課綱草案。

「從人民的主體觀點出發」之原則（草案，頁 15），作為這個新版本歷史科課綱的特色。

實際上就課綱條目說明來看，不管是東亞史還是世界史，真正從「人民為主體」角度出發的條目並不多。如果連結台灣史課綱一起來看，社會科總綱所樹立的「公民」概念，對歷史科來說，其實非常合用，並沒有必要為了極少數幾個條目，捨「公民」，另以「人民」來作為課綱設計原則。

畢竟「人民」是政治概念，而「公民」是憲政體制下的法律概念。作為台灣新世代學生的教育內容，加強「公民」概念的認識瞭解，有不容抹煞的重要意義。

反之，「人民」作為定義鬆散的政治概念，可以解讀的方向很多，並不適合特別標舉出來，作為國民教育刻意強調的概念。眾所皆知，這個世界上最喜歡談「人民」的，其實是共產國家。舉凡「人民陣線」、「人民議會」、「人民大學」、「人民法院」、「人民的藝術」、「人民的文學」、「人民當家做主」、「人民的敵人」……等等，哪一樣不是號稱是從人民的主體觀點出發？但在世界史上，打著「人民」旗號的社會，得到的結果，又常常免不了：「非我族類，殺！」

同樣的，在這個世界上，最不願意談「公民」的，也是共產國家。因為「公民」是憲政體制下的概念，是讓社會每一個人真正能平起平坐的法律保障。

不該用極少數人負責世界史課綱的研修

還有不少比較小的問題就不提了。如果這次新課綱編修，台灣史與中國史課綱多多少少都藉由「創造性破壞」達到若干比較讓人耳目一新的成果，世界史課綱草案卻令人十分憂心。

這個現象清楚顯示出，長期以來，在台灣教育裡，世界史在中國天朝主義思想影響下，只是陪襯、無關緊要。台灣歷史教育藉由「台灣史」努力掙脫中國天朝中心主義的束縛，但卻沒有得到望向世界的眼睛與開闊的心胸器度。反之，以為只要台灣史與中國史相互的關係架構有被處理好，犧牲世界史並無妨。而長期以來，不少教學現場的老師不知如何教世界史，索性放中國拍攝的《大國崛起》影片作為上課內容，這種情況並不是什麼秘密。長此以往，我們能走多遠？

一個沒有良好世界史教育的台灣，只知同時擁抱「愛台灣」與「義和團史觀」求心安，這樣就可以無憂地兀立在驚濤駭浪的世界局勢上嗎？

不少人在批評台灣政府對教育的投資太少。就世界史課綱草案的研修來看，人力投入之少已經難以只用「令人搖頭嘆息」來形容。難以想像，在這麼短的時間內，以極為少數的人編出這份世界史課綱草案，辛苦了這極少數幾位研修委員。但是，範圍如此浩瀚、牽涉到的問題如此複雜的世界史

課綱，為何是用少到令人瞠目結舌的人數來編？令人不解。除了極權國家外，這種完全不成比例的教育人力投資，不是正常民主國家應該容許的現象。這樣的作法，不覺得是拿未來 8 至 10 年內新世代中小學生理當享有良好教育的學習權在開玩笑嗎？

歷史教育在中學剩下的授課時數不多了。能不能好好從學習者的角度出發，為他們有權接受與世界優質國民教育同步的歷史教育設想，關乎到主事者的教育良知。如果只想在特定小圈圈裡打造課綱，那請誠實告訴我們的學生，新的東亞史教科書將戴著中國眼鏡；新的世界史教科書不只沒有在教「台灣跟世界的互動」，而且更可與中國歷史教育共同協力，不會有什麼違和感。

身教重於言教。大人坦白跟學生說，這樣，善解的他們至少還能自行判斷，考完試後，要不要繼續把這五、六年來在學校學的這些所謂的「歷史科知識」當真？還是可以直接還給教育部，從此相忘於江湖。

解嚴 30 週年，玩玩《返校》遊戲比較能表達真誠的心意。歷史科，留做考試用就好。課綱也沒什麼神聖性，就是成人世界那麼一回事。「公民」、「人民」、「酸民」果真有差？而教育部真的在乎年輕人的青春與前途嗎？

至於面對曾經無辜獻出的年輕生命，我們又真的知道「歷史」是什麼？

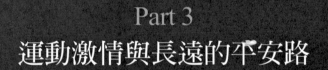

Part 3
運動激情與長遠的平安路

10

介於 1949 與 1989 年之間的
西德六八學運

少年喚過一遍同伴的名字後，在意識恍惚中決定往火光的地方走，當他看見黑暗中的微細火光逐漸變大，不禁哭了起來。不多久，那哭聲融入了四周奇妙湧現的各種奇妙聲響，隨著夜風傳送出去。

——吳明益，《睡眠的航線》——

西德「六八學運」歷史詮釋的爭議

　　1990 年兩德民主統一後，如何書寫「聯邦德國史」成為當時德國史學界熱烈討論的課題。如何回顧 1949 至 1989 年間西德走過的四十年，剛好介於中間的「六八學運」成為極為重要、但也重啟許多爭議的大哉問。

　　為什麼呢？從正面來看，「六八學運」不僅徹底打破了艾德諾（Konrad Adenauer, 1876-1967）總理長期執政時期（1949-1963）對納粹過往的集體沉默，也讓西德年輕世代在冷戰時期要求政治、社會、教育進行改革的聲音受到廣泛重視。[1] 但是從負面來看，不停「刷存在感」的學運到了七〇年代為了繼續博取媒體版面，不斷往激化、極端化方向發展，以至於後來變成帶有恐怖主義傾向的「赤軍連」（Rote Armee Fraktion, 英文：Red Army Faction, 簡稱 RAF）。

　　「赤軍連」在被稱為「德國之秋」（Deutscher Herbst）的恐怖作案時期，一共殺害了數十個人，其中包括 1976 年劫機，以及 1977 年劫持企業高層、並加以殺害等事件。一直要到 1980 年一些學運參與者創建了綠黨（Die Grünen），加入民主政治體制內運作，才逐漸停止一連串恐怖主義作為。而到了 1998 年 4 月 20 日，「赤軍連」主動宣佈自行解散。

　　換句話說，從時間比例來看，西德六八追求「改革」的學生運動為時只有 2 年；但是若以 1970 年女記者 Ulrike

Meinhof 協同友人建立「赤軍連」，以至於產生肅殺駭人的
「德國之秋」，並一路延續到 1998 年為止來看，學運走向變
質而且嚴重影響社會治安的時間卻長達 28 年之久。從這些歷
史事實來看，究竟該去紀念學運讓西德有機會大步邁向真正
的民主自由？還是該去正視學運為戰後西德的民主政治埋下
了恐怖主義陰影，以致於當 1992 年德國經歷民主統一後第一
次「新納粹」（Neo-Nazi）恐怖殺人行動，不少人對要將隱含著
恐怖主義過往的「六八學運」視為「聯邦德國史」轉捩點的
歷史書寫觀點相當不以為然。

如何在歷史神話裡求真？

　　整體而言，21 世紀德國學術界對「六八學運」的討論，
越來越聚焦在討論學運帶給整個社會的影響與改變，但不再
去談當年個別學運參與者（尤其是學運明星）、以及許多小群
體臨時起義進行自發性衝撞事件之問題。這個研究重點的轉
向清楚顯示出，德國學術界清楚意識到，不應該繼續被「學
運神話」或個別暴力／衝突事件糾纏，而應該另外建構可以
俯瞰社會整體改變的「解析視野」（Erklärungshorizont）。在歷史
回顧上，重要的，不是去定義這場學運的屬性；而是去檢視

經過群眾運動後的西德社會，在哪些方面產生了質變？而這些質變又如何影響了後來公民社會的日常運作？[2]

　　西德「六八學運」跟過去的「革命」或群眾暴動最不同的地方在於，不僅從美國引進了 Bob Dylon 的搖滾樂，同時也引進了新的抗爭形式，例如 "sit-in"（靜坐），"teach-in"（關於公共議題的非正式短講），"go-in"（透過干擾大學課堂上課，宣達特定議題），以及 "love-in"（嬉皮的狂歡聚會）等等。隨著抗議課題從反對伊朗獨裁者巴勒維造訪西德，到尖銳質問父祖輩與師長輩在納粹時期的所行所思，以迄要求高等教育應儘速改革，以免被蘇聯的核武軍備競賽迎頭趕上，到後來卻又將教育改革的訴求急轉彎到要求高等教育應放棄菁英思維，以促進「階級平權」為首要之務……等等（圖1），「六八學運」在不斷改變訴求主題，高舉「凡事都是政治」（Alles ist Politik）的同時，廣泛地將文化、社會、教育、性別、反核、反戰各種議題涵蓋進「政治」的範疇。在這樣的情況下，不僅政治與藝術分不開，體制外的反抗團體——「國會外反對派」（die Außerparlamentarische Opposition, 簡稱：APO）——也積極透過流行文化來傳達他們的理念。

　　值得注意的是，西德學運參與者通常被視為「新左派」（die Neuen Linken），這意謂著，他們並非傳統政治意識形態上的左派，想透過工人運動來改變社會；他們也無意與勞工階級合流（這一點與法國學運大不同）。因為當時主要的參與者

是在戰後西德「經濟奇蹟」（Wirtschaftswunder）下成長起來的年輕世代，他們對政治現狀的不滿並非來自對「階級剝削」的體認，而是出自戰後年輕世代（尤其是大學生）心理上對當時社會文化各種面向的極度不滿。他們高舉馬克思主義，並不是為了延續傳統左派的意識形態；落實馬克思主義更非他們的理想。[3] 他們之所以高舉左派旗幟，只是為了與當時支持資本主義與消費文化的西德主流社會唱反調，只是想爭取社會平權。

1.

1968 年 11 月在漢堡工廠裡實習的學徒上街抗議被廉價剝削。

　　因此，對這些被稱為「新左派」的大學生而言，「反抗」、「反體制」、「反權威」、「解放」、「追求最大化的自由」才是「六八學運」真正的主軸（圖2）。

2.

六八精神不死：抗拒漢堡市政府拆除市中心「舊巷區」（Gängevirtel）的文資保護運動人士，於2009年佔據這個老城區，將其中建物重新整頓，以低廉的租金出租給藝文創作者與需要低廉住宅的市民，但入住條件是，大家必須過共同生活。這樣的「共居」（Genossenschaft）思維相當類似「六八學運」時年輕人積極打造的「公社」（Kommune）。

◎攝影：花亦芬

在歷史脈絡裡重新看西德「六八學運」

　　「六八學運」並非二戰後西德第一波群眾抗議運動，從參與示威的人數來看，也不是最多、場面最浩大的。1968 年 2 月 17 與 18 日兩天，學運龍頭組織「德國社會主義學生聯盟」（Sozialistische Deutsche Studentenbund, 簡稱 SDS）在西柏林工科大學（TU Berlin）大禮堂舉辦了「六八學運」初期一場非常重要的活動——「反越戰國際會議」（Internationaler Vietnamkongress, 圖 3），當時有來自 14 個國家 44 個團體，大約共有 50,000 人參加。2 月 18 日會議結束後，接著舉行示威大遊行，參與人數約 12,000 人。而自 1964 至 1970 年（也就是「赤軍連」開始讓學運變質之前），「德國社會主義學生聯盟」的會員總數介於 2,000 至 2,500 人。[4]

　　對當時的西德人來說，這樣的示威抗議場面並不算大。1958 年，社會民主黨（SPD）為了反對艾德諾總理配合冷戰時期核武軍備競賽計畫政策（1957 年 4 月提出），發起「復活節反核、反戰遊行運動」（Ostermarsch-Bewegung, 圖 4）。當時西德各大城參與的人數總共約有 120,000 人，是二戰後西德第一場大規模的全國示威活動。這個復活節和平示威活動此後年年舉辦，參與人數居高不墜，1967 年高達 150,000 人次。[5] 由此來看，「六八學運」之所以特別受到矚目，並非靠參與人數眾多來取勝，反而是靠密集的示威抗議頻率，並將對公共議題的討論炒作成具有媒體效應的爭議性議題。如社會學者 Heinz

3.

1968 年 2 月 18 日「反
越戰國際會議」宣
傳海報。

4.

1960 年 在 漢 堡 舉
行的「復活節反
核、反戰遊行」
（Ostermarsch）。

Bude 所言：

> 「六八學運」的神話建立在「質」，而不在「量」。
> ……學運人士透過製造情境、催化挑釁效果、以及擴充
> 大家的想像空間，成功地創造一種公共空間：在這其中，
> 沒有什麼是神聖不可侵犯的，也沒有誰敢說他的個人論
> 點就是無誤。……畢竟，「六八學運」真正想談的，並
> 非特定的政治議題，而是對政治的想像力本身。在這一
> 點上，這些學運參與者可說是最早嗅到無論如何已經需
> 要透過「轉向思考」（umdenken）來重構社會經驗的先鋒。[6]

　　然而，究竟是要從哪些層面轉向呢？當時反艾德諾威權
的年輕世代，是戰後嬰兒潮裡成長起來的一輩。從一九五〇
年代初期至一九六〇年代初期這十年間，西德從南歐與土耳
其引進大批移工，不僅快速地從戰爭的斷垣殘壁裡重新站起
來，也以「經濟奇蹟」創造了德國史迄今最富裕的時期，人
均所得在這十年間成長了 50%。加上人口大幅度年輕化，整
個國家看似充滿了活力。[7] 然而，嬰兒潮裡成長起來的年輕
世代，普遍共有的反感，就是與西德五〇年代「經濟奇蹟」
連結在一起的父權主義政經結構。他們不再想用五〇年代的
小確幸與消費文化來肯認自己是幸福快樂的一代。
　　1966 年至 1967 年間，西德經歷戰後第一次經濟衰退，引

發社會心理上不小的恐慌，也對未來的願景不再懷有那麼多確定感。⁸然而，就在這個時刻，向來凝聚西德左派力量的社會民主黨（SPD）卻決定與基督教民主黨（CDU）及自由民主黨（FDP）合組掌握國會絕對優勢的大聯盟政府；更糟糕的是，擔任這次執政大聯盟總理的基督教民主黨主席季辛格（Kurt Georg Kiesinger）過去竟是納粹黨員。深深感到被社民黨拋棄的大學生於是組成了「國會外反對派」（APO），堅持以不投入選舉的體制外反對勢力自居。他們將五〇年代以降各種抗議與民主化運動匯聚起來，希望透過對公共議題的討論，重新探問「有個體自由的私人」（Privatmensch）與「國家公民」（Staatsbürger）之間的關係可以有多少種可能？他們當時為了表示自己「反資本主義」的明確立場，故意高舉毛澤東與切·格瓦拉（Che Guevara, 1928-1967）的大頭像遊行；並透過不斷掀起抗議活動，希望在集體發聲的呼喊裡，讓自己想脫離父祖輩箝制的徬徨與焦慮，找到可以跟其他意氣相投者一起取暖的歸屬感。⁹

　　然而，誠如專研德國「六八學運」的政治學者 Wolfgang Kraushaar 指出，「六八學運」在本質上反對所有一切既有體制，也對既有一切社會成規開砲。這些號稱「新左派」的人，在學運初期主要由大學生與大學教授組成，面對當時西德大學生只有 5% 來自勞工階級家庭，這些「新左派」關心的，並非傳統左派在意的勞工福祉問題；而是將自己視為永遠的「體制外基進反抗者」。但也因為他們只想不斷地否定，所

以帶來的破壞遠多於建設。誠如當時被大學生視為精神導師
的哈伯瑪斯（Jürgen Habermas, 1929- ）在 1967 年 6 月對學生提出的告
誡，不要讓自己變成「左翼法西斯」（Linker Faschismus）。[10]「左翼」
與「法西斯」原是互相對立的意識形態，然而，就極端主義
運動者來說，他們真正在意的，並非「左」或「右」的問題，
而是如何讓自己透過對單一議題基本教義式的主張，不斷成
為媒體焦點與活躍的社會意見領袖。

「六八學運」歷史由誰來書寫？

　　半個世紀轉眼即將過去。當年六八那一代的人如今都已
經從職場退休了。如何看半個世紀前那個風起雲湧、騷動不
已的時代呢？當年的運動參與者負責掌管書寫那個已逝風雲
年代的鑰匙嗎？

　　1974 年，當社民黨總理布朗德（Willy Brandt）下台，改由史
密特（Helmut Schmidt）主政的年代裡，當時鑑於赤軍連對自己
社會進行的一連串恐怖攻擊，「六八學運」參與者（尤其是
積極活躍者）幾乎被視為西德的「國家內部敵人」（innerstaatliche
Feinde），被主流社會處處排斥。[11] 雖然聯合執政的社民黨與自
由民主黨（FDP）積極幫學運學生尋求刑事豁免，[12] 但一直要

等到八〇年代初期，與赤軍連清楚切割的學運成員創建「綠
黨」，加入體制內政治運作，才讓當年的學運參與者不再感
受到自己是被社會犧牲的一群人。

　　1988 年，哈伯瑪斯在接受媒體採訪時明確表示，當時年
輕人在體制外的激烈抗爭，本質上的確是想透過「反威權」
追求「本質上徹底的解放」（Fundamentalliberalisierung）。[13] 然而，
這種絕對化的追求，在某些層面上，卻表現在對異己高度不
寬容的暴力（甚至謀殺）行為上。當年重要的學運代表性人物
費雪（Joschka Fischer）──後來成為綠黨創建者之一、並曾任德
國外交部長──曾在 2001 年回顧自己的從政來時路說：

> 我當年之所以放棄暴力行動，主要不是因為見到 1976
> 年 5 月 Ulrike Meinhof 在獄中自殺後，引發眾多極端抗議
> 行動所致；而是 1977 年的「德國之秋」讓我清楚見到，
> 我們其實不折不扣地承繼了父輩的威權性格，那是我們
> 自己口口聲聲說要對抗到底的。我當時清楚意識到，不
> 管是我們在街頭引爆的武裝衝突、或是在各種場合臨時
> 起義的突襲行動，最後都只是讓我們自己走向自我消
> 解、自我毀滅。……我們逐漸體認到，那些一開始時以
> 「反法西斯」姿態說要翻轉父母輩威權的人，在他們具
> 體的所言所行上，其實跟納粹沒兩樣。[14]

隨著 1989 年 11 月柏林圍牆倒塌、以及兩德民主統一進程陸續開展，對「六八學運」的看法也隨著聯邦德國邁入新的民主共和里程碑，而有了重新被定義的契機。

當年學運參與者，例如歷史學者 Norbert Frei，便努力將他們當時對納粹歷史的積極批判，視為喚起西德「批判意識」（kritisches Bewußtsein）不可忽視的重要性。[15] 他在述及「六八學運」這段歷史時，主要談的就是學運對促成西德走向「轉型正義」在思想啟蒙上的貢獻，而非當年高舉的「反資本主義」。然而，不該被遺忘的是，真正促成西德在一九五〇年代末期、一九六〇年代初期重新走上轉型正義之路的幕後推手，其實是讓「耶路撒冷大審」與「法蘭克福大審」可以正式上路的黑森邦（Hessen）檢察總長弗利茨‧鮑爾（Fritz Bauer, 1903-1968），[16]「六八學運」的大學生應該說是在鮑爾辛苦奉獻出自己一生後，跟隨著他對轉型正義的訴求，才開始追問上一輩作為集體共犯的歷史罪責問題。但與其說年輕世代當時在意的是透過「轉型正義」來追求政治體制的改造、與對受難者的撫卹，不如說他們真正在意的是，與沾滿劊子手血跡的舊時代劃清界線。

即便如此，值得爭論的卻是：「六八學運」對轉型正義的催化，可以視為聯邦德國從威權文化轉向民主深化的關鍵轉捩點嗎？從哈伯瑪斯批評學運參與者淪為「左翼法西斯」、到「赤軍連」的恐怖主義，「六八學運」參與者對西德的「民

主」或「民主深化」若有貢獻，應該從哪些面向來探討？對
「六八學運」的討論要因為部分學運參與者（尤其是運動明星）
言行不一、裡外不一致、有暴力謀殺傾向、甚至於有人後來
從極左轉向極右，就一竿子推翻「六八學運」所有的歷史意
義嗎？

「歷史化」六八學運

究竟該如何「歷史化」（historicize）六八學運？

政治學者 Claus Leggewie（1950- ）在〈1968 是歷史〉一文中，
曾語帶保留提出：不應將西德「六八學運」看成是「安全別
針」，可以穩穩地將舊時代與現代連結起來。反之，它像一
把銳利的刀，這把刀究竟會切向何處、或劃向何處，很難說
得準。因為就政治而言，「六八學運」是一場失敗的「反威權」
革命，而且因為當時許多極端的行徑引發鐘擺效應，導致保
守勢力在學運之後相當長一段時間裡強烈反彈。在經濟上，
「六八學運」參與者則因追求高度個人主義與英雄主義，導
致當代如脫韁野馬般不受羈絆的資本主義發展（筆者註：即「新
自由主義」）。他認為，帶著「新左派」色彩的「六八學運」，
真正的成就在於對「性別平權」及「環保生態」的重視。[17]

　　歷史學者 Edgar Wolfrum 則認為，西德「六八學運」雖然追求各方面徹底解放的主張有助於鼓舞冷戰時期的社會走出威權政治，但因為不少學運團體本身的運作就極為威權化、甚至走向恐怖主義，所以他們對於促進西德走向民主深化並沒有實質貢獻。學運參與者雖然嚴厲地批判了、挑戰了威權統治者，但自己卻沒有樹立民主化需要的新價值。反之，他們刻意把自己神話化，但這些政治神話卻在事後不斷被揭穿，凡此種種都很容易讓人對「六八學運」產生負面觀感。[18] 然而，Wolfrum 也提出，但也不要因為有上述這些爭議現象，就認為即便沒有「六八學運」，西德依然可以發展得一樣好、一樣可以順利地走向民主化；或如右派基督教民主黨（CDU）所主張的那樣，是總理艾德諾及保守派為戰後西德打下的經濟基礎，才讓德國從戰爭廢墟中重新站起來。[19]

　　的確，西德「六八學運」連結到的極端主義、恐怖主義，是戰後聯邦德國史另一個重大的集體創傷，而這個集體創傷連結到的是揮之不去的納粹夢魘：就反體制的學運基進參與者而言，艾德諾及其支持者不啻是納粹勢力的延伸版；而對右派而言，赤軍連才是希特勒的戰後青春版。不管從哪一種政治意識型態來看，都可以看出，戰後德國的民主之路走得血淚斑駁，既沒有光榮的紀念碑，也沒有像英國「大憲章」或美國「獨立宣言」那樣光榮的歷史文獻作為支撐。

　　然而，這樣的血淚斑駁，應該更是世界上許許多多民主

後進國家勢必都得走過的崎嶇歷程。二戰後的西德，在民主工程上最大的挑戰正在於，如何在一片斷垣殘壁破敗中，讓腦子裡還滿是被希特勒思想洗腦的國民，願意相信「民主」才是這個國家真正的未來？年輕一輩面對父祖輩的頑抗與阻撓，想要用推翻現有一切體制的方式來「抹去舊跡」、打造另一種「民主」的新樣態，這裡面固然有許多烏托邦式的想法，但是，這也顯示出，「民主」的確需要經過社會有建設性的磨合過程，願意給予空間，經過不斷嘗試錯誤，大家一起學習調整與修正。

從另一方面來看，西德「六八學運」的成員後來與赤軍連劃清界線，透過成立「綠黨」，走入體制內民主政治運作，為環保生態與反戰的和平主義積極努力。德國社會對他們的接納與支持、以及「綠黨」成立後對西德建構成熟民主政治所做的貢獻，對 21 世紀人類社會思考民主化之路，仍相當具有啟發性。

從六八學運遺留下來的問題，看21世紀的民主挑戰

著名的英國左派歷史學者東尼・賈德（Tony Judt, 1948-2010）對西方「六八學運」做過不少探討。他一方面清楚勾

勒出學運世代的年輕人在經濟富裕、以及大學之門逐漸廣開的年代，明顯意識到跟父祖輩難以溝通的鴻溝。[20] 面對執意墨守成規的父祖輩，年輕人只能在當時快速取代菁英文化的全球流行大眾文化裡，找到清楚易辨的識別標記來跟父祖輩徹底劃清界線。

　　然而，在另一方面，東尼・賈德也提出，「六八學運」對冷戰時期西方陣營體制內政治運作充滿威權色彩的不信任，有當時特殊的歷史時空背景，因此，當時年輕人對體制內政治不分青紅皂白的反抗行徑，不應繼續被無限延伸至現代正常運作的民主政治。他認為，從上世紀七〇年代以降，已經可以清楚觀察到，體制外的公民團體長期排拒一起促進體制內發展良好協商、對話機制的激進作法，已經讓 20 世紀末的西方民主政治越來越失能；這種情況如果繼續演變下去，很容易成為 21 世紀民主政治的重大危機。[21]

　　在冷戰中，「六八學運」藉由全球串連的浪潮，突破了東西方對抗的部分局面。然而，走出「共產主義」與「資本主義」對抗的東西方冷戰意識形態牢籠，我們不僅看到了可以跟獨裁體制結合的資本主義、可以跟社會福利國家結合的資本主義、以及可以跟美國這種富人政治結合的資本主義，我們也看到越來越活在同溫層各自為是的碎片化時代。

　　如何從尊重個體的主體性與生命尊嚴出發，重新尋找可以透過公共對話、重建社會信任的道路，也成為「六八學運」

留給 21 世紀重要的課題。是的，「六八學運」不是可以牢牢
連接舊時代與新時代的安全別針；就像世界上一些反抗威權
者，也不一定都是民主價值的捍衛者。

　　面對 20 世紀不同國家走過的民主之路留下來的成就與問
題，台灣也有自身的成就與問題。在過去日本軍國主義與兩
蔣黨國體制長期控制下，反抗威權的年輕人曾經積極反抗在
家庭與學校裡被迫順服的威權。然而，這種解嚴前的「反抗
精神」，到瞭解嚴之後是否有順利轉化為幫助台灣繼續走向
「民主深化」的力量？同樣的，近年來台灣年輕世代引領了
各種深受媒體矚目的公民運動，然而，這些追求民主政治更
加進步的能量，是否有順利轉化為促進台灣社會真的願意建
立良好溝通對話的進步力量？凡此種種，都是檢視公民社會
是否具備自我警醒意識，以及是否真心願意為台灣打造民主
深化基礎的重要觀察指標。

11

從 318「島國關賤字」談
打造小國思維[1]

一種像米粒大小的，不小心就會被遺忘的東西，
風一吹就會掉落的東西，
被埋在八月的雨的下面，
你經過時候，
我腕上的錶正好是六點十分，
那是小米正要發芽的時刻。

我們的島是勇士之島，是夢的匯聚之地，是魚
群遷徙的中繼點，是日落與日升的座標，是希
望與水的停息處。

—— 吳明益，《複眼人》——

「島國關賤字」：走出「語言」關連「國家建構」的歷史迷思

　　三一八學運不僅帶起年輕世代對台灣主體性新的認同，也讓我們批判、嘲諷黑箱政治的語言更豐富了。「暴民」、「魯蛇」、「溫拿」、「Z>B」、「馬卡茸」、「來來來」……等 kuso 意味十足的新式「島國關賤字」，[2] 在 2014 年大量成為眾人日常言談裡諷喻無良政治愛用的字眼。

　　這些反諷、反串意味十足的語彙，不僅表露出學運世代對當時執政者傲慢浮誇的不以為然；同時也清楚標誌出，為數可觀的社會大眾希望台灣政治能就事論事，走向公平正義。當然，愛用這些語彙的台灣「暴民」不會期待，禁止大學老師跟學生談「普世價值、新聞自由、公民社會、公民權利、中國共產黨的歷史錯誤、權貴資產階級、司法獨立」[3] 的強國，會認為這些政治嘲諷意味十足的「島國關賤字」，是他們可以認同的「正確」中文。然而，這個問題卻也凸顯出，表面上使用同一語言文字的人，不必然會有相同的政治思想與政治抉擇。

　　「語言」與「國家建構」之間的關係，是該走出 18、19 世紀國族主義（nationalism）留下的迷思。尤其該警惕在心的是，這些迷思曾經讓人類經歷第一次世界大戰的慘痛傷亡後不久，又瘋狂地投入第二次世界大戰。第二次大戰期間，納

粹以「語言」和「種族」分別「我者」與「他者」的做法，在二戰結束後，並沒有煙消雲散。反之，冷戰時，美國種族隔離政策逼得非裔公民走上街頭，鼓吹民權運動。而在台灣，強力打壓本地鄉土母語的「國語教育」，更是從五〇年代一直延燒到七〇年代。

接下來就從「語言」牽涉到的許多問題，重新來看「國族主義」製造了多少問題，以致於 70 年之後，我們選擇用「島國關賤字」來走自己的路。

San Marino：一個有啟發意義的實例

在進入正式主題之前，讓我們先到一個有趣的地方旅行。

義大利威尼斯以南，沿著亞德里亞海岸線往下走 270 公里處，有一個美麗的古城 Rimini。從 Rimini 火車站出來，馬路對面有一個很特別的「國際線巴士站」。從這裡搭車，往西朝 Titano 山方向走 12 公里，就抵達義大利與它的國中之國──聖馬利諾共和國（Republic of San Marino, 圖 1）──的邊界。

是的。義大利半島上除了有一個特殊國家叫「梵蒂岡」外，還有另一個人口只有 3 萬出頭，國土面積只有 61 平方公

里的小國 San Marino。它不只是聯合國會員，也喜歡自稱是現存世界上歷史最悠久的獨立「共和國」⁴ 以及「世界上最寧謐的共和國」（The Most Serene Republic of San Marino）。⁵

跟歐洲其他小國如列支敦士登（Liechtenstein）與摩納哥（Monaco）等貴族世襲小國不同，San Marino 自 13 世紀有明確歷史記載以來，一直維持共和政體。現行國會內閣制有 60 位國會議員，其中兩名是作為政府首長的「執政長」（captains regent），任期半年。

San Marino 的官方語言也是義大利語。然而，八百年來，

1.

San Marino 是義大利境內的主權獨立國家。

這個迷你小國何以始終堅持自己獨立自主的存在？有一則關於他們的故事，可以讓我們瞭解，他們究竟在追求什麼？

第二次大戰期間，San Marino 人口從一萬五千多人銳減到一萬兩千多人。即便當時執政的政府也是法西斯，但在反對勢力堅持下，San Marino 保持中立，而且還收容庇護了超過十萬名被當時義大利法西斯政府迫害的難民（包含猶太人）。[6]

這是一個懂得守護「自由」（Libertas）價值的古老小國（圖2）。正因為他們深知，小國需要透過守護普世價值，才會贏得尊敬，得以永續生存。

在歐洲中古時代，像 San Marino 這樣獨立自主的小國，比比皆是，並非過去歷史書常講的「封建制度」可以一言以蔽之。但為何後來他們消失了？

2.

San Marino 的國徽採自 14 世紀以來他們共和政府的官方紋章（coat of arms）。三個堡壘象徵中古時代他們捍衛政治自主權的重要防禦工事。其下的文字 "Libertas"（自由）標明他們的立國精神。

可以用「封建制度」詮釋歐洲中古史的特色嗎？

要談這個問題之前，先解釋一下，現代歷史研究怎麼談「封建制度」（Feudalism）與歐洲史的關係。

受到法國啟蒙主義、馬克思史學思想、以及法國年鑑學派健將 Marc Bloch 影響，過去史學界喜歡從「封建制度」的角度詮釋歐洲中古政治、社會與經濟制度的特色。1994年，牛津大學教授 Susan Reynolds 根據美國歷史學者 Elizabeth Brown 曾經提出的論點，出版了一本至今影響深遠的專書《采邑與附庸：重新詮釋中古史料》（*Fiefs and Vassals： The Medieval Evidence Reinterpreted*），[7] 質疑這個詮釋模式的有效性。

簡單來說，過去詮釋中古「封建制度」所依據的兩個主要概念——「采邑與封賞的其他特權」（fief，拉丁文 "feudum"）以及「附庸」（vassal）——並不能有系統地解釋歐洲中古各地不同社會階層與經濟權利間實際的法律運作關係。例如，國王與為他上戰場打仗的騎士兩者之間的關係、跟修道院長與向他承租教會土地耕作的農戶兩者之間的關係，並不相同，而且也無法一致性地從「附庸」與「采邑」的關係來解釋。

過去大家常聽說，封建社會在君王之下分成三種社群：祈禱的神職人員、打仗的戰士、與勞動的農民／工人。然而，這種說法，並非真的反映出當時歐洲各地社會的實況。例如，10 世紀時，義大利北部 Verona 的主教 Ratherius（c. 890-974）就

認為，當地社會可區分為 19 種不同的社群，包括醫生、商人、律師、老師、學生、乞丐……等。11 世紀末，法國神學家 Honorius of Autun（c. 1080- c. 1154）也認為，當時的社會人群可區分為：神職人員、騎士、商人、手工業者、吟遊詩人、小孩、朝聖者、受酷刑折磨的人……等等。[8]

　　換句話說，中古歐洲社會生活實際的樣貌，比起嚴格階層化的「封建制度」複雜許多，但也多元自主許多。如同 Susan Reynolds 所言：「……封建制度這個概念所提供的，不是幫助我們去瞭解，我們在各種史料裡可能遇見的形形色色中古時代的人；而是告訴我們，中古時代的人就是一個樣，我們不必費心好好去看他們。」[9]

　　問題出在哪裡呢？

「封建制度」這個史學概念如何被建構出來？

　　「封建制度」這個概念衍伸自 16 世紀起法律史學者的研究，至 17、18 世紀成為實施絕對君權（Absolutism）國家（尤其是英、法兩國）學者積極討論的課題。然而 17、18 世紀學者是從他們自己時代所經驗到的絕對君權宮廷政治出發，類推回去看歐洲中古，藉以探討與絕對君權相關的「政治品德」何

以成立的歷史根源。也就是說，封建制度強調統治者透過土地與其他特權的分封，要求各階層屬民在彼此對待上，應互有「忠誠」，並以此形塑維繫社會與經濟制度的根底。然而，值得注意的是，17、18 世紀學者對不少史料所提到的歷史名詞做的解釋，並非放在中古社會文化脈絡下，細膩地釐清這些詞彙在當時映照出來的社會實況；而是從 17、18 世紀的政治現象反向類推。

從「靜態」且「一脈相承」的觀點看歷史，是在幫誰的忙？

　　Reynolds 剛出版這本書時，因為觀點新穎顛覆，引起主流學界不少爭議。但二十年後，西方新近出版的學術專書與比較嚴謹編纂的各級學校教科書，確實紛紛放棄從靜態的「封建制度」來詮釋中古歐洲政治、社會與經濟。[10]

　　如果深入來問：過去的詮釋，問題出在哪裡？

　　「封建制度」至少假設了三個前提：

　　（1）「王權」是穩固的；

　　（2）沒有違抗王權、獨立自主的地方政體（polity）與個人；

　　（3）社會階級是不流動／或很少流動的。

　　然而，這是可能的嗎？

　　筆者在〈錯譯的十字軍東征（crusades），被標籤化的歷史〉一文（第14章）提到，自9世紀中葉查理曼帝國崩解後至西元1000年左右，歐洲經常受到斯堪地納維亞人、馬札爾人與穆斯林侵擾，日子過得並不平靜（圖3）。

　　直到10世紀中葉，當斯堪地那維亞人與落腳在匈牙利的馬札爾人接受基督教化，西歐才開始有休養生息的機會。此後，經濟逐漸復甦，城市化現象也慢慢出現。義大利因為比較靠近富裕繁榮的地中海東部，因此商業化、城市化的腳步

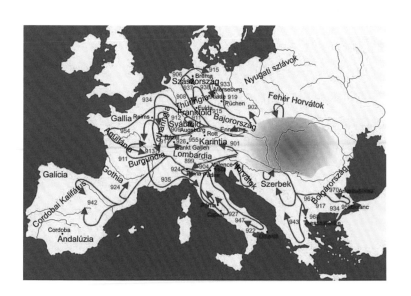

3.

10世紀馬札爾人在歐洲四處爭戰。

走得又比西歐其他地區快。

　　商業化帶來個人經濟力量的崛起，城市化帶來社會階級流動，再加上之前外力侵擾西歐時，對原本政治社會結構帶來的鬆動與破壞，凡此種種都讓人很難想像，10 世紀中葉以後的西歐，如何可能處處都有「封建制度」所預設的，不動如山的社會階級制度、以及穩固的王權？

西元950年以後，歐洲政治發展走向多元化

　　10 世紀中葉以後，羅馬教宗想藉西歐社會文化與經濟貿易復甦之際，趁機強勢崛起。以基督教世界信仰領袖之尊，做西歐共主。於是結合克魯尼修道院改革（Cluniac Reform），在西歐內部大力推動以獨尊教宗為號召的信仰運動。

　　表面上，西歐文化似乎因此逐漸走向全面羅馬公教化。然而，實際上，政治卻反而走向多元化，並對現代歐洲政治生態產生深遠影響。

　　950 年代末，英格蘭在西薩克遜人（West Saxons）建立的王國帶領下，有了初步的統一局面。987 年，西法蘭克王國被卡佩（Capet）家族掌控。他們以巴黎為中心的「法蘭西之島」（Ile de France）為基地，逐步打造法國統一工程。這兩個王國，

從 10 世紀下半葉起，奠定了英、法兩國邁向近現代「民族國家」（nation state）的基礎，並在 19 世紀發展成帝國主義大國。

　　原先的東法蘭克王國，在 Otto 一世手裡，卻開始產生質變。936 年，以公爵身份作為撒克遜地區統治者的他，被選為德意志地區共主 ──「德意志王」。955 年，他帶領德意志各部族擊敗來自匈牙利的馬札爾人（歷史上稱之為 "Battle of Lechfeld"），聲勢大增。Otto 一世因此在 962 年接受羅馬教宗加冕為「皇帝」（Kaiser），日後稱為「神聖羅馬帝國皇帝」（圖4）。

　　然而，跟英法不同的是，以德意志王權為基礎的神聖羅馬帝國皇帝追求的，跟羅馬教宗一樣，不是以世俗價值為導向的 "nation state"；而是以基督教世界保護者自居，夢想在自己既有統治領土外，還要更進一步做整個基督教世界法理上的共主。

　　從這一點來看，可以說，中文書常說的歐洲中古「政教之爭」，其實是兩個同時追求「政教合一」的勢力在爭鋒：一個是教宗領導的「教宗國」（Papal States）；一個是德意志王領導的「神聖羅馬帝國」（圖5）。

　　對基督教普世帝國的追求，讓神聖羅馬帝國皇帝充其量只是在「法理」上作為中歐區域性政治聯盟的共主；而非世俗意義下，中央集權式的皇帝。換句話說，構成今天德國、荷比盧、奧地利、捷克、瑞士、部分法國中部往東南延伸的地區、以及義大利中北部，都在這個以諸多自治政體為基礎

所架構起的「神聖羅馬帝國」範圍內。也就是北從德國漢堡、南至義大利比薩（Pisa），西從法國里昂（Lyon）、東至捷克布拉格，中古時代這個廣大的區域，長達三、四百年以上都處於這種小國小邦林立的狀態。

　　「神聖羅馬帝國皇帝」只有在自己家族繼承的領土範圍內，有實質統治權；在此之外，實力並沒有大到可以直接

4.

位於易北河岸馬格德堡（Magdeburg）主教座堂內，Otto 一世的陵墓，與中國帝王陵寢相當不同。所以也不要從中國「皇帝」的角度來想像連首都都沒有的「神聖羅馬帝國皇帝」。

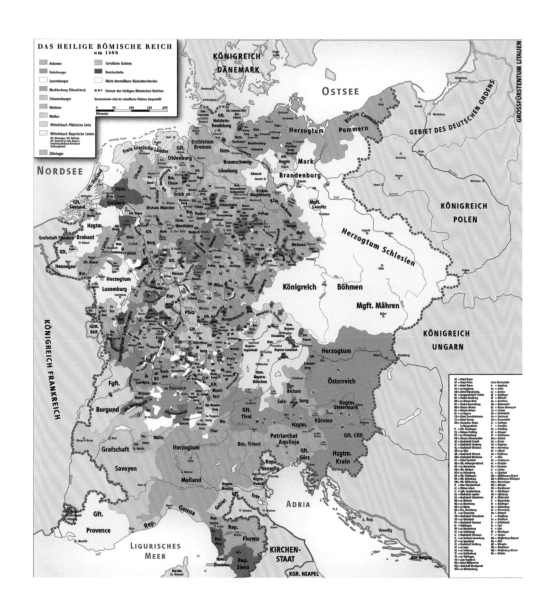

5.

紅線內，是 1400 年左右神聖羅馬帝國號稱法理上所統轄的範圍。在義大利部分，紅線下方以紫色線條框出的部分，就是「教宗國」（Kirchenstaat）。

伸手去管其他地區的政事。這樣鬆散的共主體制，基本上可說是中歐原住民部落會議的升級擴大版；也讓奧匈帝國崛起之前的神聖羅馬帝國，成為一個沒有「首都」、沒有「王宮」的特殊帝國。皇帝必須靠著四處巡訪，鞏固大家對他的認同（順便收取貢金），因此，頂多只能在幾個比較常經過、而且對皇帝態度友善的小鎮，建立樸素的「行宮」（德文：Kaiserpfalz）。這樣的情況，自 12 世紀起，讓繁榮的義大利中北部城市紛紛想擺脫皇帝，獲得真正的主權獨立。這也就是史學研究上所稱的「建立地方政治自治體運動」（communal movement，詳下節）。

如果我們連結 950 年以後，不受英、法兩個統治王室管轄的地區一起看，中古歐洲的政治版圖其實像一塊百納布，其上布滿了大大小小、以各種不同形貌存在的政體（polities）。

什麼是 "commune"（地方政治自治體）？

早期的 "commune" 有各種不同型態。有些是剛萌芽的小型城鎮、有些是村落、城堡、或某個教區（parish）。雖然運作的情況各地有異，但是，"commune" 的組成基本上有兩個共同點：第一，拒絕貴族世襲，採取眾議共管制。執政首長的

產生透過選舉，且任期有限制。第二，政治自治體的成員要
發結盟誓願。

12 世紀，當西歐城市化的程度越來越高，早期小型的
"commune" 逐漸轉變為以城市為基礎的 "city commune"。這
個現象在都市化普遍的義大利中北部尤為明顯。

在現代史學研究上，這些政治上獨立自主運作的 "city
commune" 常被稱為「城邦」（city-state）。亦即「城」就是「邦」；
「城」就是獨立的政體（polity）。因此，住在城市的居民，既
是「市民」，也是國家的「公民」。這就是何以 19 世紀著名
的瑞士史家布克哈特（Jacob Burckhardt）在寫《義大利文藝復興時
代的文化》時，第一卷的標題就是：〈視國家如同藝術品〉
（"Der Staat als Kunstwerk" 確實的意涵為：國家是人有意識打造出來的創
造物，而非如「國族主義」所稱，是天經地義原本就該如此存在）。

但是用當時的語言來看，這些 "city commune" 對外真正
的自稱是「共和國」（republic）。

羅密歐與茱麗葉的殉情地：見證"commune"歷史發展的重要場域

莎士比亞的《羅密歐與茱麗葉》是家喻戶曉的故事。根

據這齣劇，從小在義大利北部古城 Verona 長大的羅密歐與茱麗葉，原本預定秘密結婚、但後來卻成他們殉情地的聖讚諾大教堂（San Zeno Maggiore, 圖 6），真的很有來頭。

12 世紀初，聖讚諾大教堂就是 Verona 邁向「市政自治體」留下重要的歷史見證之處。

在聖讚諾大教堂正門上方，有一個圓弧形浮雕牆（圖7），上面刻畫的圖像是關於 1136 年──代表 Verona 中產階級的平民、與代表舊勢力的貴族與神職人員一起達成協議，共組地方自治政府的景象。浮雕牆中間站著的，是維若納主保聖徒聖讚諾（St. Zeno of Verona, c. 300- 371or 380），他以祝聖的手勢為這個新成立的市政自治體祝福。

在圓弧牆的左邊是徒步的步兵，右邊是騎馬的貴族。兩個社群都肩負保衛 Verona 安危的責任。徒步的步兵代表非貴族的平民階層，從歷史上來看，主要是社會新興的中產階級（包括商人、律師、具有專業技能的匠師……等等）；而右邊騎馬的，則是地主權貴與高階神職人員。

中古歐洲人建立國家的前提並不包括「語言」

根據以上敘述，有一個現象值得注意：對中古歐洲人而

6.

聖讚諾大教堂
（San Zeno Maggiore,
Verona）。
◎攝影：花亦芬

7.

Verona 主保聖徒聖讚
諾為該城成為獨立
自主的市政自治體
祝聖。
◎攝影：花亦芬

言，「語言」在國家建構過程中，並沒有被視作必要前提。這與 18、19 世紀從血緣、語言、文化、宗教等要素來對「國族主義」（nationalism）下定義大為不同。

過去大家認為，中古懂拉丁文的人僅限於神職人員。從新的研究來看，自中古早期開始，非神職人員懂拉丁文的，大有人在。尤其自 10 世紀起，西歐逐漸走向城市化，開始需要大量法律文書與具備各種專業知識的人才，一般市井家庭支持小孩受教育的比例日益增多。[11] 由此來看，可以瞭解，中古歐洲人的實際生活環境，經常是「雙語」（拉丁文與自己的鄉土母語）、或「多語」並存。我們可以想像，當時威尼斯商人與遠洋商船上的船員，除了跟義大利半島的人打交道外，還要與拜占庭、阿拉伯、近東各地講許多不同語言的人做生意。他們需要懂多少語言？而長年定居在西西里島的神聖羅馬帝國皇帝腓特烈二世（Frederick II, 1194-1250），能說 6 種語言（拉丁文，西西里文，德文，法文，希臘文，阿拉伯文），這對當時的歐洲君王而言，並非奇特的事。

在英格蘭，「征服者威廉」（William the Conqueror）於 1066 年取得英格蘭統治權。雖然他來自法國諾曼地（Normandy），但因絲毫沒有「反攻大陸」的打算，所以就像當時其他統治者那樣，沒有制定官方語言。在他的宮廷，很多官方文書是拉丁文與英文並行；但因宮廷出入的統治權貴多是諾曼人，說的語言主要是諾曼地當地母語（跟巴黎人說的法文差異頗大），

後來被稱作 "Anglo-Norman-French"。

公民之聲：中古Siena市政廳的壁畫

12 世紀義大利中北部各地紛紛走向獨立的浪潮，在歷史學研究被稱為「建立地方自治體運動」（communal movement）。這股浪潮出現的原因，主要在於商業與都市蓬勃發展的義大利中北部各城，不想再捲入神聖羅馬帝國皇帝與教宗之間的鬥爭。他們合作組成軍事同盟，將皇帝擊退，確保大家可以安心地將自己的鄉土建立為獨立自主的城邦。San Marino、Verona、Siena 與義大利中北部許多城鎮就是在這股浪潮裡，成為政治自治體。

這些城邦的公民又是如何看待自己與執政者間的關係呢？

14 世紀初期，Siena 市政廳裏的巨幅壁畫，留下了很好的歷史見證。

12 世紀初，Siena 成為獨立的 Republic of Siena。1297 年，他們興建了雄偉的市政廳（Palazzo Pubblico, 圖 8）。直到現在，這個市政廳還繼續在使用。

在這個市政廳裡，有一間「九人廳」（Sala dei nove），是中古時代市政委員會核心的九位代表開會的場所。建造市政廳

時，特別聘請 Siena 最著名的畫家 Ambrogio Lorenzetti（c.1285-
c.1348）為這個開會大廳繪製巨幅壁畫──《好政府與壞政府
託喻畫》（*Allegory of Good and Bad Government*, 1338-1340, 圖 9, 圖 10）。

　　透過這一系列壁畫，歐洲中古城邦公民詳實地發表他們
對公民政治的看法。與大家熟知的西方政治哲學家專業論述
不同，他們是自覺地以「公民」身份，以視覺圖像為媒材，

8.

Siena 市政廳（Palazzo pubblico）。

9.

Ambrogio Lorenzetti, 《好政府託喻畫》（*Allegory of Good Government*），1338-1340.

10.

Ambrogio Lorenzetti, 《壞政府託喻畫》（*Allegory of Bad Government*），1338-1340.

留下這些寶貴的思想史料。[12]

　　在壁畫裡，我們可以看到，城邦公民在賦予執政者決策公共事務的權力時，不忘透過在他們開會場所抬頭即見的視覺圖像，對他們耳提面命。清楚告訴他們，公民是會對他們的決策進行清楚的價值評判。這些壁畫的內容，完全迥異於過去歷史詮釋喜歡說的，中古封建社會是被上下階層關係嚴明的政治文化所籠罩；也迥異於教科書常說的，歐洲中古社會文化是被教會深深地控制。

佛羅倫斯

　　佛羅倫斯也像 San Marino 與 Siena 一樣，自 12 世紀起，就成為具有自主權的共和國。然而，何以這個文藝復興之都卻自 1569 起，成為梅迪西家族以貴族身份世襲統治的「大公國」（Grand Duchy）？

　　共和國為什麼失敗？

　　佛羅倫斯在 1250-1260 年間建立共和國的印跡，還清楚保留在 Bargello（原意：城寨。與德文 "Burg" 源自相同的古哥德文字源）這棟歷史建築上圖（圖 11）。這棟離文豪但丁（Dante）家不遠的建築，原來是共和國的防衛廳長公署，現改為佛羅倫斯雕

刻美術館。

　　佛羅倫斯政府的組成是以「行會」（guilds）為基礎。他們在 12 世紀陸續成立了 7 個「大行會」（圖 12），1293 年又確立了 14 個「小行會」（圖 13）。

　　這 21 個行會的成員總數約 8,000 人，佔當時佛羅倫斯成年男性人口 28％～30％。這個現象說明了什麼？

11.

Bargello： 佛羅倫斯共和國最早的防衛廳長公署。現在是佛羅倫斯雕刻美術館。

©攝影：花亦芬

12.

佛羅倫斯七大行會。

製表：花亦芬

佛羅倫斯七大行會（Arti Maggiori）			
Arte della Calimana 布商及大進出口商		Medici, Speziali e Merciai 醫師、香料與精品進口商、日用品商	
Arte del Cambio 銀行與匯兌業		Arte della Seta 絲織業	
Arte della Lana 羊毛紡織業		Vaiai e Pellicciai 製毛皮業	
Giudici e Notari 法官與公證人			

13.

佛羅倫斯十四小行會。

製表：花亦芬

佛羅倫斯 14 小行會（1293 確定）	
肉販	製革業
鐵匠	橄欖油業者
鞋匠	馬具業
石匠與木雕師	製鎖與各類工具業者
亞麻布製造商，服飾零售商，裁縫師商，	刀劍武器業
葡萄酒商	木匠
旅館業	麵包師與麵粉商

　　首先，我們要瞭解，成為行會成員的先決條件，是具有行會檢定合格「專業匠師」（master）身份。也就是說，已經通過學徒（apprentice）、助理匠師（journeyman）階段，並以獨立創作的作品（masterpiece）通過行會資格檢定，可以自行開設「工作坊」（workshop），招收學徒來營業的「專業匠師」。既然可以獨立開設工作坊，那勢必得識字，以便有時簽署各種法律文件。

　　根據以上敘述可以再一次看到，過去認為中古識字人口只存在於神職人員與統治精英階級，這種看法需要被修正。

　　在具有政治主權的城邦裡，為數不少的商販、手工業者、甚至於有專業技能的匠師，都接受了一定程度的識字教育。而這些有專門知識技能的公民，也根據大小行會參政的比例分配，輪流進入共和國政府，參與大大小小公共事務的決策。當然，我們也要瞭解，當時「佛羅倫斯共和國」並非全體居民都具有公民權。專業知識技能與一定程度的財產，是基本門檻。

佛羅倫斯公民政治對藝術文化的贊助

　　佛羅倫斯以行會為基礎所建構起來的共和國政府，是利

用行會之間喜歡互比高下的心理，打造起這座文藝復興之城。

　　自中古以來，佛羅倫斯政府便將市中心最重要的公共建築，分派給七大行會分別照管。也就是說，只要該棟歷史建築需要維修、或是訂製新的藝術品，費用都由負責的行會來支付。對各行會而言，聘請到有才華、有創意的藝術家為他們負責照管的歷史建築創作，密切攸關自己行會的社會聲譽與觀瞻。

　　這樣的做法，不僅開啟「企業贊助藝術文化」的歷史先河；也讓 15 世紀上半葉的佛羅倫斯發想出不少創新做法，讓全民對藝術文化產生高度興趣，進而提升大家的美感涵養。

　　舉例來說，1401 年佛羅倫斯政府以向全義大利廣發英雄帖的方式，透過公開評選，選拔為洗禮教堂（Baptistery）製作銅門的藝術家。

　　原先自義大利各地來了 7 位藝術家參賽，進入最後決選階段時，剩下 2 名：吉柏提（Lorenzo Ghiberti）與布魯內雷斯基（Brunelleschi）。兩位都是佛羅倫斯當地的年輕藝術新秀。決選結果，由 23 歲的吉柏提勝出。落敗的布魯內雷斯基則轉往建築方向發展，不久後設計出佛羅倫斯主教座堂著名的穹窿頂（圖 14）。

　　這場著名的決賽，並沒有留下評審意見；但卻保留了吉柏提與布魯內雷斯基以舊約聖經故事《雅伯拉罕獻祭其子以撒》為題，為決賽所做的作品。特別保留決選作品，在西方

藝術史上，是很不尋常的事。當初何以這麼做的原因雖不詳，卻可以清楚看到，佛羅倫斯文藝復興初期，公民社會有意識地破除「恩庇」關係，希望透過公開透明競爭，樹立公民文化的氣象。

14.

布魯內雷斯基（Brunelleschi）雖然沒有贏得為佛羅倫斯洗禮教堂創作銅門的機會，但他卻以建築上的創新，成功解決佛羅倫斯主教座堂穹窿頂的設計問題，讓自己的藝術也跨入永恆。

◎攝影：花亦芬

　　吉柏提獲選後，在「布商及大進出口商行會」長期慷慨贊助下，花了 21 年時間，為洗禮教堂製作了一對銅門。在這段時間，他個人不僅得到等同於銀行經理的收入；而且創作需要的所有費用，包括冬天火爐燒柴的錢，都是由「布商及大進出口商行會」支付。

　　為了這個大型創作計劃，吉柏提聘請多位助手幫忙。因此，他的工作坊也成為佛羅倫斯雕刻新秀培養所，為尚未成立藝術學院的佛羅倫斯，培養了 Donatello 等優異的後起之秀（圖 15）。

共和國為什麼會失敗？

　　然而，自 1434 年起，梅迪西（Medici）家族卻逐步腐蝕佛羅倫斯自 12 世紀起打造的共和體制。

　　過去講文藝復興文化藝術，不免都要講到梅迪西家族帶給佛羅倫斯的榮光。彷彿佛羅倫斯是因為有了這個統治精英家族，才開創出歐洲史上著名的「盛世」。然而，如果我們去看 1430 年中葉之前佛羅倫斯的歷史，就會知道，讓梅迪西家族在政壇獨攬大權，以至於公民政治淪為名存實亡，其實是讓佛羅倫斯走上世襲政治不歸路的開始。

　　「盛世」，有時是為少數得利者擦脂抹粉的語彙。

　　自中古以來，帶給佛羅倫斯最大威脅的，是長期覬覦他們領土的米蘭。1402 年，佛羅倫斯成功地給予米蘭重重反擊，確保了政治上的獨立自主。在這個背景下，佛羅倫斯真正開始大步邁向歐洲經濟、文化重鎮。當時，梅迪西家族在佛羅倫斯政壇並沒有顯著影響力。

15.

出身於吉柏提工作坊的 Donatello，創作風格變化多元，與吉柏提的創作性格大不相同。圖為 Donatello 於晚年（1457–156）受老柯西莫・梅迪西（Cosimo de' Medici the Elder）委託創作的 *Judith and Holofernes*

© 攝影：花亦芬（Palazzo della Signaoria, Florence.）

　　直到 1420 年代末期，老柯西莫・梅迪西（Cosimo de' Medici the Elder,1389-1464）開始利用龐大家產，用極為便捷的「服務」，趁佛羅倫斯不時要應付各種戰事，有時會有支付巨額戰款的急需，老柯西莫。梅迪西便藉口協助政府紓解財政困境，逐步取得許多政商特權，終而成為宰制佛羅倫斯政治的幕後大黑手。

　　梅迪西家族何以那麼有錢，可以一再地用自己家族開設的銀行，大方地為佛羅倫斯共和國的財政短缺紓困？而且還以此擊敗國內其他豪富對手，輕而易舉地摧毀佛羅倫斯共和政治原本存在的微妙勢力均衡關係？

　　很重要的關鍵在於，梅迪西家族努力經營自己與教宗／教廷的關係，以此來獨佔管理教廷銀行資產（papal banking）的權利。

「盛世」？還是「裙帶資本主義」？

　　1307 年，教宗被法國國王挾持到法國南部亞維農（Avignon）。經過不少人長期奔走協調，終於在 1378 年重返已經百廢待舉的羅馬城（圖 16）。

　　教宗雖然返回羅馬，亞維農教廷原來的權貴勢力圈並不想就此解散。他們另立教宗，稱作「敵正朔教宗」（"anti-pope"。

16.

自 1307 年起，教宗被挾持到法國亞維農。14 世紀的羅馬，公共建設日益荒蕪。圖中
身穿黑衣的老婦，象徵為教宗被挾持而哀悼的羅馬城。

不應譯為「偽教宗」）；後來在比薩又有另一股教會勢力也自行另立一位「敵正朔教宗」。換言之，自 1378 年起長達 40 年的時間，西歐經常是 2 至 3 位教宗並立，史稱「西歐教會大分裂」（Western Schism, 圖 17）。

同時面對各擁山頭、各立門戶的 2 至 3 位教宗，梅迪西家族向來的態度就是廣結善緣、多方押寶。不管是「正朔」或「敵正朔」，一律建立良好關係，作每位教宗背後的金主。如此處心積慮，為的是想獨佔管理教廷銀行資產的特權。

根據統計，1397 至 1420 年間，梅迪西銀行與其他家族事業營收，有超過一半的利潤來自他們設在羅馬的分行。也就是從管理教廷銀行資產賺來的。[13]

1435 至 1450 年間，梅迪西家族更拿三分之二的利潤所得，在歐洲各重要城市開設銀行分行。例如在北義大利的 Ancona，在法國南部的亞維農，在瑞士的日內瓦與巴塞爾

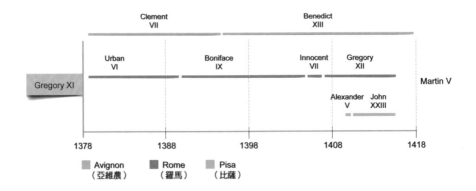

17.

1378-1418 年間，西歐教會大分裂，同時有 2-3 位教宗。

（Basel），在尼德蘭的布魯日（Bruges），以及倫敦與巴黎。透過在歐洲各地貸款給當地政府，梅迪西家族不僅建立廣泛的跨國政商人脈；更深入操縱歐洲許多地方的政治與經濟。

自 1430 年代中葉起，老柯西莫·梅迪西透過檯面下對各行會代表的賄賂與暗盤交易，讓佛羅倫斯公民政治很快淪為名存實亡。美國康乃爾大學歷史系教授 John Najemy 以「致命的擁抱」（Fateful Embrace）來形容 1430 年代佛羅倫斯與梅迪西家族的緊密連結。[14] 老柯西莫·梅迪西一方面藉口戰事吃緊，政府需要接受梅迪西銀行緊急金援，因此要求政府開放許多特權給他們；另一方面又不斷以「恩庇」的手段，籠絡佛羅倫斯人，以至於政治只剩檯面下的利益交換，開會討論只是表面做做樣子。

這樣的「盛世」，究竟是誰的「盛世」？

可以想像是什麼樣歌功頌德、揣摩上意的歷史情境，把梅迪西統治者形塑成大家比較熟悉的，那個充滿自由開明思想、喜歡慷慨贊助學者與藝術家的「大家長」形象（圖18）？

現代的我們，如果是以這些史料來看梅迪西家族之於佛羅倫斯的意義，是否正落入梅迪西歷代統治者想要獨尊己家所設下的認知圈套，讓自己家族不斷地以 "enlightened patrons" 的形象流傳後世？[15] 在此同時，卻又無情地抹去自 12 世紀以來，佛羅倫斯公民社會辛勤為自己鄉土打造厚實經濟文化基礎所付出的努力？

米開朗基羅自小受到梅迪西家族栽培提拔。長大成年後，他對這個摧毀佛羅倫斯共和體制的獨裁家族卻相當不以為然。1534 年，他放下為梅迪西家族禮拜堂 ── 聖羅倫佐教堂（San Lorenzo, 圖 19）── 正門創作大型雕刻門面的工作，長辭內心既愛又怨的佛羅倫斯家鄉，至死都不再回頭（第 7 章圖 1）。

佛羅倫斯，這個自豪於讓藝術家充分展露才性的文藝復興之都，在公民社會失去政治自主權後，即便是由所謂深富藝術文化涵養的君侯世代接續統治，最終仍成為他們最引以為傲的藝術天才不願久留之地。

從國族主義對「語言」的認定，到二次戰後被國家化的「語言政策」

自 1430 年代起，佛羅倫斯公民政治逐漸被梅迪西家族的恩庇侍從（patron-client）政治消泯，以致於最後淪為梅迪西一家專制世襲統治。共和體制覆亡，與語言問題無關，卻與公民意識被踐踏在地有關。

1870 年義大利建國時，選擇佛羅倫斯語作為標準義大利語，因為那曾是文豪但丁（Dante）、人文學者佩脫拉克（Francesco Petrarca）與馬基維利（Machiavelli）寫作所用的語言。

18.

Giorgio Vasari,《被神格化的柯西莫大公》（*Apotheosis of Cosimo 1*），1563-1565. 繪於佛羅倫斯最早的市政廳（Palazzo Vecchio）大廳（Sala Grande）天花板。畫像四邊有銘文，由上端逆時鐘方向讀來的文意為：「統管佛羅倫斯議會與人民的至高君侯建立了這個國家，擴張了這個帝國，也平定了整個托斯坎納（Etruria，亦即 Tuscany）地區。」

19.

米開朗基羅原來為 San Lorenzo 教堂正門設計的模型。

　　但對 19 世紀末的威尼斯人、米蘭人、拿坡里人而言，佛羅倫斯語聽起來像是外語，即便他們可以閱讀，但還是喜歡用自己鄉土母語來講話。

　　英國著名歷史學者 Peter Burke 也指出，認定單一語言為「屬於我們國家的語言」，並由此來界定國家領土應涵蓋的範圍，是 1789 年法國大革命以後，才在政治檯面正式被倡導起來的想法。將語言視為建構國家的必要因素，是拿破崙革命後，高倡國族主義的國家（如法國）將語言「國家化」，視語言為推動「國家崇拜」（cult of nation）的重要工具。16

　　然而，18、19 世紀歐洲國族主義思想正興盛時，因傳播媒體不夠發達，思想層面的高倡還是多於實際執行面的貫徹。

　　今天我們熟悉的標準義大利語，就像以巴黎腔為標準的法語一樣，是在二次戰後，1950 年代的冷戰時期，各國政府才透過國民教育與收音機及電視媒體傳播，用公權力強行推廣的結果。也是在這個時間點，國民黨政府開始在台灣用比西方國家嚴苛許多倍的威權手段，大力推行「國語」，禁止學生在學校講自己的鄉土母語。

　　確實來看，「國家」與「語言」的關係，並沒有國族主義所言那麼絕對。

　　不管我們從法國大革命前，人類漫長多元的歷史經驗來看；或是思考何以現代的比利時與盧森堡各有三種官方語言，

瑞士有四種官方語言？凡此種種，都可以瞭解，不到 250 年前才興起的國族主義語言觀，說穿了，只是為了滿足當時高度追求中央集權的政治所需，才被建構出來。這種觀點，不只與人類長期的歷史經驗不符；也與現代國家承認社會上各種語群的母語皆應得到重視，在以此建構正向寬容的公民社會價值歷程中，所獲得的寶貴經驗不符。

　　既然如此，不同政體、不同社會，即便可以用同一種語言溝通，並不能就因此認為，生活在這些不同社會裡的人，對政治的看法，會是一樣；更不應以此宣稱，他們對政治的選擇必須相同。

　　畢竟國家可以永續生存的關鍵，在於公民對維護普世價值的共識與持守；而不在於被國家化、意識形態化的「語言政策」與國族主義思想。

三一八學運的意義

　　從語言的角度，可以就兩方面來看三一八學運對台灣的意義：首先，能用同一種語言溝通的不同社會，並不代表各自對文化及政治的看法是相同的。因此，不應用「文化圈」的框框將他們套在一起；更不應繼續沿用 18、19 世紀國族主

義的錯誤思考，來定義 21 世紀的國家建構。說義大利文的
San Marino 以獨立小國之姿，在二戰期間拯救十萬名被義大
利法西斯政府迫害的政治難民的故事，可以帶給我們許多啟
示。

　　國家的存在，是為了讓國民可以免於恐懼地生活。

　　對台灣社會而言，反抗無良政府而產生的這些「島國關
賤字」，並沒有強國所要的「中國特色」；但卻標誌著台灣
公民意識覺醒、與捍衛台灣主體認同所走過的重要歷程。這
些詞語在台灣社會被高度接受、使用，正顯示出，台灣透過
三一八學運，是以加快步伐的速度，掙脫掉威權統治者過去
長年以來，用道德化的政治禮教，讓人民不自覺地為自己套
上自我馴化、自我制約、自我檢查的枷鎖。

　　「島國關賤字」不是強國文化脈絡下的產物。同樣地，
我們也不要因為語言上或生物基因上的一些證據，就將台灣
視為南島語系的「文化原鄉」；視其他國家南島原住民到台
灣的參訪交流，是來「尋根」的。[17]

　　再則，二次大戰之後，這個世界很快進入「冷戰」對
峙的嚴峻局面。表面上頂著民主旗幟的「自由世界」，實則
常是威權政治當道。正因為這種「假民主」表象暗藏太多不
公不義，才爆發五〇年代美國人權與民主運動，以及六〇年
代從歐洲擴散到全球各地的「六八學運」。然而，當六八學
運在全球許多地方風起雲湧時，台灣卻反而被禁錮綑綁地更

深。在政治上，國民黨政府以柏楊的「大力水手事件」，[18]
威嚇人民絲毫不可侮辱元首；在教育上，又以高壓的語言政
策，企圖將台灣教育文化徹底中國化。

三一八學運是我們遲來的公民運動。所幸，它還是來了。
而且隨著政府無法操控的網路革命而來。

在公民意識高度抬頭的浪潮裡，台灣社會許多論述，同
時甩落掉不少菁英主義觀點。這是向來只看重既得利益者的
中國，從來就沒有經驗過的社會體質轉型。而這也是我們的
年輕世代可以鼓舞香港年輕人勇敢發起「雨傘革命」的關鍵
原因。

2015 年，世界有不少國家在紀念二戰終戰七十週年紀念。
我們，要以什麼來紀念呢？

就以這條剛走上的新路，就以我們的「島國關賤字」，
來跟過去七十年的自我馴化、自我檢查之路做出分水嶺吧！

在這條路上，我們要學習，「小國小民」之所以能成為
「好國好民」，不在於只記住高強度的運動激情，更不在於
繫念「運動傷害」難以療癒。而在於，在自己可以持續奮鬥
的地方，不懈地努力。在撕裂有傷的縫隙裡，還是要敞開心
胸，讓光不斷透進來。

萬事萬物皆有縫隙，那是光透進來的地方。

在愛裡，沒有計算。透進來的，是我們的島嶼天光。

12

納粹狂飆年代裡的
激越風發與無言抗爭 1

我所說的，都只是交談對話，而非長者的建議。
如果有人必須照著我的步伐走，我就不會那麼放膽暢談了。

——人文學者伊拉斯謨斯（ERASMUS OF ROTTERDAM, 1466-1536）——

　　為殘暴獨裁者服務的藝術創作，能從「藝術歸藝術，政治歸政治」的角度來看嗎？德國紀錄片導演與攝影家里芬斯坦（Leni Riefenstahl, 1902-2003）的作品，為我們留下了這樣的問題。

　　里芬斯坦不僅是電影史上第一位女性大導演，更是備受希特勒（Adolph Hitler）寵信的影視宣傳大將。她擅長將紀錄片轉化成電影，在聲光與音樂效果烘托下，將平凡無奇的瞬間，演繹為撼人心弦的歷史時刻。1934 年，納粹在紐倫堡舉行第六次黨代表大會（圖 1），超過七十萬人參加。那樣充滿宣示性的群眾政治集會被里芬斯坦拍成史詩般的電影《意志的勝利》（*Triumph des Willens*,"Triumph of the Will", 1935 年發行）。即便對現在的台灣而言，這部電影仍是不少對電影史或納粹歷史稍有興趣的人，或多或少都聽聞過的名片。

　　1936 年柏林舉行夏季奧運。這場全球體育盛事不僅將希特勒推向國際重要領袖的權力高峰，同時也讓里芬斯坦成為國際知名大導演。她從為奧運 136 個比賽項目所拍長達 400 公里的底片裡，剪輯出電影《奧林匹亞》（*Olympia*. 1938 年發行，分成兩部份：*Festival of the Peoples, Festival of Beauty*）。《奧林匹亞》不僅成為「運動電影」的先驅（圖 2），當時也得到許多國際影展大獎的高度肯定。

　　然而，這一切都不應該被神話為「天才」與「獨裁者」相知相惜下的驚世之作。隨著二戰結束，納粹政權垮台，里芬斯坦的電影藝術受到許多質疑。「法西斯美學」（facist aesthetics）成為討論她的作品時，經常被連結起來一起詮釋的重要概念。

　　是的，相當有爭議性的藝術。類似像里芬斯坦在二戰期間所創作的作品，值得我們認真探問，有多少民眾被那充滿聲光效果的壯觀場面震懾，而在不知不覺中樂意接受了政治洗腦？然而，當我們這樣問時，也應該自我反問，究竟該以

1.

里芬斯坦（Leni Riefenstahl）在 1934 年拍攝《意志的勝利》時，攝影團隊站在希特勒的座車前（右邊中間）。

什麼判準來評斷「藝術創作」之良窳，而不會流於對思想與
創作自由造成不必要的蘄傷？

　　里芬斯坦在她自己幕後策畫、由 Ray Müller 導演的紀錄
片《視覺圖像的力量》（*Die Macht der Bilder*, 英譯片名："The Wonderful
Horrible Life of Leni Riefenstahl", 1993 年發行）裡抱怨，她既不是納粹黨，
也沒有丟擲原子彈……。她的確不服。以頑強的生命意志不
服。因為大大的不服，戰後在飽受憂鬱症折磨後，一九六〇
年度初期，時年 60 歲的她獨自跑到非洲蘇丹南部的原始部落
Nuba。她在那裡生活了 8 個月，與 Nuba 族成為好友，為他
們進行了長期的影像紀錄（圖 3）。她原以為藉此可以跳脫西
方文明陰影的專題攝影展，但卻仍被美國影評家 Susan Sontag

2.

Leni Riefenstahl,《奧林匹亞》。1938 年。

評為「法西斯藝術」。

　　究竟怎麼來看里芬斯坦一生的創作呢？

　　從政治的角度來看「法西斯美學」，那的確有相當值得
世人自我警戒之處，不要再落入同樣的視覺藝術網羅，被壯
盛威武的陣容所震懾，而被牽著鼻子走，最後淪為軍國主義
的犧牲品。然而，有沒有比政治更好的判準，可以讓我們從
視覺語言本身來看，在高超的技術之外，什麼才是更有人文
思考、更有「人味」的藝術？將里芬斯坦的作品與同時期德
國另一位紀錄攝影家桑德（August Sander, 1876-1964）的作品互做比
較，可以得到不少啟發。

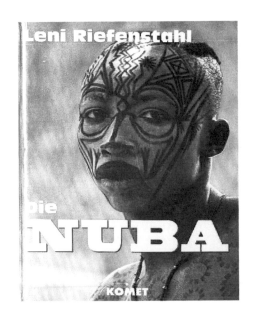

3.

Riefenstahl 為 Nuba 族拍攝的攝影集。

桑德被譽為是「20 世紀初期德國最重要的人像攝影家」。2015 年 6 月，紐約現代美術館（MoMA）自桑德家族手中購藏了一整套他未完成的人像攝影計畫全集 ——《二十世紀的人》（*Menschen des 20. Jahrhunderts*; "People of the Twentieth Century"）。這套攝影集涵蓋桑德自 1892 至 1954 年共 619 幀攝影作品，被視為紐約現代美術館開館以來，特別值得傲世的重要購藏之一。為什麼走過 20 世紀，進入 21 世紀之後，是大部份時間在德國科隆居家附近拍攝生活周遭各種人物的桑德成為廣受尊崇肯定的世界級大攝影家？而不是一直在「天才」與「政治爭議」之間贏得全球許多新聞版面的里芬斯坦？

1929 年，桑德出版第一本人像攝影集《時代的容顏》（*Antlitz der Zeit*）。裡面記錄了不同生活情境裡，各式各樣的德國人。例如《寡婦與兩個兒子》（*Widow with Her Sons*. 1921 年。圖 4）記錄了一次世界大戰結束後，傷亡慘重的德國讓許多孩子一夕之間成為失怙孤兒的影像。照片中的母親如當時許多寡婦那樣，穿著黑衣；比較年長的那個孩子則穿著軍灰色制服。母親用雙手緊緊抱著這兩個孩子，嚴肅而專注的神態將單親母親獨自背負的重擔悄悄地表露出來。然而，照片裡的母親是否能夠想像得到，二十年之後，她的兩個孩子——不管志願或被迫——都必須穿上國家要求他們穿上的制服，如同他們早逝的父親那樣繼續到前線作戰嗎？《柏林揹煤炭的人》（*Berliner Kohlenträger*, "The Coal Carrier in Berlin", 1929 年。圖 5）則生動地將在

社會底層生活的勞工工作的神態傳達出來。他帶著一頂過大
的帽子，鬍鬚修剪地也不太俐落，有補丁的長褲上沾滿了灰
塵。他背著沉重的煤炭正從地下室走出來，靜止不動，兩眼
直視相機鏡頭。桑德讓他的主角擺出自己想要的獨特之姿，
即便是市井小人物，也很有個人渾然而發的個性，迥異於一
般人常有的刻板印象。《正在上課的盲童》（*Blind Children at their
Lessons*, 1930 年，圖 6）則在捕捉一群盲童用雙手觸摸點字書的神

4.

August Sander,《寡婦與兩個兒子》。1921 年。

5.

August Sander,《柏林揹煤炭的工人》，1929 年。

情時，同時捕捉了他們無法與常人彼此對望的眼睛神態。點
字書有一套語言，隱藏在這些看不見世界表象的眼睛背後，
是否另有我們看不到的心靈語言呢？

　　希特勒奪權後，桑德的長子 Erich 因參加左派勞工運動，
反抗希特勒，自 1935 年起便被冠上政治犯的罪名，被送去管
訓，直到1944年離世。桑德現存作品裡留下一些 Erich 的照片，
自他讀大學時代起直至被關過世為止（圖7）。而桑德自己的
境遇也好不到哪裡。1936 年他出版的第一本攝影集《時代的
容顏》被禁，印刷該書的所有書版被毀，因為他所拍攝的人

6.

August Sander,《正在上課的盲童》，1930 年。

包括吉普賽人與不少失業的德國人，違反了納粹宣傳的亞利
安人理想形象。他也被禁止再繼續出版任何攝影集。為了繼
續攝影，他只好過著低調的生活，並改以建築與風景為創作
主要題材。

　　始終如一，沒有偏袒，讓被拍攝者以自己覺得最舒坦的
姿態入鏡，是桑德對攝影一向秉持的態度。如他所說，他對
人像攝影的看法在於：「我從不讓一個人看起來不好，他們
表現出自己。」對他而言，一個時代各式各樣不同的人群如
何擺出他們各自認為最好的姿態來被拍攝，這本身就構成了

7.

August Sander, 《政治犯（Erich Sander）》, 1943 年。

一種歷史。這也是他與里芬斯坦最大的差異所在。里芬斯坦用具體化「強者」形象的思考來操作她掌控的鏡頭世界。追求壯大齊一的視覺震撼效果，用同質性打造自己心目中「力」與「美」的完好結合。她的影像世界裡沒有不完美、不耀眼、不爭勝。

　　相較之下，桑德讓被拍攝的對象決定自己想怎樣被觀看，一起參與這個創作過程。他知道，攝影家透過鏡頭的安排，按下快門那一瞬間，對被拍攝的人而言，像是面對一種審判，面對一個懂得操作專業攝影器材的人在生命的瞬間，透過看似客觀的機械，給予自己的樣貌下定奪：我看起來究竟怎麼樣？英挺／美麗／好看嗎？但是，桑德並不是想藉由讓被拍攝者來決定自己想怎樣被觀看，以取悅被拍攝者。他很清楚攝影藝術真正的本質是什麼。「藝術」之所以成為藝術，是為了留之恆久。時間隔得越長，越能讓人透過歷史距離感讀出時代的況味。

　　時間才是考驗藝術是否真的經得起歲月錘問的力量。所以桑德對人像攝影的態度始終如一，面對有權者與邊緣人，得勢者與被迫害的人，面對貧富與男女，他的態度不曾偏倚，而且盡可能廣納各種不同的人群來拍攝。如同攝影評論家 Susan Sontag 所言：「某些攝影家的成就像科學家，某些攝影家的成就像道德家。科學家為世界萬象記錄列冊，道德家則專注於棘手之事。將攝影視為科學，桑德於 1911 年開始的計

畫是其中一例，他希望用攝影為德國人做歷史紀錄。……桑德對人的觀視並非不悲憫。這樣的觀視既不操縱，也不加以評斷。」

當 Susan Sontag 從上述的觀點詮釋桑德的人像攝影時，她卻極力警戒世人不要落入里芬斯坦看似才華洋溢的「法西斯美學」只知歌頌「力」與「美」的網羅。針對Sontag 的批評，里芬斯坦在《視覺圖像的力量》這部紀錄片裡，以自己拍攝的 Nuba 族來辯解：「他們是非常健康的族群，沒有人生病。衰老的人住在漆黑的房子裡，不可以被拍攝。」這個看似「我不是故意」的自我辯解，卻正說出她自己一生創作最大的問題。不許人間見白頭，就如同不願意從更深刻的人文關懷去認知，人的世界本有許多脆弱、不完美或與自己習慣認知相異的面向。學習去接納這些異質元素的過程，往往是一個社會能否真正邁向民主多元化的重要關鍵。

桑德讓各式各樣的被拍攝者——不管是尋常百姓、有頭有臉的人、勞工階級、政治犯、還是被迫害的猶太人——擁有舒坦的空間參與自己被拍攝的過程，以此來讓各種不同人群的尊嚴得到展現的機會，而不是只想從攝影者自己認定的單一角度去呈現他們。

《柏林揹煤炭的工人》拍攝於威瑪德國經濟面對大恐慌的年代，但當時勞工意識與勞工階級尊嚴已蓬勃崛起，因此這位煤炭工人即便在做粗活，他依然選擇戴一頂正式的帽子

來拍照，不管那頂帽子看起來是否有些過大。桑德則從他的長子在牢房讀書的角度來為他進行拍攝。所謂政治犯，不正是即便被長年管訓，也不會放棄繼續讀書、繼續思考、繼續保有他做為「人」應該堅持的獨立心靈與思考自由？桑德看似沒有用淒厲控訴的手法拍攝自己長子受難的過程；雖然長子後來死在管訓所，沒有活著出來。但是父親用清淡不激昂的手法為兒子所拍的照片，穿透了時代的晦澀與塵埃，留下了沉靜堅毅、沒有讓自己扭曲變形的反抗者形象。

　　這樣的形象，出自桑德一貫的拍攝手法。鏡頭的後面，是一位傷心的父親，也是一位願意相信時間力量的人。他以澄靜不偏倚的始終如一，讓自己鏡頭裡的時代故事在瞬間裡，因為有著創作者對藝術的忠實與信心，終究是邁向了永恆。

13

宗教改革 500 週年

如何回顧那一場襲捲全歐的宗教運動？

在盼望中要喜樂，在患難中要忍耐，禱告要恆切。

——新約〈羅馬書〉12：12——

我們本來不曉得怎樣禱告，
是聖靈親自用說不出來的歎息替我們禱告。

——新約〈羅馬書〉8：26——

過去的歷史從來就不只是過去而已。

越是重大、有爭議的過往，越是人類社會需要不斷用開放的心胸重新學習認識瞭解的。在這個意義上，「歷史」是學習認知的過程；好的歷史研究也應該像哲學家康德（Immanuel Kant）在〈何謂啟蒙〉（"Was ist Aufklärung," 1784）[2] 這篇經典名文所呼籲的那樣，是不斷學習「勇於認知」（Sapere aude!）的過程。

2017 年 10 月 31 日適逢馬丁路德（Martin Luther, 1483-1546）發動「宗教改革」（the Reformation）運動 500 週年紀念。在路德一生裡，他第一次清楚表明個人的自我認知，是在 1517 年 10 月 31 日他寫給麥茨（Mainz）總主教亞伯特（Erzbischof Albrecht von Mainz）的信上，因此這一天被路德視為他個人踏上宗教改革之路的起點。[3] 在這封信裡，路德不僅批評亞伯特治下的馬格德堡（Magdeburg）主教區販賣贖罪券極為不當，他同時附上〈九十五條論綱〉（Ninety-Five Theses），希望他從神學角度提出的質疑亞伯特能好好答覆。從歷史文獻來說，這封信是啟動歐洲宗教改革最重要的原始文獻；而從路德個人生涯來看，他在這封信末將自己原來的姓由 "Luder" 改寫為 "Luther"，意義更是非凡。

"Luther" 這個姓是從 "Eleutherius"（源於希臘文 Eleutherios，意為「自由的」）這個字轉化而來。換言之，路德透過將自己的姓氏改為 "Luther"，做了一個鄭重的表明──我是倚靠基督信仰重獲自由的人。[4]

500年後重新看「宗教改革」，在哪些方面它還與「自由」密切相關？

馬丁路德為何掀起宗教改革運動？

要探討 500 年前那位「馬丁路德博士」為何能在德意志東北邊一個不太被人注意的小城威騰堡（Wittenberg）引爆世紀大風潮，應該先瞭解，路德為何有機會來到這個創校不到十年的新大學擔任「聖經學教授」？

原本唸法學的路德，之所以會在 1505 年選擇一條截然不同的生命道路，決志進入修道院、改唸神學，這與他個人在宗教信仰上有著常人難及的嚴厲自我要求有關。路德進入修道院的故事，一般最常引用的版本是他大學時代宿舍室友 Crotus Rubeanus 在 1519 年寫給路德的信上提到的事：

> 你回家去探望父母後，在回程快要接近艾爾福特（Erfurt）的路上，從天而降的閃電雷擊讓你整個人趴倒在地，像保羅被雷擊中那樣。這個遭遇促使你走入奧古斯丁嚴修院，你的離去讓我們這群夥伴好傷心。[5]

　　表面上來看，路德遭遇大雷擊的驚嚇，是讓他人生轉向的主因。但是，這頂多只能說是導火線而已。更深層來看，對這個雷擊事件產生的巨大心理反應，才真正揭露了路德內心對於自己是否能蒙受上帝垂愛、是否真能獲得永生等問題，有著很深的焦慮。19世紀丹麥存在主義哲學家齊克果（Kierkegaard）曾對路德的信仰焦慮做過精闢的分析：

> 路德同時代的人，尤其是那些與他親近的人，都強烈感受到，他實在是個信仰英雄——但他也深被憂鬱折磨，在這一點上，他尤其飽受屬靈試探之苦。做為一個敬畏上帝的人，本質上，他其實是世間凡俗之輩眼裡的陌生人。[6]

　　為什麼路德會是同時代人眼裡的陌生人？

　　路德在他過世前一年（1545）為自己著作拉丁文全集所寫的序言裡提到，自己早年生活的社會文化環境，本質上是藉著「炫耀宗教功德」來奠定身份地位的。也就是說，中古末期羅馬公教不斷教導信徒，若想要得到上帝的拯救，就要努力累積大家看得到的宗教善功。然而，路德對這種「炫耀文化」不僅感到格格不入，而且疑惑越來越深。最後，他因為不想在近代早期新興的資本主義社會裡跟著眾人追逐世俗成就的肯定，只以主流社會認可的「成功」來炫耀自己是「蒙

恩的好基督徒」，最終放棄研讀法學博士的大好機會，選擇
進入艾爾福特奧古斯丁嚴修會改讀神學。

　　然而，棄絕塵俗、進入修道院當修士，並沒有真的解決
路德在信仰上繼續陷入困境的問題。1507 年 4 月 3 日，路德
晉鐸為神父。5 月 2 日，他主持生平第一場彌撒。在彌撒中，
高度神經質的他幾乎癱倒在祭壇前。他日後提到這段經歷時
說：

> 能跟上帝說話是很棒的事，就像能聽到上帝跟我們說
> 話，也是很棒的事。但這其實也有困難要克服。因為我
> 們的軟弱以及自感卑微，會讓我們退縮……。真正強有
> 力的禱告應該可以穿透雲霄，這一定是很難達成的。想
> 到我只不過是灰燼、是塵埃、一身都是罪，我卻在跟又
> 真又活的永恆上帝說話，難怪有人禱告時會全身發抖、
> 幾乎要縮成一團。很久以前，當我還是修士，第一次主
> 持彌撒時，正在唸感恩經的經文：「所以祢是我們最慈
> 悲的天父」，以及「我們要獻祭給祢這位又真又活永恆
> 的上帝」，當時我整個人癱瘓，為這些話全身顫抖不已。
> 因為當時我想：「我何德何能可以跟至高者談話？」[7]

　　為何會有這麼強烈的「罪的意識」、而且自覺如此卑微？
過去曾有史學家想從心理分析角度探討路德的問題，但都無

法提出令人信服的解釋；反而是專門研究路德的宗教史學者 Heiko A. Oberman 提出的看法相當具有啟發性。他認為，路德內心惶惶不安，與中古信仰文化一再強調，人要窮盡一切方法成為具有純然聖德的完人有關。[8] 路德作為一位完美主義者，他以嚴格的高標準自我要求，也經常以嚴苛的禁食來苦修。[9] 當他認知到，只有擁有如聖徒般的聖潔才能在上帝面前站穩，也才能獲得永生，他內心不斷湧上的焦慮可想而知（圖1）。

此外，Oberman 也指出：「若想瞭解路德，就必須知道，應從跟過去不同的角度來解讀他走過的歷程：這段歷史應從對永恆的觀照來理解——然而不是在溫和的表象下，以持續前進的腳步朝天國的方向前去；而是在末世混亂的陰影中，逐漸接近永生。」[10] 換言之，路德之所以嚴苛地要求自己的靈魂要時時潔淨，是與當時教會不斷宣講，高高在上的上帝隨時會下到凡間來進行嚴厲的「末世審判」有關。

從路德在修道院時期寫給自己靈修導師史陶琵茨（Johann von Staupitz, 1465-1524）的信上也可以看到，一心追求無瑕靈魂來獲得上帝垂愛拯救的年輕路德，經常鉅細靡遺地檢視自己所有的起心動念，一絲一毫不潔淨的想法都會讓他引以為「罪」。

路德這種近乎強迫症式地一再譴責自己心思不純、不配得到上帝恩典的告解，也讓他的靈修導師快要吃不消。因為史陶琵茨認為，基督徒在信仰歷程中遭受屬靈試探，只會限

1.

德意志畫家杜勒（Albrecht Dürer, 1471-1528）約於 1510 年製作的版畫《最後的審判》。

於生命裡特定一段時期，如舊約〈約伯記〉所述那樣。¹他
對路德經常感到自己被魔鬼試探的憂鬱狀況不太能體會、也
不願意太當真。1533 年春，路德回憶當年在修院裡不被自己
靈修導師瞭解的狀況時曾說：

> 我也常到史陶琵茨面前告解悔罪，不是被女色所惑，而
> 是爲一些關鍵的問題。但他說：「我不懂。」這就叫做
> 我被他安慰了！之後，我也找過別人，但情況也一樣。
> 簡言之，沒有任何告解神父願意瞭解我究竟怎麼了？我
> 那時心裡想，除了你自己外，沒有人有屬靈試探（tentatio）
> 的問題。當時的我眞像行屍走肉。有一天用餐時，史陶
> 琵茨看我一副垂頭喪氣的樣子，便問我：「您爲何如此
> 悲傷？」我說：「哎，眞不知該怎麼辦才好？」他說：
> 「啊，您不知自己何以如此低潮，這種情況對您不好。」
> 他無法瞭解這種狀況。他的想法是，我是一個有學問的
> 人，如果我沒有受屬靈試探之苦，有可能變得驕傲。我
> 卻認爲自己的情況如同保羅：有一根刺加在我肉體上，
> 我無法叫它離開。上主曾對我說：「我的能力是在人的
> 軟弱上顯得完全」──我將祂說的這句話放在心裡，如
> 同將聖靈的聲音放在心裡一樣，這些話都是用來安慰我
> 的。¹²

　　路德感受到自己的信仰心靈一直被惡魔挑釁，這種自覺受攻擊的頻繁程度是終其一生的。但正因他敏感地、但也誠實地、當真地面對，反而促使他深刻地去探問：上帝恩典的本質究竟是甚麼？而他對這個問題鍥而不捨、毫不妥協的思索，也讓「上帝的恩典如何獲得？」成為宗教改革運動最核心的問題。

　　從現代的角度來看，路德的「信仰困境」雖然只是過去歷史情境下的產物，但是，這並不表示，從路德個人宗教感悟所引發出來的「宗教改革問題」已經與我們無關了。

　　反之，值得現代人注意的是，去瞭解走過宗教改革狂飆運動後的路德，如何回過頭去看自己年輕時代深陷的困擾？路德在 1545 年為自己著作拉丁文全集所寫的序言裡深刻反省到，年輕時以吹毛求疵的神經質在乎自己的靈魂能不能獲得拯救，說穿了，是自私之心在作祟。回想早年自己熱衷於做告解，出發點並不是真的為了愛上帝；反而是為了愛自己，希望自己像第二個上帝那樣純淨無瑕疵。這一切的困惑一直要到後來他讀到保羅〈羅馬書〉所寫的：「這義是本於信以致於信，如經上所記『義人必因信而生』」（1,17）以及「人稱義是因著信，不在乎遵行律法」（2,28）後，他才真的領悟，人是有限的，人不可能像上帝那樣完美。人真正要學習的，不是去做第二個上帝，而是學會透過倚靠上帝的恩典，來接受自己的有限與不完美。

大學教授與宗教改革的頓挫

　　路德所屬的奧古斯丁嚴修會於 1502 年在威騰堡設分部。
同年，威騰堡大學創校，並於 1508 年獲得正式成立的許可。
從中歐的角度來看，這所新大學要爭取到好學生，必須要想
辦法另行開創嶄新知識格局來吸引年輕學子到此就讀。因為
一百多年來，中歐已有三所老大學了：布拉格（建於 1348 年）、
艾爾福特（Erfurt, 建於 1392 年）、萊比錫（建於 1409 年）。1506
年，在歐德（Oder）河畔的法蘭克福也成立了另一所新大學。
如何在新舊大學的競爭夾縫中另闢蹊徑，雖然並非不可能的
挑戰，但也是執政者撒克森選侯「智者腓特列」（Frederick the
Wise）需要好好思考的問題。

　　當時的大學正面臨經院哲學（Scholasticism）走到死胡同、了
無生氣的階段。如果能大膽啟用有新思想、新見解的學者到
這所新大學任教，要開啟充滿朝氣的新氣象並非難事。

　　1516 年，路德開始在威騰堡大學對同事提出他改革神學
教育的想法。這時的路德，並非是個有著滿腦子不切實際理
想主義的學者。反之，他自 1515 年起擔任撒克遜地區奧古斯
丁修院副區長（Provinzvikar），負責監管圖靈根（Thüringen）與麥森
（Meissen）地區 11 所修道院的運作。因此，路德對教會實務是
有相當的熟稔度，並非以生手之姿踏上宗教改革這條路。[13]

　　主張大學教育應該積極改革的路德認為，大學教育不應

再走經院哲學的老路，因為這已淪為學者關在象牙塔裡自我沉溺的思辯遊戲。這些遊戲只想在雞毛蒜皮的問題上小題大作，對生命真實的處境與永生的問題，卻絲毫不敢有任何討論。1517 年，在比較資深的同事卡爾斯塔（Andreas Karlstadt, 1486-1541）呼應下，威騰堡大學開始進行教育改革。與亞里斯多德相關的經院哲學派課程幾乎全被換掉；取而代之的，是與古典希臘文以及希伯來文相關的教育。老師們希望透過回到原來書寫聖經的語言，重新建立解讀聖經的新基礎。

自此，以路德為中心，威騰堡大學一小群教授在這個只有兩百名學生的新大學裡，開始透過人文學研究法重新詮釋聖經，在大步跳脫經院哲學釋經的傳統迷障的同時，也藉此積極擺脫教廷權威對聖經解釋的桎梏（圖 2, 圖 3）。

從這個角度來看就可明白，路德之所以會在 1517 年發表〈九十五條論綱〉，藉由討論上帝恩典究竟如何獲得的神學問題，來質問麥茨（Mainz）總主教亞伯特在德意志各地濫賣贖罪券之失，這是他們在威騰堡大學推動讓聖經研究回到關心現世生活問題後，必然會產生的結果。

但是，平情而論，路德質疑中古晚期羅馬公教大力宣講的「善功」，希望以「回歸聖經」來重新建立「上帝」與「個人」之間直接連結的管道，在這方面的改革運動路德有成功、但也有失敗之處。

路德成功之處在於，他用接近口語的流暢文字，將新舊

2.

馬丁路德時代活字
印刷術的字模與圖
模。

宗教改革運動在當
時新興的印刷術催
化下,路德的新思
想可以在短時間內
快速流傳到歐洲各
地。

© 花亦芬攝於威騰堡
印刷工坊(Druckerstube,
Wittenberg)。

3.

宗教改革時代畫
家 Lucas Cranach the Elder
(1472-1553) 在威
騰堡的印刷工作
坊(Druckerstube)。
Cranach 是路德的好
友,也是當時威
騰堡最富有的市
民。在威騰堡,路
德的著作(包括
翻譯的聖經)都是
在 Cranach 的印刷工
作坊印製,而且插
圖也都由 Cranach 幫
忙設計繪製。在這
張照片的右前方還
可以看到,1553 年
Cranach 的印刷工作
坊就有自來水可
用。

©攝影:花亦芬

約聖經翻譯出來（圖 4, 圖 5），以此開啟了世人喜歡透過閱讀聖經，建立個人與上帝靜謐對話的好習慣。這個部分對世界史的影響十分深遠，因為影響所及的範圍包括不少對人類貢獻卓著的非基督徒，如甘地（Mohandas Gandhi, 1869-1948）與最近受中共迫害而死的劉曉波（1955-2017）。

　　路德失敗的地方則在於，本來是希望由上帝「親自」帶領教會進行改造，但在知識菁英面對變動世局迫切想淑世的心態影響下，宗教改革運動快速地質變為以新教教會領袖為

4.

1521 至 1522 年路德翻譯新約聖經所在的瓦特堡（Wartburg）。

1521 年 Worms 帝國會議上，路德與神聖羅馬帝國皇帝查理五世鬧翻，從此失去受帝國法律保護的資格。會議結束後的回程上，路德被智者腓特列「挾持」到瓦特堡（Wartburg）避難，在此，他以九個月的時間專心翻譯新約聖經。瓦特堡山腳下的城鎮就是音樂家巴哈（J. S. Bach, 1685-1750）的故鄉 Eisenach。

©攝影：花亦芬

5.
————
路德在瓦特堡地
下室專心翻譯聖
經的原始場景，
牆上掛的畫像是
Lucas Cranach the Elder 於
1521-1522 年間繪製
的路德。他當時喬
裝成「容克地主」
以掩人耳目（*Portrait
of Martin Luther as Junker
Jörg*）。
©攝影：花亦芬

首的改革，後來甚至變成知識菁英與俗世統治精英一起聯手打造的「主流菁英改革」（magisterial reformation）。在這樣的情況下，改革運動的主體不再是「人人皆祭司」所訴求的一般平信徒，而是教會領袖與神學家。

　　因改革運動走向質變而產生重挫與爭議，最明顯表現於 1525 年的「鄉民抗爭運動」（"the Peasants' Revolt"。過去舊譯為「農民戰爭」"the Peasants' War". 圖 6）。[14] 這是 1789 年「法國大革命」前歐陸爆發的最大規模群眾抗爭運動，參與

者主要是過去無法為自己權益發聲的平民老百姓（不只限於農
民，也有不少是城市居民）。他們拿著路德在 1520 年發表的文
章〈論基督徒的自由〉為教義根據，要求掌權者讓他們享有
階級平權的自由。然而，對路德而言，他在文章中所論的「基
督徒的自由」是從信仰心靈的角度來立論，並不涉及社會階
級解放。然而，對投入抗爭運動的民眾而言，路德不願意挺
身支持他們，形同就是背叛了他們（圖 7）。

　　路德因為 1525 年與群眾抗爭運動失和，形象從被眾人

6.

1524 至 1525 年間在德意志地區爆發的「鄉民抗爭運動」地圖。中間以紅色標誌出的區塊是 1524 年就已爆發衝突之地，其他以深淺不同棕色表示的區塊則是 1525 年爆發衝突的地區。有刀劍標誌的地方則是有發生軍事衝突之處。

7.

《上帝的碾磨坊》（*Die göttliche mühle*）。

從這張在瑞士蘇黎世繪製的版畫左邊中間可以看到，頭上有金黃色光環的使徒保羅把聖靈與聖經裡的重要人物放進上帝的碾磨機裡，以便壓碾出一句一句經文。這些經文再由左下方身穿白袍的伊拉斯謨斯（Erasmus）採集放入書袋。站在畫面中間下方，跟伊拉斯謨斯背靠背的馬丁路德則將這些經句揉成麵團使之發酵，路德的教導傳到右上方鄉民卡爾斯坦（Karsthans）那裏，讓他知道如何拿打穀棒趕走口中發著「ban ban」怪響的惡龍（惡魔的化身）。

這幅版畫繪製的時間應在 1521 年路德到 Worms 參加帝國會議時期。畫中情景洋溢著對路德的禮讚，以及對路德在歷史上「承先」（保羅與伊拉斯謨斯）「啟後」（對廣泛的群眾）意義的肯定。這樣的禮讚到了 1525 年路德表明不支持「鄉民抗爭運動」後就不復存在。

捧在手掌心上的運動明星瞬間跌落谷底，自此成為爭議性人物。宗教改革的運動重心也因此開始轉移到歐洲各處，威騰堡不再是最吸睛的中心。

　　從路德與一般平民百姓對「何謂基督徒的自由？」在認知理解上存在著相當大的歧異可以看出，走入現實深處的宗教改革運動，不管是哪個陣營，運動主導者在意的，不再是「個人」與上帝之間的關係，而是社會不同「群體」對「我們認為該有什麼樣的自由」之爭取（圖8）。從這個角度重新來看宗教改革，也可以看出，16世紀宗教改革者固然在意對「自由」的追求，但是，當時人們所談的「自由」，與我們現代民主法治社會追求的「個體自由」並非完全等同。

「聖經」與「教會」

　　宗教改革運動者從不同方向推動改革時，雖然都強調以聖經為基準的「回歸本源」（*ad fontes*），但他們也知道，聖經不是從天上掉下來的書，而是在歷史上不同時期經過許多人手編纂出來的宗教經典。就像瑞士日內瓦的宗教改革者喀爾文（John Calvin, 1509-1564）在註疏舊約〈耶利米書〉（35：7與36：1-2）時特別提醒的，〈耶利米書〉收錄耶利米所說

Ein new lied / wie es voz Raſtat mit den pauren
ergangen iſt Im thon Es geet ein friſcher ſummer daher.

Nun wölt jr hözen ein newes gedicht /
vnd was voz Raſtat geſchehenn iſt / woll
von den kropfften pawren / im Pintz=
aw habenns ſy angefanngen / ſo gar an
alles trawren ja trawren.

Nun merckt jr herren der pauren rad
die Raſtatter lanndtſchaft handt auf=
bracht / ſeind für die ſtat gezogen / ſy ha=
ben tag vñ nacht geſchantzt / iſt war vnd
nit erlogen ja logen.

Die pauren vozderten auf die Stat /
in dzeyen ſtunden was jr radt / ſolt man
die ſtat aufgebenn / vnnd wa das nit ge=
ſchehen wurd / ſo gult es jn ir leben.

Was hetten jn die paurenn erdacht /
vonn lözchem holtz ein Byzenn bzacht /
mit eyſenn rayffenn vmb bundenn / ſy war wol achtzehen ſchüch lanng / die maur
hats nit entpfunden ja pfunden.

Die paurē theten einen ſturm / mit langē laytern das het keyn furm / die maur
was nit beſchoſſen / merckt ent was das für kriegsleüt ſeind / es thet jr lebē koſten.

Ein Hauptman heyſſt der Setzenwein / er ſpzach zun pauren an der gemeyn /
die maur laſzt ſich nit vmbſtoſſen / ſo kan ich nit mit dem kopf hindurch / wir wer=
den legen ein ploſſen ja ploſſen.

Wolt jr das ich die Stat beſtürm / ſolegt mir zů gſchütz vnd ſchürm / das ich
die ſtat müg bſchieſſen / wo jrs nit thut ſo iſts vmb ſonſt / das thet die paurn ver=
dzieſſen ja dzieſſen.

Die pauren gaben jm den lon / deßgleich en dem Pzouoſen ſchon / es galt jr beð
leben / ja wer ſich vnder die pauren miſcht / dem wirt ſein lon auch geben ja geben.

Die pauren begerten weyb vnnd kind / hyn auß fürs thoz nur alſo gſchwind / ſy
woltens alſo machē / wol mit den burgern in ð ſtat / das ſys nit wurden lachen ja.

Sy woltens vber die maur auß werffen / wol nach der leng vnd nach ð ſcherffen
die burger waren weiſe / ſy theten als fromb redlich lewt / jr lob thun ich da pzeiſen.

Es iſt der pauren maynung geweſenn / keyn lantzknecht ſolt voz jn geneſen / ſy
woltens all erhencken / darüß jr liebe lantzknecht güt / thůts den paurē eintrencke.

Der Schitter auff der jenickaw / ð hatt zwelff ſold vñ groß vertraw / ein ober=
ſter iſt er geweſen / er hat die lantzchaft wol geregiert / das ſicht man yetz gar eben.

Ein hauptman heyſzt der Zienhart Heyd / er hat ſeyn teyl was manchem leyd
an ſant Johanns tag iſts geſchehen / ſy wurden geſchoſſen vnnd geſchlagen / hat
mancher lantzknecht geſehen ja gſehen.

Der Michel Gayßmayr was ein hauptman / er mocht mit eeren nit beſtan /
er iſt ein ſchalck für trawren / er hat das Etſchland aufrürig gemacht darzu der
Pintzgar pauren ja pauren.

Ein Edler herz zů Raſtatt wont / mit namen graff Chriſtoff iſt er gnannt / ein
reitter iſt er gebozn / er hat die ſtat gar wol behüt / thet den pauren zozen ja zozen.

Noch eins jr pauren nempt für güt / behalt ewern leyb in güter hůt / thůt für=
bas daheim beleiben / gebt ewern herren was jn zůſteet / ſo thůt man ewch nit ver=
treiben ja treiben.

Nun welt jr pauren zufriden ſein / ſo bleibt jr billich wol daheim / bey ewern kindē
vnnd weibenn / daſſelb laſzt ewch zů hertzen gan / man thůt ewch vberwindenn.

8.

莫札特（Mozart）的家鄉薩爾斯堡（Salzburg）附近的小城（Radstadt）在「鄉民抗爭運動」
時期官方散發的傳單。文宣內容以圖畫諷刺起來抗爭的小老百姓裝備不足，難以與
官方對抗；文字則是為反對這場抗爭運動所做歌謠之歌詞。

的預言並沒有依照時間先後順序排列，而是將他傳道四十年來教導人民的道理做收集整理與歸納。換句話說，先知書並非由先知本人所寫，而是後人將龐雜的口傳資料整理化約為文字。在書寫上，重視的是先知的教導，而非從時間先後順序看他們一生的經歷。對於聖經一些經句的分句與分段，喀爾文也認為其中有些有誤，不相關的句子會被放在一起，而相關的句子有時卻被分割到不同的經節脈絡裡去。[15] 然而，喀爾文認為，聖經的價值並不因此有所減損，因為它不是一本歷史書，而是帶領人邁向救贖與永生之路的書。福音書的主旨並不是在講述耶穌的生平故事，而是透過講述耶穌的生平，讓世人認知耶穌的出生、受難、復活所代表的意義，以及帶給人類的福音訊息。[16]

從這些角度重新來看宗教改革時代非常講究的觀點——「唯『聖經』是從」（sola scriptura），就應明白，聖經固然再現了上帝的話語，但不應該把某些易引起爭議的聖經經文咬死來讀。至於有些教會喜歡高舉某些有強烈爭議性、或攻擊性的聖經經文來動員會眾進行捍衛「基本教義」的街頭運動，更應小心這些以上帝之名所發動的行動，動機往往是想借用宗教道德光環來凸顯教會不可被質疑的神聖權威性。然而，誠如喀爾文在《基督教要義》（*Institutes of the Christian Religion*, I, 7.2）就曾對「聖經」與「教會」的關係做過清楚的分別：

如果基督教會最初即建立在先知著作和使徒傳道的根基
上，那麼，無論這教義是出於何處，必定在教會產生
之前就已經得到確認和認可，因為若非如此，教會本身
就永遠不可能存在。因此，如果說判斷聖經的權力在教
會手中，其確定性也取決於教會的認可，那麼這是再荒
謬不過的捏造。當教會接受聖經並認可其權威時，不是
使聖經變得真確，彷彿不這樣做聖經就大可懷疑或有爭
議似的；教會接受並認可其權威，乃是認識到這是神的
真理，所以毫不猶豫地表示同意……。至於這個問題，
即我們如果不求助於教會的教令，怎能確信聖經是來自
於神呢？這就等於是問：我們怎樣分辨光暗、黑白、苦
甜呢？聖經自身清楚地證明它就是真理，就如黑色與白
色、甜微與苦味自能證明它們各自顏色和味道一樣。[17]

　　喀爾文清楚地指出，教會是建立在聖經教導的信仰理
想之上，但教會並不是詮釋聖經、判定聖經解讀問題的權威
機構。反之，如果說路德的宗教改革真正有跨時代的普世意
義，這個意義應在於對基督信仰有追求的人，應該懂得好好
研讀聖經，而且能在幫助教會落實聖經所揭櫫理想的同時，
也能以聖經的核心思想對教會的運作提出中肯的提醒、甚或
批判。畢竟，如〈羅馬書〉（12,2）所說的「心意更新而變化」

（*reformamini*），基督信仰本來就是透過不斷追求自我革新，讓人可以重新遇見上帝。

「教會」與「自由」

整體而言，宗教改革並沒解決當時改革運動者提出來希望改革的所有問題。

當時的改革運動原是希望透過回到聖經源頭、回歸初代教會歷史傳統，來解決羅馬教廷自中古以來與政治、經濟過度緊密糾結的問題。因為當時宗教信仰與政商有著盤根錯節的關係，羅馬教會即便知道有許多流弊存在，並不是真有意願好好進行改革。然而，積極推動宗教改革運動的人為了在短時間內對這些問題快速提出切實可行的解決方案，最後免不了流於少數教會領導人專斷恣為。如果就 16 世紀這短暫、但卻至為關鍵的時期來看，宗教改革本身開創了許多新的局面，但也留下不少問題。直至 21 世紀的現在，宗教改革所留下的正負面遺產，仍是當代世界各地都需要審慎面對思考的（圖 9）。

作為歷史研究者，我們也必須謙卑地承認，我們不一定可以為每一個時代、每一個歷史事件都整理出清楚的發展脈

絡、或邏輯完全解釋得通的前因後果。有些事情的發展本身
就是出人意外的戲劇性，有些狀況本身則是矛盾與混亂的結
合。

　　隨著宗教改革帶來的教派分裂，有形的「普世教會」
（universal church）不再可能。然而，相對於過去習慣從負面的角
度來評價教會的「分裂」，甚至於將「被分裂出去」的對方
視為「異端」，上個世紀末起，不同教派間修補歷史裂痕和
解的工作已經陸續展開了：1973 年，路德教派與喀爾文教派

9.

瑞士日內瓦喀爾文教派的「宗教改革紀念碑」（Monument international de la Réformation）。
由左至右分別是：Guillaume Farel, Jean Calvin（喀爾文）, Theodore de Beze, John Knox.
◎攝影：花亦芬

和解（*Community of Protestant Churches in Europe*, CPCE）；1999 年，教宗若望保祿二世（John Paul II）在「紀念胡斯國際研討會」上正式對處死捷克宗教改革先驅胡斯（Jan Hus, c. 1369-1415）表達歉意。[18] 2010 年路德教派與門諾教會和解。[19] 路德掀起的宗教改革「因信稱義」神學爭執，羅馬公教與路德教派於 1999 年 10 月 31 日「宗教改革紀念日」達成共識，雙方一起發表〈信義宗教會與天主教會有關成義／稱義的聯合聲明〉（"Joint Declaration on the Doctrine of Justification"）；[20] 在這份聲明裡，也附加了衛理教會對這份聲明的聯合肯認。[21] 2017 年 7 月喀爾文教派「普世改革宗教會聯盟」（WCRC）在威騰堡紀念禮拜上，也接受了這份聯合聲明。

　　雖然 500 年後大家才走上和解的路，但「修好和解是可能的」終究讓大家看到，有不同意見不一定就不好，不同的意見能夠被正直地表述出來更是重要。因為意見難以整合而「分裂」也不一定就不好，良性競爭往往是讓新舊勢力在看到彼此差異後，在學習尊重「多元」、尊重「個體自由」的過程中，也學習各自努力來追求有建設性的成長。

　　如果沒有當年路德的改革運動，階層化問題嚴重的羅馬公教後來會積極推動各種改革，努力與急遽變動的近現代社會文化進行對話嗎？如果沒有主張政教分離的門諾教會（宗教改革時代「再洗禮教派」"Anabaptism" 裡主張「和平非暴力」的支派）堅毅地忍受被基督新舊教各種主流團體長期打壓，過去

基督新舊教長期以來與政府之間關係緊密的情況，會有被新思想挑戰的機會嗎？[22]

　　宗教改革時代所追求的自由，雖然與現代民主法治社會講究的「個體自由」仍有一段距離，但是，它的確是最早讓許多人開始思考「自由」如何落實在每個人身上的先鋒運動，即便後來因為受到「鄉民抗爭運動」與「三十年戰爭」影響，有了嚴重的中挫。

　　500 年後重新看宗教改革留下來的遺緒（圖 10, 圖 11），當「自由」還是核心命題時，不僅基督徒與教會該好好思考，宗教改革所追求的「自由」如何從信仰層面擴大成現代民主法治文化所重視的「個體自由」；基督徒與教會也應瞭解，只知以 500 年前宗教改革時的狀況來談基督徒與基督教會如何面對現世社會，但在見識與視野卻停滯不前、無法與時俱進，有時恐怕會墮入「食古不化」而不自知的困境。

　　當現代社會普遍的教育程度已經提升許多，教會如果還堅持走 500 年前「家父長式的代議制」；或者堅持家庭一定要是一夫一妻所組成，而無法瞭解這樣的「基督新教家庭觀」是路德當初為了與中古天主教修道院傳統劃清界線而刻意高舉的新教改革識別標誌，500 年後重新看馬丁路德掀起的宗教改革，如何真正落實〈羅馬書〉（12,2）所說的「心意更新而變化」（*reformamini*），依然還是宗教改革運動留給現代世界最大的課題與挑戰。

10.

威騰堡馬丁路德故
居（Lutherhaus）。院
子裡的女性雕像主
角人物是路德的妻
子凱瑟琳（Katherina
von Bora）。

©攝影：花亦芬

11.

威騰堡馬丁路德故
居室內。這裡是晚
餐後，路德常常跟
學生與朋友閒談對
話的地方。

©攝影：花亦芬

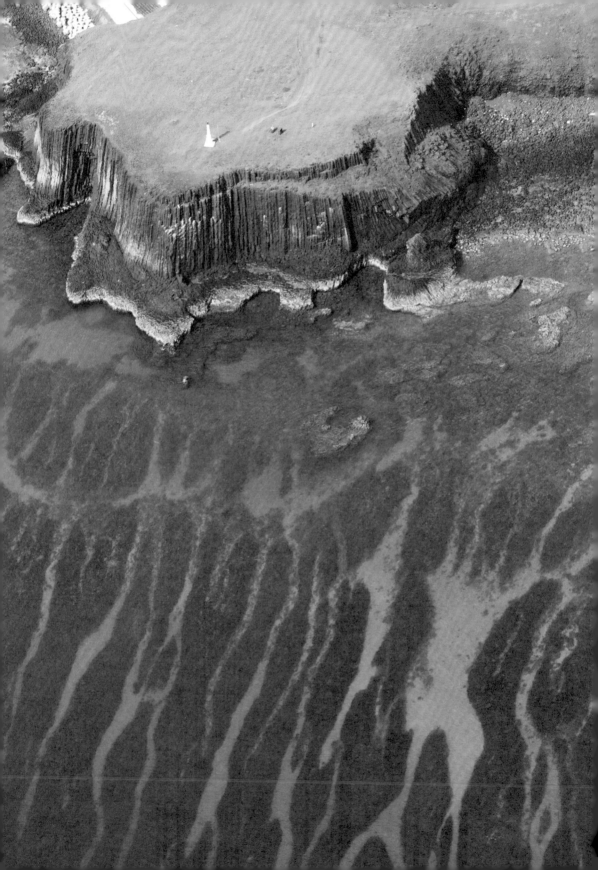

14
錯譯的「十字軍東征」，
被標籤化的歷史

我要用靈禱告，也要用理智禱告。

我要用靈歌唱，也要用理智歌唱。

——新約〈哥林多前書〉14：15——

沒有黑暗，只有無知。

（There is no darkness, but ignorance.）

——莎士比亞，《第十二夜》——

　　中國近代史上的民族主義創傷與第二次世界大戰後冷戰對峙的架構，讓我們的歷史教科書與歷史教學，習慣從對立的角度詮釋人類歷史。「文明衝突」與「文化相對主義」成為解釋許多複雜歷史事件的「便利貼」，只要先做標籤化的動作，很多紛擾難解的問題，彷彿就可以在大帽子覆蓋下，自動被歸類。歷史解釋變成對意識形態與刻板印象的反覆定義，而非梳理剖析。

　　習慣「非黑即白」、「非褒即貶」的思考傳統，常常讓我們在討論歷史問題時，缺乏多元觀視的深厚層次感。面對錯綜複雜的歷史現象，往往只想知道最簡單的答案：「他是好人還是壞人？」「這件事到底是對還是錯？」在結構單純、或是威權統治社會，這樣的歷史觀也許還行得通。但是，在台灣努力邁向民主多元的同時，還要面對全球化變遷速度越來越快的世界發展趨勢。在複雜的瞬息萬變裡，我們還能繼續沿用這些制式僵化的詮釋觀點嗎？

　　這樣進退失據的窘迫，明顯表現於台灣媒體與社群網站對2015年1月7日法國巴黎《查理週刊》被恐攻之後的討論上。「西方霸權文化」成為很多為伊斯蘭弱勢文化抱不平的人喜歡用的字眼。有些人甚至將基督教與伊斯蘭的衝突，上溯到中學教科書所談的「十字軍東征」。認為西方基督教世界對東方向來就是採取帝國主義霸權的姿態。

　　「十字軍東征」與《查理週刊》事件是否該合在一起看？

台灣究竟該如何面對西方世界與伊斯蘭產生重大衝突時的國際新聞事件？讓我們先從 "crusade" 這個歷史名詞不該被錯譯為「十字軍東征」，重新來思考這個問題。

在正式進入主題之前，先談 "crusade" 發生前，伊斯蘭與歐洲之間究竟發生了什麼事？

西元750年，伊斯蘭帝國已是跨越三洲的多民族組合

先從大家比較熟悉的歷史事件談起。

西元 751 年唐朝安西節度使高仙芝在今天的哈薩克 Talas 與黑衣大食交戰，試圖阻擋伊斯蘭勢力入侵，但卻失敗，史稱「怛羅斯之役」（Battle of Talas）。在此之前一個世代，也就是西元 732 年，西北非的穆斯林摩爾人（Moors）也一路從西班牙越過庇里牛斯山，直驅羅亞爾（Loire）河岸。結果被法蘭克人「鐵鎚查理」（Charles Martel）阻擋於距離巴黎不到 250 公里的 Tours 附近。

換言之，以 750 年左右的世界史來看，伊斯蘭在當時是向東西兩邊左右同時開弓（圖1）。跟伊斯蘭作為橫跨亞非歐三大洲的世界性帝國比較起來，唐朝只是一個局限在亞洲的區域性帝國（圖2）。

1.
＿＿＿＿＿
西元 751 年伊斯蘭
勢力的擴張。

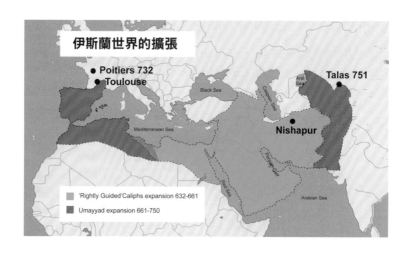

2.
＿＿＿＿＿
西元 700 年左右，
伊斯蘭帝國與唐帝
國的比較。

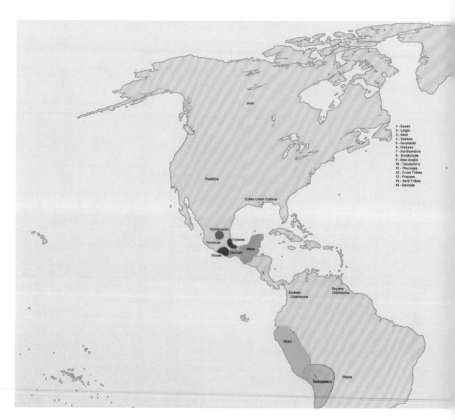

　　組成伊斯蘭帝國的力量，在西元 8 世紀已是多民族集合體，不只限於阿拉伯人。進軍唐朝的黑衣大食與入侵西班牙及法國的北非摩爾人，人種並不相同，只是在信仰上都屬伊斯蘭。

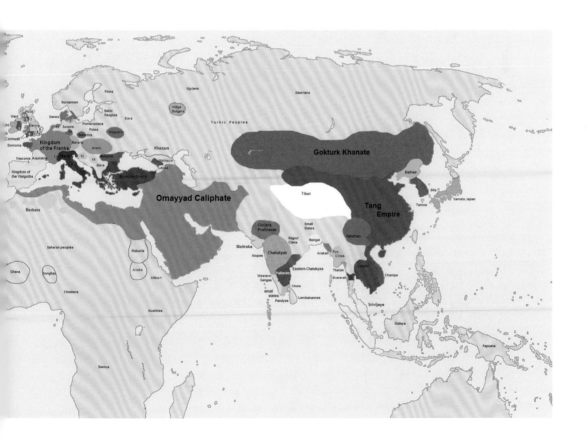

誰是塞爾柱土耳其人（Seljuk Turks）？

就歐洲基督教世界來看，他們熟知的古文明中心，在 7 世紀中葉，就已紛紛落入伊斯蘭之手：聖城耶路撒冷於 637 年被穆斯林掌控；古代著名的圖書館所在地──位於埃及開羅附近的亞歷山卓（Alexandria），642 年淪陷了；承繼古波斯帝國的薩珊王朝（Sassanid Empire），也滅亡了（651 年）。「基督徒」（Christian）這個稱號的發源地、同時也是上古五大主教區之一的安提阿（Antioch），淪陷了；即便當時仍相當富強的拜占庭帝國首都君士坦丁堡（Constantinople），也逃不過 672-678 年與 717-718 年，兩度被穆斯林圍城。[1]

穆斯林雖然控制了近東，然而，在當時伊斯蘭的宗教寬容政策下，零零星星堅持存在的基督教社群，只要按規矩繳納貢稅，仍可繼續保有自己的信仰。像世界上最古老的基督教國家──亞美尼亞（Armenia, 圖 3）以及近東其他零星的基督徒聚落，便是如此。

然而，這個情況到了 11 世紀下半葉，卻開始轉變了。

西元 1055 年，發源於哈薩克的中亞草原遊牧民族塞爾柱土耳其攻下巴格達（Baghdad，圖 4）。在此之前不久，他們才改信伊斯蘭，屬於遜尼派（Sunni）。[2] 塞爾柱土耳其人不像阿拉伯人那樣，具有長年處理近東多元宗教問題的豐富經驗。再加上亟欲進攻今天土耳其所在地的安納托利亞（Anatolia）高

原，以鞏固他們在近東新獲取的統治勢力，因此採取嚴苛不
少的管制手段。換言之，新皈依伊斯蘭的塞爾柱土耳其人因
為不像阿拉伯穆斯林過去那樣寬容，擅長處理近東多種宗教
並存的狀況，遂讓拜占庭帝國與近東基督徒越來越不安。對
西歐始終沒有斷絕過的耶路撒冷朝聖者而言，朝聖之路也越
來越艱難。

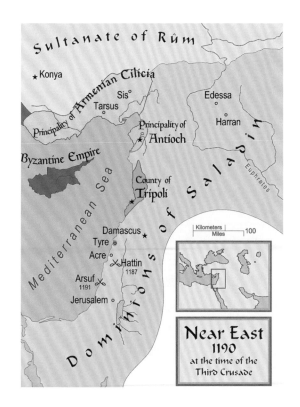

3.

最古老的基督教國家──亞美尼亞（Armenia）在 12 世紀末的所在地（土黃色）。

中古教宗為何要發動crusades？

　　就 11 世紀下半葉的國際情勢來看，西歐其實沒有與統治近東的塞爾柱土耳其人直接發生衝突的必要。因為當時受到重大威脅的，是拜占庭帝國（圖 5）。西班牙雖然長期有穆斯林勢力存在，因當時有些區域已發展出穆斯林、基督徒、猶太人和平共處的模式，所以沒有對庇里牛斯山以北的西歐造成太大壓力。[3]

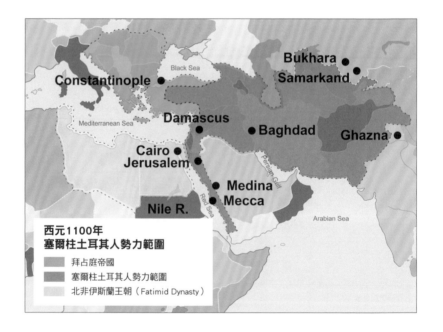

4.

1100 年左右，塞爾柱土耳其人控制的地區（土黃色）。

　　換言之，當教宗烏爾班二世（Pope Urban II）於 1095 年 7
月起在阿爾卑斯山以北四處宣講，希望發動今天所謂的
"crusade"，拯救拜占庭弟兄免於被穆斯林奴役、並解放耶路
撒冷時，其實是運用了話術來打動人心（圖 6）。

　　簡單來說，教宗要發動的，並非「戰爭」，而是「朝聖」。
但那是特殊形式的「武裝朝聖」（armed pilgrimage）。

　　中古時代，歐洲不乏隻身前往耶路撒冷朝聖的例子。「朝
聖」是中古歐洲人熟悉且常做的事，就像台灣有不少人從以
前到現在都喜歡到著名的廟宇進香求平安一樣。財務狀況比
較不寬裕的人，就到離家比較近的朝聖地；有辦法的，就去

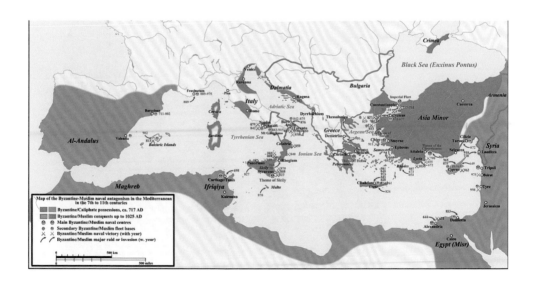

5.

7-11 世紀拜占庭（紫色）與伊斯蘭（綠色）在地中海的爭鋒。

羅馬或西班牙西北角的 Santiago de Compostela（僅次於耶路撒冷的兩個最重要朝聖地，圖 7）。羅馬不用說，那是羅馬公教相信使徒彼得與保羅的埋骨聖地，也是許多早期基督徒的殉難地。Santiago de Compostela 則是西歐基督徒防守穆斯林的前哨站。因朝聖路上常有危險，不時會遇上穆斯林襲擊，因此發展出「武裝朝聖」的傳統。

　　教宗烏爾班二世正是想發動類似到 Santiago de Compostela

6.

15 世紀法國手抄本經書（*Livre des Passages d'Outre-mer*, c 1474）描繪教宗烏爾班二世 1095 年 11 月在法國 Clermont 大公會議上宣講前往耶路撒冷的理念。Bibliothèque nationale, Paris.

這種特殊的朝聖模式，號召西歐基督徒前往君士坦丁堡與
耶路撒冷。用當時的話語來說，剛開始的時候，西歐人認
為這是教宗號召的朝聖之旅。在歷史文獻上，當時並沒有
使用與 "crusade" 相關的字，而是用拉丁文 "iter"（旅程）或
"peregrinatio"（朝聖）。

與 "crusade" 相關的拉丁文 "cruciata"「以十字為標記」
（signed with the cross）直到 12 世紀末才出現。在此字之下，16 世
紀產生了法文 "croisade"（path of the cross）一字。英文的 "crusade"
是 18 世紀初從法文 "croisade" 借轉過來。換言之，在 18 世紀

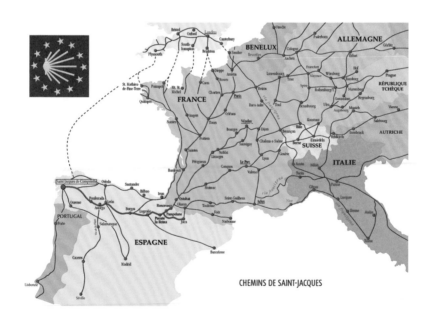

CHEMINS DE SAINT-JACQUES

7.

從歐洲各地到西班牙 Santiago de Compostela （最西南端的終點）朝聖路線圖。

末之前，歐洲文獻的用語並沒有將這些以十字為標誌的事件、及參與者標籤化為「戰爭」或「軍」的意思，而是維持彈性的中立語意空間，可以承載這個運動涵蓋的各式各樣參與動機及行徑（不論我們現代看來是正面或負面）。然而，到了 18 世紀末，英文的 "crusade" 多了新的衍伸意涵：「對眾人反感的惡事所做的攻擊性反制行動」。[4]

如此一來，開始讓英文字 "crusade" 具有強烈的價值判斷，失去了原本歐陸字源具有的中立開放語意向度。華文世界對世界史的認識，向來倚重英文出版品。在英文語境影響下，"crusade" 的中譯直接將讀者帶往「戰爭」或「軍」的基本理解方向。如何好好修正這個專有名詞的翻譯，值得大家一起努力。

在還沒找到對 "crusade" 更貼切的中譯之前，為了不要造成溝通上的困難，本文暫時沿用「十字軍運動」或「十字軍」這個譯法。但是，筆者要指出，「十字軍東征」是錯誤的翻譯。因為這個運動的目的，不是為了「征服」伊斯蘭。在十字軍運動裡，目標也不是只有向東，而是也有向西針對西歐自己內部的行動。

參與「十字軍」的是哪些人？

就實際情況來說，自 1095 年教宗開始宣講後，一直有自發的個人或團體一波接一波前去耶路撒冷。歷史書上所說的第幾次「十字軍運動」，不是真的就是當時的說法，而是現代學者為了講述重大事件約定俗成出來的習慣。

第一次十字軍可分為兩個階段。第一階段，稱為「小老百姓的十字軍」（People's Crusade）。法國著名的傳道人「隱修士彼得」（Peter the Hermit）因素孚眾望，他的宣講在短時間內激起熱烈迴響。半年內，就號召了 15,000 名左右的信徒懷抱著滿腔熱情匆匆上路（圖 8）。但是，缺乏周詳的計畫與裝備，只是一味相信「這是上帝所願」（God wills it），結果還沒走到君士坦丁堡，這支隊伍就已七零八落，狼狽疲倦回到家鄉。「隱

8.

13 世紀末法國手抄本經書描繪「隱修士彼得」率領「小老百姓的十字軍」。從圖中可以看出，這支朝聖隊伍連基本裝備都負擔不起。（"Roman du Chevalier du Cygne f176v Pierre l'Ermite"）.

修士彼得」的聲望也大為受挫。

　　第二階段稱「貴族的十字軍」（Princes' Crusade）。根據目前研究成果可知，參與者介於 60,000 到 100,000 人之間。其中有武裝能力的騎士與貴族，大概佔一成。如果以中古西歐每位騎士約有 3 至 5 位侍從來算，所謂「步兵」大概有 3 至 5 成。其他就是一般沒有武裝的平民百姓與老弱婦孺。[5]

　　參加十字軍不僅要自費，而且花費驚人。從西歐到耶路撒冷，路程超過 3,000 公里。徒步而行，不可能樣樣從出發地帶齊，而需要備足盤纏，以便一路上購買基本飲食用水。然而，浩浩蕩蕩一大群人遠行，往往遇上的是前不著村、後不巴店的荒漠小販。當一大群人都想吃飽喝足，物價水漲船高不僅避免不了；情況非常悲慘時，在野地裡餓到吃人肉也發生過。對騎士與貴族而言，他們還需要供應馬匹吃草飲水所需，也得照顧隨從的基本需求。因此，上至貴族下至庶民，參與十字軍的人，不僅要隨時有喪命的打算，也免不了得典當鉅額家產，以準備應付天價的開銷。

　　從這個角度來看，就很值得來問，為什麼大家還這麼熱衷參與？這不是傳統從政治「擴張」與「殖民」可以解釋得通，而是與「宗教信仰」有關。

　　宗教改革之前的羅馬公教，基本上是一個體制化的宗教。信徒如果要得到永生救贖，必須去做教會認可的特定行為來「積功德」。「功德」分大小。最容易積功德、快速得

永生保證的，是棄絕塵俗，進入修道院，專心禱告。然而，
對有世俗責任的人（包括貴族與君王）而言，這畢竟不是人人
可為之事。

　　教宗為了鼓勵大家參與到耶路撒冷的武裝朝聖活動，剛
開始在法國宣講時，提出回饋條件：參加者如果自覺有犯各
種信仰上認為不妥的「罪」（sins），向神父告解後，可得赦免。
但是，我們不要忘記，那是一個沒有網路、沒有電視、印刷
術也尚未發明的時代。一切的訊息，主要都靠口語傳播。教
宗的訊息透過不同宣講者一路往下傳，在第一線面對各種平
民百姓的宣講者，為了增加自己宣講的熱烈迴響度，有不少
人自行加碼大放送「參與回饋禮」。因此，有不少民眾以為，
只要參加到耶路撒冷的朝聖，就可獲得永生救贖的保證。在
朝聖途中喪命的人，還可直接登入「殉教者」（martyr）之列。

　　當時的西歐是階級分明的社會。能夠透過參與此朝聖，
超越階級社會帶來的種種轄制，直接與「救贖」與「永生」
連結，可以想見，一般人雀躍相迎的熱烈情況。對貴族而言，
雖然他們不一定跟教宗關係良好，但是透過參加十字軍，累
積日後能永得上帝庇佑的美譽與功績，對當時人而言，也是
非常值得投入的壯舉。

　　由於路途危險，所費甚多，教宗原本希望只由具有戰備
能力的騎士與貴族參加。然而，教宗宣講的訊息傳開之後，
西歐社會響應的人潮，卻不限於騎士與貴族。許多平民百姓、

老弱婦孺，尤其渴望立即解脫生命困境的貧病交纏者，紛紛踴躍加入。對此，教宗雖然大傷腦筋，卻無法開口澆熄這股好不容易點燃起來的信仰之火。

介於「聖」與「俗」之間的中古教宗

本質上，十字軍是為了樹立教宗至高獨一的威權而發動。十字軍與一般朝聖或宗教戰爭最大的不同點在於，十字軍是由教宗發動，或至少必須得到教宗的許可與祝福。參與者行前必須發特別的朝聖者誓願（pilgrim's vow），有些人還會輔以禁食禁慾。每人外袍臂膀上都要縫上十字作為記號。

為何中古教宗想要樹立絕對威權？這牽涉到中古羅馬公教與現代大不相同之處。「教宗」與「世俗世界」的關係，1870 年是最重要的分水嶺。這一年，義大利統一為一個國家。對 19 世紀下半葉的義大利人而言，長期讓義大利無法統一的主因是「教宗國」（Papal States, 圖 9）的阻撓。義大利透過統一，將「教宗國」從一個具有世俗統治權的國家，轉變為只具備羅馬公教全球信仰領導中樞功能的「梵蒂岡教廷」（Vatican City State）。

面對義大利統一後提出「教宗國」轉型的要求，教宗原

先並不願意。直至 1929 年，義大利政府才與教廷簽訂協議，
讓存在超過一千年的「教宗國」（754-1870）卸下種種世俗權力，
轉變成一個沒有軍備、沒有自己經貿功能的特殊「國家」。

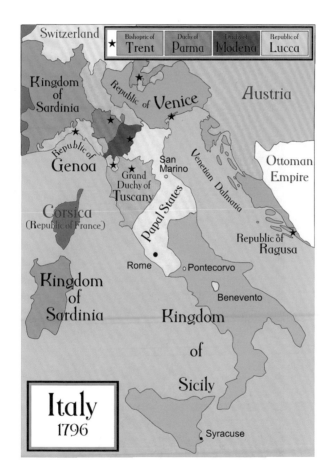

9.

18 世紀末教宗國（Papal States）在義大利半島的版圖。

名稱也由「教宗國」改為「梵蒂岡教廷」。

　　換言之，從 754 年查理曼（Charlemagne, 圖 10）的父親丕平（Pepin）將羅馬及其東北地區的土地攻打下來，送給當時的羅馬教宗開始，所謂「教宗國」其實與一般世俗國家無異。我們不妨把「教宗國」看成政教合一的國家，而教宗就是這個聖俗兼備政體（polity）的統治者。然而，當時歐洲主要還是原

10.

查理曼半身像。現藏於德國 Aachen 主教座堂。

攝影：花亦芬

住民部族各擁其主、獨立自治的世界（圖 11）。已經接受基督教的地區，比較大的城鎮各有自己的主教，並不受他人管轄。當時的羅馬教宗，頂多只能說是被視為大哥的羅馬主教。

　「教宗」真正成為整個羅馬公教的共主，能夠整合日耳曼民族大遷徙後，西歐各地分裂為許多小政體的情況，要等到 9 世紀初。查理曼為了讓自己打造起來的帝國，在信仰文

11.

814 年查理曼過世時的歐洲局勢圖。

化上有一致的規範，下令所有教會禮儀與信仰問題爭議全部以羅馬教會為依歸。如此一來，羅馬主教在實際運作上，才真正成為普世的「教宗」（pope 的拉丁文 "papa" 意為「父親」）。

　　所以，我們不能從今天「教廷」與「教宗」純粹作為羅馬公教信仰領導者的角度，批評中古「教宗國」統治者會發動十字軍。而應瞭解，當時「教宗」的身份具備政教合一的性質；「聖」與「俗」之間，界線沒有今天那麼清楚。

西元1000年的西歐，誰來領新時代的風騷？

　　西元 800 年左右，查理曼以法蘭克王國為基礎，短暫地為西歐打造了有中央共主的統合世界。在他過世後，他的三個孫子於 843 年將查理曼帝國分割為三，此後又產生更多細小的分裂。在此情況下，西歐不僅再一次進入各自為政的小國分立狀態，也成為外力易於馳騁之地。

　　自 9 世紀中葉直到西元 1000 年左右，由北南下的斯堪地納維亞人（史書通常誤稱為「維京人」。其實 viking 只是行業，意為「出海討生活」，圖 12）、由東南歐而來的馬札爾人（圖13）、以及在北非的穆斯林，將西歐與中東歐視為他們呼嘯而過之地。當時的西歐，不僅與「西方霸權」一點都沾不上

12.

8 至 11 世紀入侵西歐的維京人勢力。

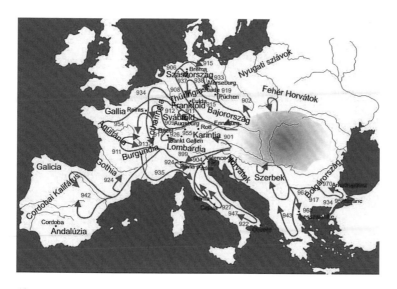

13.

9 至 10 世紀馬札爾人在歐洲各處的征伐。

邊，與東邊富強的拜占庭及跨越三洲的伊斯蘭世界比較起來，反而最弱勢。

這種狀況一直到 10 世紀末，當斯堪地那維亞人與落腳在匈牙利的馬札爾人接受基督教化，西歐才開始有休養生息的機會。自 11 世紀起，西歐的經濟開始復甦，城市生活日漸繁榮。這樣的榮景，也激起有志者想要獨領時代風騷的企圖心。

教宗出手了

11 世紀西歐新的榮景，誰來作新共主，領新時代的風騷？

長期以來，軍事力量微弱的羅馬教宗，一直靠神聖羅馬帝國皇帝保護。有關這個部分，就牽涉到教宗為何會與「既不神聖、也非羅馬、更非帝國」（伏爾泰語）的「神聖羅馬帝國」，有這麼多中古史上「政教之爭」的愛恨情仇？

有關這個問題，首先要先瞭解的是，何以教宗一直願意（有時甚至是主動）為「德意志王」加冕，使其成為具有聖俗共融意義的「神聖羅馬帝國皇帝」？簡單來說，就是雙方條件交換的結果。教宗為「德意志王」加冕，讓他成為「神聖羅馬帝國皇帝」；而皇帝則有保護教宗的責任。因為義大利

半島面對地中海上各種兇狠勢力的爭奪，教宗勢單力薄，並不足以自行捍衛教宗國的安危。

　　然而，既然中古教宗身兼宗教領袖與世俗統治者，面對11 世紀西歐新局，過去一直仰賴他人保護的教宗，當然想藉此良機，好好壯大自己的實力，以儘速脫離經常被神聖羅馬帝國皇帝牽著鼻子走的困境。

　　1054 年，教宗開始下第一步棋了。

　　他遣派特使到拜占庭帝國，希望促成東西教會合一，以羅馬教宗為共同領袖，確立教宗在泛歐基督教信仰上的至高領導權。然而，此舉讓向來尊重地方信仰自主、有重大爭議則交由大公會議（council）裁決的拜占庭東正教深感不安。最後雙方不歡而散。合一沒有達成，反而互相將對方代表開除教籍，造成「東西教會大分裂」（Great Schism）。

　　1071 年，拜占庭帝國再次遭伊斯蘭入侵，皇帝被擄，因此於 1073 年向新上任的羅馬教宗格里哥七世（Gregory VII, pope 1073-1085）求援。然而，格里哥七世只想擴張在西歐的教權，正忙著跟神聖羅馬帝國皇帝鬥爭，無暇顧及拜占庭戰事。

　　拜占庭隨後因新皇帝 Alexios I Komnenos 領導有方，暫時解除了塞爾柱土耳其人的威脅。1099 年，Alexios I Komnenos 眼見時機正好，於是致函新上任的教宗烏爾班二世（Urban II），希望他能派遣西歐援軍，協助驅離塞爾柱土耳其人，讓拜占庭局勢更安定。

教宗烏爾班二世眼見這是讓他在西歐做領頭羊的大好機會，不僅同意出動援軍，且將目標延伸到收復聖城耶路撒冷。

然而，教宗如何說服西歐人響應？同為世俗權力爭奪的對手，很難指望西歐各國君王會樂意相挺。出身法國克呂尼（Cluny）修道院的烏爾班二世，於是回到阿爾卑斯山北方，自 1095 年 7 月起，到處宣講。第一次十字軍的發生，說穿了，就是積極想在泛歐建立絕對威權的「羅馬教宗」與新皈依伊斯蘭、亟欲穩固自己在近東統治勢力的「塞爾柱土耳其人」之間的強碰。

從「地緣政治」看拜占庭皇帝如何接待十字軍？

對拜占庭皇帝而言，夾在十字軍與塞爾柱土耳其人之間，他要確保的是，不能讓拜占庭利益受損。他雖想要趕走塞爾柱土耳其人，卻不想被西歐與地中海世界合縱連橫的複雜關係連累。當響應教宗號召的幾位法國貴族浩浩蕩蕩帶著人馬往君士坦丁堡靠近時，原先有求於羅馬教宗的拜占庭皇帝，此時卻刻意擺足了架勢來接待。

拜占庭承繼古羅馬帝國統治法統，是當時世界上存在最久的帝國。對西歐或伊斯蘭世界而言，君士坦丁堡也是近東

地區閃耀著古老文明璀璨光芒的世界級大都會。拜占庭皇帝
很清楚表明，他是以「皇帝」之尊接見來自西方的「臣下」。

　　為了不讓法國貴族對他造成威脅、卻又能為他所用，拜
占庭皇帝決定以個別接見的方式，面會前來的法國貴族，不
讓他們彼此間有聲氣相通的機會。而拜占庭的輝煌華美，震
懾了所有前來的十字軍參與者，這也在無形之間，烘托了拜
占庭皇帝高高在上的姿態（圖14）。

14.

1493 年出版的《紐倫堡世界史圖鑑》（*Nuremberg Chronicle*）裡描繪的君士坦丁堡。

第一次十字軍何以能攻下耶路撒冷？

不論武裝配備與軍事技術，十字軍並非塞爾柱土耳其人的對手。當時西歐貴族與騎士為了長途跋涉可以隨時上下方便，選擇個頭比較小（體型像驢子）的馬匹來騎乘。然而，在這樣的劣勢下，第一次十字軍何以能在近東一路攻下古城 Edessa, Antioch（安提阿），並在耶路撒冷建立王國（圖 15）？

說穿了，是利用穆斯林之間的衝突矛盾。

統治近東的塞爾柱土耳其人屬於遜尼派，他們與統治重心在埃及的什葉派之間競爭激烈。1098 年十字軍攻打安提阿之前，便與埃及 Fatimid 統治者協定，一起對付塞爾柱土

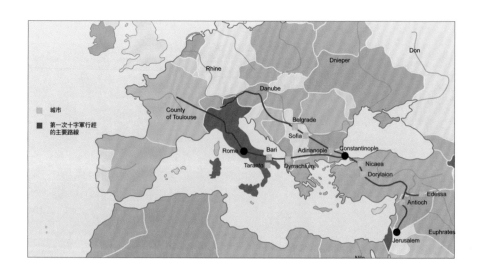

15.

第一次十字軍主要路線圖。

耳其人。十字軍打的算盤是，打下安提阿後，請當時控制巴
勒斯坦的埃及統治者歸還耶路撒冷。但卻沒想到遭拒。所以
1099 年 6 月只好以急行軍的行動，趁耶路撒冷沒有防備，快
速將其攻下（圖 16）。

　　1099 年十字軍佔領耶路撒冷，在此建立耶路撒冷王國
（Kingdom of Jerusalem）。表面上看起來，好像真的讓十字軍相信，

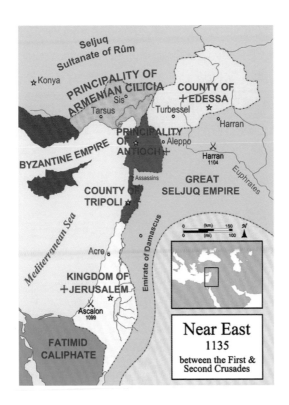

16.

1135 年左右的近東情勢圖。

此行確是上帝所願。然而，在荒漠裡，這個短暫的成功，其實沒有未來……。

第二次十字軍：耶路撒冷得而復失

第一次十字軍的成果，讓西歐君王開始垂涎。第二次十字軍就在法王與神聖羅馬帝國皇帝親自統率下出發（圖 17）。

面對西歐大陣仗出動，拜占庭皇帝很擔心。他怕法王與在義大利西西里半島的親戚羅傑二世（Roger II, Norman King of Sicily）聯手，對拜占庭另有所圖。因此，選擇淡默不理。

第二次十字軍是由世俗君王出兵統率，宗教束縛力薄弱，紀律敗壞。此行不但沒有達成目的，許多人也不再相信此為「朝聖」。

西歐君王在第二次十字軍碰上的對手就是撒拉丁（Saladin, 圖 18）。1181 年，他征服信奉什葉派的埃及，並繼續擴張在伊斯蘭世界的統治版圖。

撒拉丁出身信奉遜尼派的伊朗庫德族，並非阿拉伯人、也非土耳其人。他之所以能在短時間內，將敘利亞與埃及納入自己的統治疆域，主要是靠寬大的心戰策略。也就是說，對於他想要攻下的城池，採取寬和的圍城戰略，承諾城內居

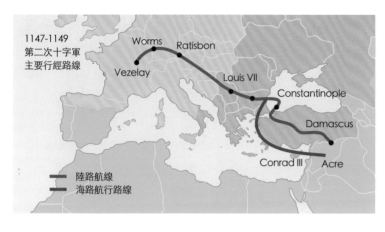

17.

第二次十字軍路線圖。

18.

Ismail al-Jazari（1136–1206）於阿拉伯手抄本書中繪製的撒拉丁畫像（繪於 1185 年之前）。

民，只要願意投降，事後會善待他們。就是這樣的寬大政策，讓到了近東的西歐人對撒拉丁充滿讚揚，在文獻裡紛紛記載他是滿富恩慈、懂得原諒的統治者。相較之下，當時阿拉伯文獻對這位庫德族人的記載反而偏少。究其原因，撒拉丁雖以對抗西歐基督教英雄自居，但他主要的力氣其實是耗費在征服埃及、敘利亞、巴勒斯坦與兩河流域北部等伊斯蘭地區。以撒拉丁的戰力而言，對付十字軍，只須牛刀小試（圖 19）。

阿拉伯人開始力捧撒拉丁，要到 19、20 世紀才開始，如有些現代研究所稱 "the Muslim rediscovery of Saladin"。[6] 但是，對這個部分的解讀要特別小心。當賓拉登（Osama bin Laden）把自己喻為「撒拉丁再世」，[7] 就像前美國總統小布希說，他發動對抗 911 恐怖份子的行動是 "crusade" 一樣。[8] 政客很會利用標籤化的歷史，讓群眾不自覺選邊站，而不去細究衝突發生背後複雜的成因。對操弄者而言，讓群眾落入對立叫陣的圈套，以意識型態正當化自己的選擇，是鞏固領導聲威最輕省的捷徑。

第四次十字軍釀了大禍

1187 年，撒拉丁將耶路撒冷自基督徒手裡重新奪回，讓

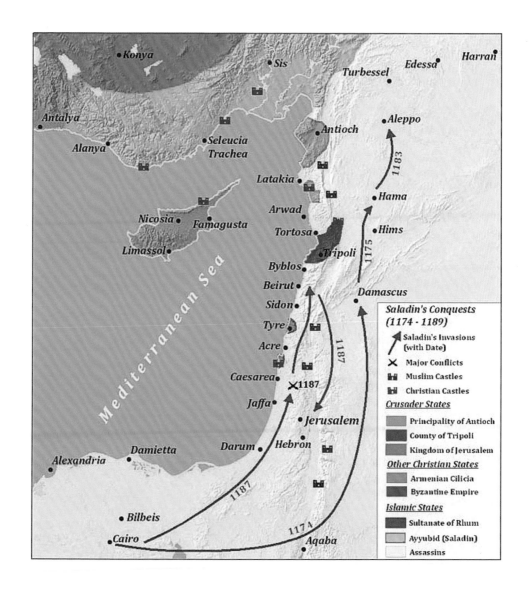

19.

淺綠色區域是撒拉丁所征服的近東與埃及，深綠色箭頭代表他歷年征服的路線。

西歐感到震驚。為了收復聖城，遠自斯堪地那維亞與新接受
基督教的東歐，全歐各地都有人加入第三次十字軍。英國國
王獅心查理（Richard the Lionheart）眼見群眾被激起的宗教熱情難
以善後，1191 年 6 月一抵達東方，便透過當地貴族與撒拉丁
的兄弟 al-Adil 展開磋商，建立與撒拉丁之間的聯繫管道。然
而因法王眼紅，從中作梗，遂使得說服撒拉丁歸還耶路撒冷
一事，要再等三十幾年才實現。

　　第四次十字軍（圖 20），新上任的教宗 Innocent 三世打
算走水路，一舉攻下埃及，直接掐住伊斯蘭的命脈。為此，

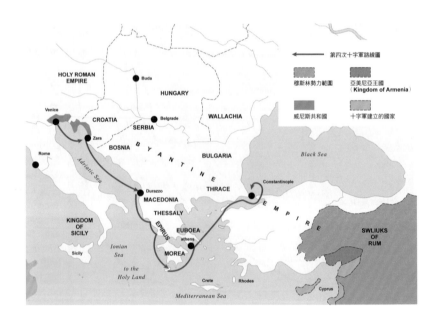

20.

第四次十字軍路線圖。

教宗向威尼斯訂了大型船艦。最後卻因手頭拮据，無法付清帳款，讓傾全力造船的威尼斯人大為光火。

與教宗撕破臉後，1202 年威尼斯人決定自己發動十字軍，推翻了十字軍行動必須得到教宗許可的傳統。

1203 年 8 月，以威尼斯為首的十字軍從君士坦丁堡外的港灣放火燒一座清真寺，火苗在強風吹送下，引發君士坦丁堡最繁華、人口也最密集地區的大火，造成難以挽回的重大損失。在此之前，君士坦丁堡原有 50 萬居民，此後每況愈下。至 1261 年僅剩約 35,000 人左右。1204 年，十字軍乾脆推翻拜占庭皇帝，自行在此建立拉丁帝國（Latin Empire）。此舉不僅讓君士坦丁堡更加一蹶不振，也埋下東西教會至今仍須耐心清理的芥蒂（圖 21）。

聖方濟實在看不下去了

按照重大事件發生順序來講述，會造成一種錯覺，以為十字軍如同現代軍隊。其實，我們很難將歷次十字軍視為目標完全一致的行動；而且每個參與十字軍的人，各自可以接受的行動極限也很不同。如上述所言，有些人懷著宗教熱誠隨著有武裝護衛的君侯出發。走著走著，卻發現同行的人參

與的動機不同。有人滿懷虔敬，有人夾雜著對世俗利益的濃厚興趣。有人可以為了英雄主義，不惜開戰；有人則受不了路上所見種種背離信仰之事，半途折返。

眼見收復耶路撒冷這個信仰命題越來越被世俗利益扭曲，第四次十字軍後，聖方濟（St. Francis of Assisi, 1181/82-1226）開始積極呼籲西歐人不要再以信仰之名，與近東穆斯林爭奪。然而，卻得不到正面回應。聖方濟眼見自己的苦勸不被搭理，1219 年，排除一切艱辛前往埃及會見蘇丹 Malik al-Kamil（撒拉丁的姪子），希望雙方停戰。蘇丹 al-Kamil 也耐心聽完聖方

21.

2014 年 11 月 29 日與 30 日，現任教宗方濟一世（Francis I）前往伊斯坦堡與東正教大公宗主教 Bartholomew 一世（Ecumenical Patriarch Bartholomew I of Constantinople）一起出席主保聖徒紀念日（patronal feast）。

濟的傳道。在互動過程中，蘇丹個人的內涵與伊斯蘭信仰展現出來的宗教靈性，讓聖方濟留下深刻印象。因此在離開時，他呼籲，居留在伊斯蘭世界的基督徒，在政治上，應順服穆斯林統治。雙方為十字軍喧嚷爭亂的歷史，留下沉靜邁向宗教和解的歷史典範。雖然，在大部份史書裡，這個部分經常被略而不談；或是從中古教會可以接受的觀點，做了不一樣的詮釋。[9]

十字軍運動不應被簡化為「東征」

　　朝聖混合著軍事行動，不僅讓十字軍成為西歐史上最被誤解的歷史之一，也讓這段歷史常常被視為過往東西方相遇所有不愉快經驗的源頭。

　　然而，既然十字軍是為樹立教宗威權所設，就不應忽略，西歐向來就不缺乏挑戰教宗威權的人。權力帶來腐化，11 世紀起，教宗努力樹立威權，當然教會也就免不了愈趨階層化與腐化。13 世紀反對羅馬教會越來越世俗化的著名宗教團體，可以舉在義大利與法國西南部活躍的「純淨教派」（Carthars，在法國亦稱 Albigensians）、與在法國里昂（Lyon）興起的「瓦爾多教派」（Waldensians）為例。這些教派雖然在核心教義

上與羅馬公教有出入（例如，純淨教會認為耶穌只是「靈」，而非肉身），但他們倡議信徒彼此之間享有比較平等的關係，棄絕鋪張華美，重視教育，有些也允許女性講道，因此在民間得到許多迴響。面對歐洲西南部這些與羅馬教會唱反調的團體，十字軍也被派上場來對付。因此，十字軍也有向西的行動，而非只是向東。

教廷為了合理化自己打擊「異端」的行動，在西歐加強進行各種宣講，點燃信徒維護「正統教權」的熱情，以鞏固教宗威權，並遮掩十字軍一路走來的糊塗帳。一般民眾受到激昂有力的講道重新鼓舞，也認為十字軍之所以失敗，正因為後來的行動幾乎被世俗權貴濫用，庶民的參與太少。然而，耶穌愛的是平凡小民，而非掌權者，所以平民百姓應該奮起，自行組織十字軍。

在重新被熊熊燃起的宗教激情裡，西歐各地庶民自行號召了許多「十字軍」，希望捍衛教宗領導權。因此有些還特地跑去攻打純淨教派。在史書裡，這些林林總總的庶民宗教起事，後來被戴上一頂嘲諷的大帽子，統稱為 "Children's crusade"。這也是一個很容易誤導的歷史名詞，常被錯譯為「兒童十字軍」。然而 "Children" 在此處真正的意涵是「不懂事」、「不成熟」、「胡鬧」，[10] 就像中文所說的「兒戲」那樣。

不只不該用「東」「西」來簡化十字軍的行動方向，我

們也應從多元角度來看十字軍行動後，某些後續發展。

　　就以耶路撒冷為例吧！

　　第一次十字軍建立了耶路撒冷王國。事成之後，大部份人選擇回鄉，少部分人決定留在耶路撒冷定居（圖22）。根據現代學者研究，在此定居的西歐人以法國人為主，因此阿拉伯文獻向來稱十字軍為「法蘭克人」（the Franks），而非「歐洲人」或「基督徒」。到了後期，耶路撒冷城人口總數約十二萬，貴族與騎士大約只有六、七千人，其他是農民。雖然在城中，法蘭克人的地位最高；但由於人口稀少，鼓勵鄰近地區的基督徒與穆斯林移民，政策上採宗教寬容。根據12世紀下半葉制定的法律（*Livre au Roi*），耶路撒冷王的封臣將自己的采邑託管後，可以到他處的穆斯林宮廷服務。換言之，東西方透過歷史時空下特殊的遇合，開始探索如何互相瞭解與共處。[11]

　　當撒拉丁與塞爾柱土耳其人從歷史舞台消逝後，鄂圖曼土耳其人（Ottoman Turks）在近東崛起。西歐與穆斯林在時有武力衝突爭勝中，卻在文化上，留下彼此遇合後，創作心靈昇華出的藝術永恆。

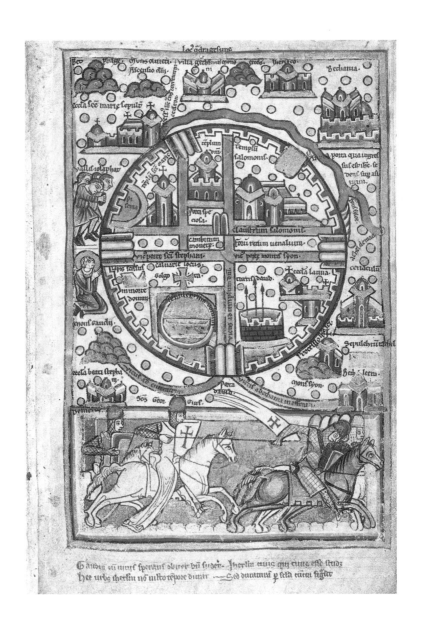

22.

1200 年左右耶路撒冷市區配置圖。

達文西想跳槽到君士坦丁堡為土耳其蘇丹工作

讓我們換個角度，從文藝復興藝術來看東西文化遇合吧！

對西歐而言，在政治軍事上，十字軍運動猶如當時加長版的政治八點檔，被新崛起的西歐掌權者用來作為誇耀自己，在國際舞台上可以呼風喚雨的秀場。但結果卻以歹戲拖棚收尾。

在文化上，西歐人到達東方後，接收到許多不同文化的刺激。風塵僕僕返鄉後，擺落掉長途行旅風霜，有些人開始將旅途所見，反饋到對自己鄉土新文化的創造上。法國中古哥德式教堂利用幾何圖形設計出繁複的玫瑰窗（圖 23），有可能就是來自伊斯蘭圖飾的影響。義大利文藝復興更企圖從不同角度，透過揉和古希臘羅馬、希伯來文化、阿拉伯文化與基督教文化，創造兼容並蓄的新文化。

受到義大利文藝復興的震撼，15 世紀鄂圖曼幾位著名的蘇丹，也喜歡請文藝復興藝術家為他們創作。

1479 年，當時威尼斯最知名的畫家 Gentile Bellini 受威尼斯共和國政府任命，前往君士坦丁堡，為剛滅亡拜占庭帝國、新建立鄂圖曼土耳其帝國的蘇丹 Mehmed 二世（Mehmed the Conqueror）畫像。目前藏於倫敦國家畫廊的 Mehmed 二世半身像，很可能就是當時留下的作品（多處在 19 世紀被重繪，圖 24）。這幅畫裡，雖然蘇丹的衣著與窗沿的掛毯散發著伊斯

23.

巴黎聖母院的玫瑰窗與彩色玻璃。

24.

Gentile Bellini（att.）, *Portrait of Sultan Mehmed II*. 1480. National Gallery, London.

蘭風情，但蘇丹側身像的畫法是仿照古羅馬錢幣上的統治者圖像。在佈景與構圖上，將 Mehmed 二世置於居高臨下的拱廊窗台，則依循西歐中古宗教圖像繪製聖徒與君侯的模式。在文藝復興畫像成就刺激下，鄂圖曼宮廷對畫像的接受度更為開放。

蘇丹 Bajazet 二世登基後，1502 年達文西寫信給他，希望到君士坦丁堡的蘇丹宮廷任職。達文西提出一個橋樑設計圖，希望為君士坦丁堡外的金角灣（Golden Horn）內港，建造一座可以比擬古代的巨型橋樑。這座橋樑的設計稿還在（圖 25），只是當年土耳其蘇丹認為達文西的設計太大膽，不敢付諸實現。達文西的構想，直到 2001 年才以縮小版的形式，興建在挪威首都奧斯陸（圖 26）。

近代西歐與伊斯蘭

隨著交通工具與溝通媒體越來越發達，這個世界相互之間的關係也越來越被層層交錯的複雜網絡串聯。除了刻意打造的壁壘外，對歷史的解析越來越不能從意識形態的分類下手。

進入近代之後，西歐與穆斯林也非一直處在敵對狀態。

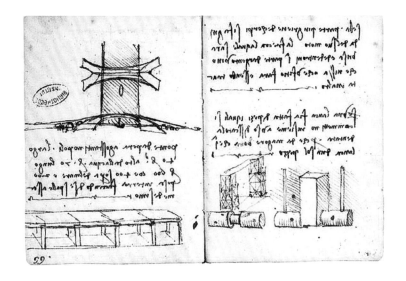

25.

達文西手稿（1502,
Paris Manuscript L, Folio
65v and 66r.

26.

奧斯陸的達文西
橋。

1530 年代，歐陸進入法國與西班牙哈布士堡王室（House of Habsburg）兩雄爭霸的局面。法王法蘭西斯一世（Francis I）為了對抗勁敵哈布士堡王室，便曾與鄂圖曼土耳其蘇丹蘇里曼一世（Suleiman the Magnificent）結盟（圖 27）。

　　西歐一直要到 17、18 世紀之交，才真正脫離近東穆斯林在軍事政治上帶來的威脅。1683 年，維也納再一次嚐到被鄂圖曼土耳其圍城兩個月的苦楚。如果從 7 世紀算起，今日我們所謂的西歐，不管從西邊的西班牙、或是位居地中海要衝的羅馬，曾長達一千年不斷面對實力強大的伊斯蘭鄰居。

27.

文藝復興著名的威尼斯畫家 Titian 約於 1530 年為法蘭西斯一世（左）與鄂圖曼蘇丹蘇里曼一世分別繪製的畫像。

　　到了 19 世紀，英法進入帝國主義時代。面對政治利益的計算，國際關係更非意識形態可界定。英法曾在 1854-1856 年的克里米亞戰爭，聯合鄂圖曼土耳其一起攻打信奉東正教的俄國。

　　凡此種種，都讓我們看到，用「東西對抗」或「文明衝突」、甚至是「西方霸權」這些詮釋模式來解釋歷史，不但不能幫助我們對人類歷史有確實的理解與反省；反而讓後起者落入過去所設下的認知牢籠，無法大步往前邁進。

標籤化過去複雜的歷史，只會讓未來更複雜

　　歷史上，從來就沒有信仰內涵一致、行動方向也完全相同的宗教。在一頂大帽子下，涵蓋著許許多多不同的教派與信仰個體。從單一化的角度去認知不同族群的遇合，而忽略地緣政治、利害競合、文化交融在歷史發展上真正走過的路，往往是讓簡化的片面認知，加深更多的誤解。這樣的做法，不但沒有讓歷史學走向引領獨立思考之路，反而讓未來葬身在過往層層佈下的認知迷障裡。

　　歷史註譯「去標籤化」，不僅是台灣民主政治多元發展重要的功課，也是現代史學應該努力的方向。

　　此外，歷史上有許多「政教合一」的現象。如何更精確地講述這些現象的特質，也是重要的課題。在人類實際的歷史經驗裡，「宗教教義」與「現實」之間的互動，不僅層次多元複雜，而且也經常互相扭曲。這個問題不僅限於一神教，其實也出現在西藏佛教、以及「儒教」與中國政治傳統的關係上。

　　當達賴喇嘛希望終止運作了近五世紀的轉世制度，讓西藏走上民主化，[12] 正在面臨 21 世紀全球化種種挑戰與衝突的我們，該怎麼看他對藏傳佛教未來的思考？

　　連結到 1219 年，聖方濟在第五次十字軍期間，以一己之力前往埃及與撒拉丁的姪子會面，希望出於世俗計算而被奮力激起的群眾宗教熱情能被好好平息。如果說：「誰掌握了過去，誰就掌握了未來；誰掌握了現在，誰就掌握了過去。」（喬治歐威爾語，《1984》）對這個被以前歷史書寫一再塵封的過往，我們又該如何省思，在英雄與掌權者的話語權之外，像聖方濟這樣淡泊名利、卻真誠關心人類心靈平安的人曾經付出的努力，如何不被滾滾歷史煙塵埋沒？

圖片來源

緒論

2. https://www.theguardian.com/world/2017/jul/16/maryam-mirzakhani-iranian-newspapers-break-hijab-taboo-in-tributes (accessed 2017/07/18).

9. Photo credit: https://books.google.com.tw/books?id=EFRcAAAAcAAJ&dq=Diario+Europæi+1662&hl=zh-TW&source=gbs_navlinks_s

10&10-1.
Photo credit: https://commons.wikimedia.org/wiki/File:Psalmamazar_Formosa.jpg#/media/File:Psalmamazar_Formosa.jpg

第1章

1. Photo credit: Bundesarchiv, Bild 101III-Alber-064-03A / Alber, Kurt / CC-BY-SA 3.0

2. Photo credit: 擷圖自印度總理莫迪（Narendra Modi）2017 年 1 月 23 日推特。

3. Photo credit: 擷圖自印度總理莫迪（Narendra Modi）2017 年 1 月 22 日推特。

4. Photo credit: https://commons.wikimedia.org/wiki/File:Tagore_Gandhi.jpg#/media/File:Tagore_Gandhi.jpg

5. Photo credit: https://upload.wikimedia.org/wikipedia/commons/5/5d/Gandhi_South-Africa.jpg

6. Photo credit: https://en.wikipedia.org/wiki/Swami_Vivekananda#/media/File:Swami_Vivekananda-1893-09-signed.jpg

7. Photo credit: https://commons.wikimedia.org/w/index.php?curid=6367822

8. Photo credit: https://upload.wikimedia.org/wikipedia/commons/1/15/Prime_Minister_Narendra_Modi_
spinning_a_Charkha_at_Punjab_Agricultural_University%2C_Ludhiana.png

第2章

1&1-1.

Photo credit: 擷圖自 Ukraine EU Office 推特

2. Photo credit: 美國國會圖書館（Library of Congress, USA）

https://cdn.loc.gov/master/pnp/ppmsca/41000/41006u.tif

6. Photo credit: http://www.historiska.se/template/RelatedImagePopup.aspx?parent=21282&image=21289

第3章

1. Photo credit: 美國國會圖書館（Library of Congress, USA）.

https://cdn.loc.gov/service/gmd/gmd5/g5701/g5701s/ct002859.jp2

2. Photo credit: LPLT (Own work), CC BY-SA 3.0 via Wikimedia Commons.

https://upload.wikimedia.org/wikipedia/commons/1/1a/Moise_de_Michel-Ange_%28San_Pietro_in_
Vincoli%29.JPG

3&3-1

Photo credit: https://upload.wikimedia.org/wikipedia/commons/0/0f/Raffael_040.jpg

4. Photo credit: Kunstmuseum Basel, Kupferstichkabinett, Amerbach-Kabinet, Inv. U.X.91.

https://upload.wikimedia.org/wikipedia/commons/1/10/Urs_Graf_Schrecken_des_Kriegs_1521.jpg.

6. Photo credit: Galerie des Batailles (Gallery of Battles), Palace of Versaille.

https://commons.wikimedia.org/w/index.php?curid=7842833

7. Photo credit: Workshop of Raphael, The Holy Family of Francis I.
   https://upload.wikimedia.org/wikipedia/commons/e/e0/The_Holy_Family_-_Rafael.jpg

8. Photo credit: https://commons.wikimedia.org/w/index.php?curid=7138933

9. Photo credit: https://upload.wikimedia.org/wikipedia/commons/7/7d/Historische_Karte_CH_1560.png

10. Photo credit: https://en.wikipedia.org/wiki/Battle_of_Marignano#/media/File:Hodler_-_Sterbender_Krieger_-_1897-98.jpg

第5章

13. Photo credit: http://baekur.is/en/bok/000648034/0/7/Sagan_af_Dimmalimm_Bls_9

14. Photo credit: http://baekur.is/en/bok/000648034/0/7/Sagan_af_Dimmalimm_Bls_21

17. Photo credit: http://www.gallup.com/poll/214988/venezuela-descent-least-safe-country-world.aspx

18. Photo credit: 經濟與和平研究所官網擷圖 http://visionofhumanity.org/indexes/global-peace-index/

第6章

1. Photo credit: 瑞典政府
   http://www.government.se/contentassets/f3ad3ec663cf49a4abd75eed2a53f560/white-paper-on-abuses-and-rights-violations-of-roma-during-the-1900s-a14.003.

2. Photo credit: 瑞典文化與民主部 http://www.government.se/contentassets/eab06c1ac82b476586f928931cfc8238/the-dark-unknown-history---white-paper-on-abuses-and-rights-violations-against-roma-in-the-20th-century-ds-20148.

3. Photo credit: Lehrplan gymnasialer Bildungsgang 9. bis 12. Schuljahr. Erziehungsdirektion des Kantons Bern (2005 年初版，2009 年修訂版), 頁 69.

4. Photo credit: Lehrplan gymnasialer Bildungsgang 9. bis 12. Schuljahr. Erziehungsdirektion des Kantons Bern (2005 年初版，2009 年修訂版), 頁 68.

5. Photo credit: Cornelsen 出版社官網擷圖 https://www.cornelsen.ch/Cornelsen/Schweizer-Geschichtsbuch/Aktuelle-Ausgabe/Band-1/Schulerbuch/Schweiz-G-Buch-1-akt-_9783060645183.

6. Photo credit: 瑞士 Cornelsen 版教科書第一冊前兩章目次擷圖 http://www.cornelsen.ch/shopfiles/toc/T_3060645183.pdf

7. Photo credit: 瑞士 Cornelsen 版教科書第一冊第四章目次擷圖 http://www.cornelsen.ch/shopfiles/toc/T_3060645183.pdf

8. Photo credit: 擷圖自 https://www.berlin.de/imperia/md/content/sen-bildung/unterricht/lehrplaene/sek2_geschichte.pdf?start&ts=1429785405&file=sek2_geschichte.pdf

9. Photo credit: https://www.berlin.de/imperia/md/content/sen-bildung/unterricht/lehrplaene/sek2_geschichte.pdf?start&ts=1429785405&file=sek2_geschichte.pdf, p. 20.

10. 翻拍自 Cornelsen 出版社於 2014 年出版的歷史教科書 *Kursbuch Geschichte*。

11. Photo credit: 經濟與和平研究所 http://visionofhumanity.org/indexes/global-peace-index/

第7章

2. Photo credit: Sailko CC BY 2.5 via Wikimedia Commons https://upload.wikimedia.org/wikipedia/commons/e/e7/Biblioteca_medicea_laurenziana_interno_01.JPG

5. Photo credit:Romain Rolland, Michelangelo (New York, 1915). URL: http://gutenberg.readingroo.ms/3/2/7/6/32762/32762-h/32762-h.htm#page_114

8. Photo credit: Paolo da Reggio CC BY-SA 2.5-2.0-1.0, via Wikimedia Commons https://upload.wikimedia.org/wikipedia/commons/4/44/Michelangelo_piet%C3%A0_rondanini.jpg

第8章

1. Photo credit: https://commons.wikimedia.org/w/index.php?curid=22774776.

2. Photo credit: 聯合國教科文組織

   http://www.unesco.org/new/fileadmin/MULTIMEDIA/HQ/ED/pdf/Flyer_final1.pdf

3. Photo credit: http://unesdoc.unesco.org/images/0022/002287/228776e.pdf, p. 45.

4. Photo credit: http://unesdoc.unesco.org/images/0022/002287/228776e.pdf, p. 56

5. Photo credit: http://unesdoc.unesco.org/images/0022/002287/228776e.pdf, p. 63.

6. 2007 年德國消基會官網擷圖 http://www.test.de/Schulbuecher-Schlechtes-Zeugnis-1577822-2577822/

第9章

1. Photo credit: Rigobert Bonne [Public domain], via Wikimedia Commons.

   https://upload.wikimedia.org/wikipedia/commons/6/67/1780_Raynal_and_Bonne_Map_of_Southeast_Asia_and_the_Philippines_-_Geographicus_-_Philippines-bonne-1780.jpg

2. Photo credit: Walt Disney Studios in coöperation with the Office of War Information - Why We Fight VI: The Battle of China (00:03:46)

   https://en.wikipedia.org/wiki/China_proper#/media/File:China_Proper_1944.png

4. 十二年國教國中歷史課綱草案（頁 86）

5. Photo credit: Lienhard Schulz, CC BY 2.5 via Wikimedia Commons.

   https://upload.wikimedia.org/wikipedia/commons/a/a6/Printing3_Walk_of_Ideas_Berlin.JPG

6. Photo credit: NordNordWest, CC-BY-SA-3.0-DE.

   https://en.wikipedia.org/wiki/Printing_press#/media/File:Printing_towns_incunabula.svg

7. Photo credit: https://commons.wikimedia.org/wiki/File:Europe_map_1648.PNG

8. Photo credit: https://commons.wikimedia.org/wiki/File:Women_of_Afghanistan_in_1927.jpg#/media/File:Women_of_Afghanistan_in_1927.jpg

9. https://commons.wikimedia.org/wiki/File:1950s_Afghanistan_-_Biology_class,_Kabul_University.jpg#/media/File:1950s_Afghanistan_-_Biology_class,_Kabul_University.jpg

10. https://commons.wikimedia.org/wiki/File:Afghan_women_at_a_textile_factory_in_Kabul.jpg#/media/File:Afghan_women_at_a_textile_factory_in_Kabul.jpg

11. http://unesdoc.unesco.org/images/0024/002480/248071E.pdf

第10章

1. Photo credit: Hennercrusius, CC BY 3.0 via Wikimedia Commons
https://commons.wikimedia.org/wiki/File:Lehrlingsdemonstration_Hamburg_1968.jpg

3. Photo credit: Abubiju, via Wikimedia Commons
https://commons.wikimedia.org/wiki/File:Internationale_Vietnam-Konferenz_1968.jpg

4. Photo credit: Konrad Tempel, via Wikimedia Commons
https://commons.wikimedia.org/w/index.php?curid=19283012

第11章

1. Google map.

2. Photo credit: http://www.sanmarinosite.com/en/history/flag-coat-of-arms/

3. Photo credit: https://upload.wikimedia.org/wikipedia/commons/thumb/9/99/Kalandozasok.jpg/300px-Kalandozasok.jpg

4. Photo credit: Chris 73 / CC BY-SA 3.0 via Wikimedia Commons

https://commons.wikimedia.org/wiki/File:Grave_of_Otto_I,_Holy_Roman_Emperor.jpg#/media/File:Grave_of_Otto_I,_Holy_Roman_Emperor.jpg

5. Photo credit: Ziegelbrenner CC BY 2.5.

https://commons.wikimedia.org/w/index.php?curid=9427842

8. Photo credit: https://upload.wikimedia.org/wikipedia/commons/d/d2/03_Palazzo_Pubblico_Torre_del_Mangia_Siena.jpg

9. Photo credit: https://en.wikipedia.org/wiki/The_Allegory_of_Good_and_Bad_Government#/media/File:Ambrogio_Lorenzetti_-_Effects_of_Good_Government_in_the_city_-_Google_Art_Project.jpg

10. Photo credit: https://upload.wikimedia.org/wikipedia/commons/7/7f/Lorenzetti_ambrogio_bad_govern._det.jpg

16. Photo credit: http://upload.wikimedia.org/wikipedia/commons/0/06/BNMsItal81Fol18RomeWidowed.jpg

18. Photo credit: https://upload.wikimedia.org/wikipedia/commons/f/f1/Giorgio_Vasari_-_Apotheosis_of_Cosimo_I_-_Google_Art_Project.jpg

19. Photo credit: https://upload.wikimedia.org/wikipedia/commons/5/5d/Michelangelo%2C_modello_per_la_facciata_di_san_lorenzo%2C_1518_ca._01.JPG

第12章

1. Photo credit: Bundesarchiv, Bild 183-2004-0312-503 / CC-BY-SA 3.0

https://en.wikipedia.org/wiki/Triumph_of_the_Will#/media/File:Bundesarchiv_Bild_183-2004-0312-503,_Nürnberg,_Reichsparteitag,_Marsch_der_Wehrmacht.jpg

2. 擷圖自《奧林匹亞》影片 (Leni Riefenstahl, Olympia)。

3. Riefenstahl 為 Nuba 族拍攝的攝影集（Köln: Komet Verlag, 1976）

第13章

6. Photo credit: Sansculotte at German Wikipedia Later versions were uploaded by TMA-1, Wombat at de. wikipedia, CC-BY-SA-3.0 via Wikimedia Commons. https://upload.wikimedia.org/wikipedia/commons/8/82/Karte_bauernkrieg3.jpg

8. Photo credit: Otto Henne am Rhyn, Kulturgeschichte des deutschen Volkes, 2nd vol. (Berlin 1897), p. 23, https://upload.wikimedia.org/wikipedia/commons/8/80/Flugblatt_Bauernkrieg.jpg

第14章

2. Javierfv1212, via Wikimedia Commons https://upload.wikimedia.org/wikipedia/commons/5/51/World_Map_700_CE.PNG

3. Photo credit: MapMaster, CC BY-SA 4.0-3.0-2.5-2.0-1.0, via Wikimedia Commons https://upload.wikimedia.org/wikipedia/commons/f/f4/Map_Crusader_states_1190-en.svg

5. Photo credit: Cplakidas, CC BY-SA 3.0 via Wikimedia Commons https://commons.wikimedia.org/wiki/File:Byzantine-Arab_naval_struggle.png#/media/File:Byzantine-Arab_naval_struggle.png.

6. Photo credit: Jean Colombe, via Wikimedia Commons http://en.wikipedia.org/wiki/Council_of_Clermont

7. Photo credit: Kimdime69 translation of the Deutsch: map of Mr Manfred Zentgraf, Volkach, Germany (Manfred Zentgraf, Volkach, Germany), SA 2.5-2.0-1.0 via Wikimedia Commons https://commons.wikimedia.org/wiki/File:Stjacquescompostelle.png#/media/File:Stjacquescompostelle.png.

8. https://commons.wikimedia.org/w/index.php?curid=254909.

9. Photo credit: http://en.wikipedia.org/wiki/Papal_States#mediaviewer/File:Italy_1796.png.

11. Photo credit: Hel-hama, CC BY-SA 3.0 via Wikimedia Commons
    https://upload.wikimedia.org/wikipedia/commons/9/90/Europe_814.svg.

12. Photo credit: Max Naylor, via Wikimedia Commons.
    https://upload.wikimedia.org/wikipedia/commons/5/50/Viking_Expansion.svg.

13. Photo credit: https://upload.wikimedia.org/wikipedia/commons/9/99/Kalandozasok.jpg.

14. Photo credit: Holzschnitt von Konstantinopel aus der Schedel'schen Weltchronik, Blatt 129v/130r.
    https://upload.wikimedia.org/wikipedia/commons/8/8f/Nuremberg_chronicles__
    CONSTANTINOPEL.png.

16. Photo credit: MapMaster, CC-BY-SA-3.0 via Wikimedia Commons.
    https://upload.wikimedia.org/wikipedia/commons/thumb/2/25/Map_Crusader_states_1135-en.
    svg/955px-Map_Crusader_states_1135-en.svg.png.

18. Photo credit: https://upload.wikimedia.org/wikipedia/commons/a/ae/Portrait_of_Saladin_%28before_
    A.D._1185%3B_short%29.jpg.

19. Photo credit: ExploretheMed, CC BY-SA 3.0 via Wikimedia Commons
    https://upload.wikimedia.org/wikipedia/commons/9/98/Saladin%27s_Conquest_%281174-1189%29.
    jpg.

21. Photo credit: Τπουργε ο Εξωτερικ ν , CC BY-SA 2.0 via Wikimedia Commons

22. Photo credit: https://upload.wikimedia.org/wikipedia/commons/7/7b/Plan_of_Jerusalem%2C_12th_
    Century._ca._1200.jpg.

23. Photo credit: Julie Anne Workma, CC BY-SA 3.0 via Wikimedia Commons
    https://upload.wikimedia.org/wikipedia/commons/d/d8/North_rose_window_of_Notre-Dame_de_
    Paris%2C_Aug_2010.jpg.

24. Photo credit: https://upload.wikimedia.org/wikipedia/commons/c/c6/Gentile_Bellini_003.jpg.

25. Photo credit: https://upload.wikimedia.org/wikipedia/commons/9/99/Leonardo_Bridge.jpg.

26. Photo credit: Åsmund Ødegård, CC BY-SA 2.0 via Wikimedia Commons
   https://commons.wikimedia.org/wiki/File:Da_Vinci_Bridge.jpg.

27. Photo credit: http://upload.wikimedia.org/wikipedia/commons/f/fe/Francois_I_Suleiman.jpg.

空拍照圖片來源

緒論

P6，清水斷崖。空中攝影 - 齊柏林。影像版權：台灣阿布電影股份有限公司。

Part 1

P36-37，大礁礁。空中攝影 - 齊柏林。影像版權：台灣阿布電影股份有限公司。

P38，野柳岬。空中攝影 - 齊柏林。影像版權：台灣阿布電影股份有限公司。

P72，目斗嶼。空中攝影 - 齊柏林。影像版權：台灣阿布電影股份有限公司。

P98，蘭嶼燈塔。空中攝影 - 齊柏林。影像版權：台灣阿布電影股份有限公司。

P128，龍坑珊瑚礁海岸。空中攝影 - 齊柏林。影像版權：台灣阿布電影股份有限公司。

Part 2

P140-141，花蓮清水斷崖海岸。空中攝影 - 齊柏林。影像版權：台灣阿布電影股份有限公司。

P142，鳥嶼、澎澎灘。空中攝影 - 齊柏林。影像版權：台灣阿布電影股份有限公司。

P168，大甲區溪北地區海岸景觀。空中攝影 - 齊柏林。影像版權：台灣阿布電影股份有限公司。

P206，中央嶼。空中攝影 - 齊柏林。影像版權：台灣阿布電影股份有限公司。

P220，石梯坪。空中攝影 - 齊柏林。影像版權：台灣阿布電影股份有限公司。

P240，大貓嶼、小貓嶼、草嶼。空中攝影 - 齊柏林。影像版權：台灣阿布電影股份有限公司。

Part 3

P268-269，土地公嶼及大白沙嶼。空中攝影 - 齊柏林。影像版權：台灣阿布電影股份有限公司。

P270，吉貝嶼沙尾。空中攝影 - 齊柏林。影像版權：台灣阿布電影股份有限公司。

P290，墾丁珊瑚礁海岸。空中攝影 - 齊柏林。影像版權：台灣阿布電影股份有限公司。

P330，蘇花公路。空中攝影 - 齊柏林。影像版權：台灣阿布電影股份有限公司。

P344，頭巾嶼。空中攝影 - 齊柏林。影像版權：台灣阿布電影股份有限公司。

P372，鳥嶼東崁。空中攝影 - 齊柏林。影像版權：台灣阿布電影股份有限公司。

註釋

緒論　寫給台灣：勇敢航向世界

1. Coleman Barks (ed), *Rumi: The Book of Love. Poems of Ecstacy and Longing* (San Francisco: HarperCollins Publisher, 2005), 21.

2. 相關新聞報導參見：https://www.theguardian.com/world/2017/jul/16/maryam-mirzakhani-iranian-newspapers-break-hijab-taboo-in-tributes (accessed 2017/07/18).

3. Herodotus, *The Histories*, trans. Tom Holland (New York: Penguin Books, 2013), 3.

4. Jennifer T. Roberts, *Herodotus. A Very Short Introduction* (Oxford: Oxford University Press, 2011), 14-16.

5. Herodotus, *The Histories*, trans. Tom Holland, Book 1, 5.

6. François Hartog, *The Mirror of Herodotus.: The Representation of the Other in the Writing of History* (Berkeley, LA.: University of California Press, 1988).

7. 伊塔羅‧卡爾維諾（Italo Calvino）著，《看不見的城市》（台北市：時報出版公司，1993 年），頁 112。

8. 收入：Leonard Blussé, Natalie Everts & Evelien French (eds.), *The Formosan Encounter: Notes on Formosa's Aboriginal Society; A Selection of Documents from Dutch Archival Sources*, 4 vols., (Taipei: Shung-Ye Museum of Formosan Aborigines, 1999), vol.1, 91-133.

9. 〈牧師甘迪留斯的論述（1628 年 12 月 27 日）〉，收入：包樂史，Natalie Everts 與 Evelien French 編，林偉盛譯，《邂逅福爾摩沙。台灣原住民社會紀實：荷蘭檔案摘要》第 1 冊 1623-1635（台北市：行政院原住民族委員會及順益台灣原住民博物館，2010 年），頁 71-72。

10. 潘富俊，《福爾摩沙植物記》，二版（台北市：遠流出版公司，2014 年），頁 300-301。

11. 鄭維中，《製作福爾摩沙》（台北市：如果出版社，2006 年），頁 150-153。

12. 鄭維中，《製作福爾摩沙》（台北市：如果出版社，2006 年），頁 155-157。

13. 陳柔縉，〈發現台灣第一家咖啡店〉，《思想》8 期（2008 年），頁 163。

14. 鍾理和，《笠山農場》（台北市：草根出版社，1996 年），24。

15. Timothy Snyder, *On Tyranny. Twenty Lessons from the Twentieth Century* (New York: Tim Duggan Books, 2017), 17.

16. 哈拉瑞（Yuval Noah Harari）著，《人類大歷史：從野獸到扮演上帝》，（台北市：遠見天下文化，2014 年），頁 222-223。

17. Wolfgang J. Mommsen, "Geschichte wird wieder wichtig," *Die Zeit* (1973/04/27): "Geschichtliches Denken vermag auch dazu beizutragen, angebliche Sachzwänge, die komplexen gesellschaftlichen Ordnungen den Anschein prinzipieller Unveränderlichkeit verleihen, zu entzaubern, und die Denkbarkeit von gesellschaftlichen Alternativen prinzipiell möglich zu machen. Dies kommt dem nahe, was Jacob Burckhardt meinte, wenn er davon sprach, daß die Geschichte, 'der Ort der Freiheit inmitten des enormen Stroms der Gebundenheiten' sei." http://www.zeit.de/1973/18/geschichte-wird-wieder-wichtig/komplettansicht (accessed 2017/08/28).

第1章　1945年台北飛航事故對印度當前民主發展的影響

1. Ashis Nandy, *The Initimate Enemy: Loss and Recovery of Self Under Colonialism* (Oxford: Oxford University Press, 1983), 73.

2. 有關鮑斯率領「印度國民軍」與日本合作進軍印度的歷史參見：約翰・托蘭（John Toland）著，《帝國落日》下冊（新北市：八旗文化，2015 年），頁 188-190。

3. 關於鮑斯之死，歷來有許多推測，尤其有一些支持者不願意接受他死亡的事實，相信他還活在俄國。但是根據目前學術界研究的共識（包括鮑斯的姪孫──歷史學者 Sugata Bose），他於是在台北的飛航事故中過世的。參見： Sugata Bose, *His Majesty's Opponent. Subhas Chandra Bose and India's Struggle against Empire* (Cambridge, Mass.: The Belknap Press, 2011), 306-321.

4. "PM Narendra Modi pays homage to Subhas Chandra Bose on birth anniversary; rakes up 'Netaji files' issue," *Financial Express* (Jan. 23, 2017), http://www.financialexpress.com/india-news/pm-narendra-modi-pays-homage-to-subhas-chandra-bose-on-birth-anniversary-rakes-up-netaji-files-issue/518570 (accessed 2017/03/ 20).

5. Andrew Whitehead, "Subhas Chandra Bose: Looking for India's 'lost' leader," *BBC* (Oct.13, 2015), http://www.bbc.com/news/world-asia-34473241 (accessed 2017/03/ 20).

6. "My father would've been prominent alternative to Nehru: Bose's daughter," *Hindustan Times* (Jan. 22, 2016), http://www.hindustantimes.com/india/theories-that-he-survived-the-plane-crash-are-asinine-bose-s-daughter/story-9EP1GPyVptPsJBobAO30sM.html (accessed 2017/03/ 207).

7. 同上。

8. Hermann Kulke and Dietmar Rothermund, *A History of India*, 6th edition (Oxford: Routledge, 2016), Ch. 7.

9. Krishna Dutta and Andrew Robinson (ed), *Selected letters of Rabindranath Tagore*, vol. I (Cambridge: Cambridge University Press, 1997), 215-219; Krishna Dutta and Andrew Robinson, *Rabindranath Tagore: The myriad-minded man* (London: Bloomsbury, 1995), 215-216.

10. Hermann Kulke and Dietmar Rothermund, *A History of India*, Ch. 7.

11 *Collected Works of Mahatma Gandhi* (Delhi: Publications Division, Ministry of Information and Broadcasting, 1958-1995), vol. 23, 116-117.

12. Krishna Dutta and Andrew Robinson (ed), *Selected letters of Rabindranath Tagore*, vol. I, 258-261.

13. Sabyasachi Battcharya (ed), *The Mahatma and the Poet: letters and debates between Gandhi and Tagore, 1915-1941* (New Dehli: National Book Trust, 2001), 54-62.

14. Sabyasachi Battcharya (ed), *The Mahatma and the Poet*, 63-68.

15. Krishna Dutta and Andrew Robinson, *Rabindranath Tagore: The myriad-minded man*, 238-245.

16. Sabyasachi Battcharya (ed), *The Mahatma and the Poet*, 68-87.

17. Ibid., 87-92.

18. Ananta Kumar Giri, *Conversations and Transformations: Toward a New Ethics of Self and Society* (Oxford: Lexington Books, 2002), 51-55.

19. 本詩中譯採用冰心譯文。

20. Octavio Paz, *In Light of India* (London: The Harvill Press, 1997), 118.

21. Bhikhu Parekh, *Gandhi: A Very Short Introduction* (Oxford: Oxford University Press, 2001), 112.

22. Amartya Sen, *The Argumentative Indian. Writings on Indian History, Culture and Identity* (New York: Farrar, Straus and Giroux, 2005), Ch. 5, "Tagore and His India".

23. Amartya Sen, *The Argumentative Indian*, "Preface" and Ch. 1 "The Argumentative India".

24. 杭廷頓 (Samuel P. Hungtington) 著，黃裕美譯，《文明衝突與世界秩序的重建》（台北市：聯經出版公司，1997 年）。

25. Amartya Sen, *The Argumentative Indian*, 54.

26. 薩伊德 (Edward W. Said) 著，《東方主義》，〈後記：為 1995 版作〉（新北市：立緒出版社，1999 年），頁 521。

27. 根據美國 CIA 網站 *The World Fact Book* 的統計資料（2016 年 7 月）。https://www.cia.gov/library/publications/resources/the-world-factbook/geos/in.html (accessed 2017/07/ 20).

28. Amartya Sen, *The Argumentative Indian*, 54.

29. Ibid., 55.

30. 薩伊德 (Edward W. Said) 著，《東方主義》，〈後記：為 1995 版作〉，頁 521。

31. Amartya Sen, *The Argumentative Indian*, 62.

32. Ibid., 65.

33. Sugata Bose, "Declassification of all Netaji files is the only way to stop propagation of fantasies as fact,"

Scroll. In (Sept. 24, 2016), http://scroll.in/article/757426/declassification-of-all-netaji-files-is-the-only-way-to-stop-propagation-of-fantasies-as-fact (accessed 2017/07/25).

第2章　揮別性別文化意識形態的21世紀史學新思維

1. 本文原發表在《歷史學柑仔店》(2014/10/24)，http://kam-a-tiam.typepad.com/blog/2014/10/ 揮別性別文化意識形態的二十一世紀史學新思維 .html (accessed 2017/07/31); 修訂版本發表在：花亦芬，〈揮別性別文化意識形態的二十一世紀史學新思維－－瑞典國立歷史博物館怎麼做？〉，《古今論衡》 29 期 (2016)，165 – 178。

2. 辛波絲卡（Wisława Szymborska）著，林蔚昀譯，《黑色的歌》（台北市：聯合文學，2016 年），頁 92。

3. Christopher Clark, *The Sleepwalkers: How Europe Went to War in 1914* (London: Allen Lane, 2012).

4. "Stumbling Into World War I, Like 'Sleepwalkers'," *npr books* (2013/04/23), http://www.npr.org/2013/04/23/178616215/stumbling-into-world-war-i-like-sleepwalkers; http://theglobalobservatory.org/interviews/707-are-we-sleepwalking-towards-war-interview-with-chris-clark-.html (accessed 2017/07/31).

5. Benedict Anderson 著，吳叡人譯。《想像的共同體：民族主義的起源與散布》（台北市：時報出版，2010 年）。

6. 相關研究介紹參見以下書評：Christopher LeCluyse, *Book review of The Early Germans by Malcolm Todd,* (Oxford: Blackwell, 2004), H-Net online (2005/11), http://www.h-net.org/reviews/showrev.php?id=11262 (accessed 2017/07/31).

7. 洪聖斐編譯，〈考古大烏龍：王子其實是公主〉，《新頭殼》(2013/10/22), https://tw.news.yahoo.com/ 考古大烏龍 - 王子其實是公主 -000618744.html (accessed 2017/7/31).

8. 參見展覽官網：http://www.historiska.se/home/exhibitions/vikings/ (accessed 2017/07/30).

第3章　瑞士的「中立」是世界史的「特例」嗎？

1. 阿多尼斯著，薛慶國譯，《時光的皺紋》（香港：牛津大學出版社，2012 年），頁 153。

2. Thomas Maissen, *Schweizer Heldengeschichten—und was dahintersteckt* (Baden: Hier und Jetzt Verlag, 2015).

3. André Holenstein, "Neutralität als Abgrenzung: vom Gebot der Staatsräson zum Fundament nationaler Identität," in his *Mittin his Europa: Verflechtung und Abgrenzung in der Schweizer Geschichte* (Baden: Hier und jetzt, 2014), 165-171.

4. Martin Kemp, *Leonardo Da Vinci: The Marvellous Works of Nature and Man* (Oxford; Oxford University Press, 2007), 344-345.

5. 同上。

6. Janine Garrisson, *A History of Sixteenth-Century France, 1483-1598* (London: Palgrave, 1995), 139.

7. 同上，140.

8. Thomas Maissen, *Schweizer Heldengeschichten—und was dahintersteckt*, 106; "Ewiger Frieden," in *Historische Lexikon der Schweiz online* (http://www.hls-dhs-dss.ch/textes/d/D8898.php).

9. Thomas Maissen, *Schweizer Heldengeschichten—und was dahintersteckt*, 107-112.

10. 同上，113-114.

11. Ioannis Kapodistrias, "Geburtshelfer der neutralen Schweiz," in: *NZZ am Sonntag* (2015/04/19), https://www.eda.admin.ch/content/dam/countries/countries-content/greece/de/Geneviève%20Lüscher%20-%20Kapodistrias.pdf; 另參見瑞士政府官網對兩百年來瑞士與俄國關係的概述：https://www.admin.ch/gov/en/start/dokumentation/medienmitteilungen.msg-id-51945.html

12. 英譯參見："A nation is therefore a large-scale solidarity, constituted by the feeling of the sacrifices that one has made in the past and of those that one is prepared to make in the future. It presupposes a past; it is summarized, however, in the present by a tangible fact, namely, consent, the clearly expressed desire to continue a common life. A nation's existence is, if you will pardon the metaphor, a daily

plebiscite, just as an individual's existence is a perpetual affirmation of life. That, I know full well, is less metaphysical than divine right and less brutal than so-called historical right. According to the ideas that I am outlining to you, a nation has no more right than a king does to say to a province: ,You belong to me, I am seizing you.' A province, as far as 1 am concerned, is its inhabitants; if anyone has the right to be consulted in such an affair, it is the inhabitant. A nation never has any real interest in annexing or holding on to a country against its will. The wish of nations is, all in all, the sole legitimate criterion, the one to which one must always return." (http://web.archive.org/web/20110827065548/http://www. cooper.edu/humanities/core/hss3/e_renan.html).

13. Thomas Maissen interviewd by Matthias Daum, "Geschichte der Schweiz. Was wirklichh geschah".

14. Alan Cowell, "Hard Calculus: Nazi Gold vs. Swiss Bank's Secrets," *The New York Times* (1996/09/21). http://www.nytimes.com/1996/09/21/world/hard-calculus-nazi-gold-vs-swiss-bank-s-secrets.html (accessed Jan. 2017); Thomas Maissen, *Verweigerte Erinnerung. Nachtrichtenlose Vermögen und Schweizer Weltkriegsdebatte 1989-2004*, 2nd edition (Zürich: Verlag Neue Züricher Zeitung, 2005).

15. 十五世紀末，人文學者波斯帖特（Albert von Bonstetten）在當時新興的歷史書寫熱、及地圖學影響下，為了表現自己尋根探源的史地研究專業本領，刻意將瑞士「誓約同盟」（Eidgenossenschaft）視為有傳統領域的單一民族。1479 年，他出版《日耳曼高地誓約同盟》（Obertütscheit Eydgnossenschaft）一書，將涵蓋森林三小郡的八個聚落所形成的瑞士內地視為歐洲的中心。1492 年，他進一步指稱，這個被稱為「誓約同盟」的地區，就是凱撒在《高盧戰記》（De bello gallico）提到的 Helvetia 族所在之處，這也就是何以瑞士國名的拉丁文是 Confoederatio Helvetica。換言之，經過波斯帖特筆下有意的創造，原本是盟友身份的「誓約同盟」，被「民族化」了，他們變成有著相同血緣與文化的族人，即便凱撒當時所說 Helvetia 族究竟是指居住在哪個地方的人，至今還是有很多爭論的問題。

第4章　理解過去最好的方法，是現在去做對的事

1. 本文原發表在：花亦芬，〈面對二二八，轉型正義的三個迷思〉，《端傳媒》(2017/02/28)，https://theinitium.com/article/20170228-opinion-huayifen-transjustice/ (accessed 2017/07/31).

2. 收錄於：辛波絲卡（Wisława Szymborska）著，林蔚昀譯，《黑色的歌》（台北市：聯合文學，2016 年），頁 26。

3. 唐香燕，《長歌行過美麗島：寫給年輕的你》。台北市：無限出版社，2014 年，頁 37-38。

4. 轉引自：許雪姬，〈「保密局台灣站二二八史料」的解讀與研究〉，《台灣史研究》21,4 期，頁 187-217，此處頁 194。

5. 王鼎鈞，〈匪諜是怎樣做成的〉，收錄於氏著，《文學江湖：在台灣三十年來的人性鍛鍊》（台北市：爾雅山版社，2009 年），頁 38。

6. "Havel's New Year's Address to the Nation, 1990," https://chnm.gmu.edu/1989/archive/files/havel-speech-1-1-90_0c7cd97e58.pdf (2017/07/31).

第5章　歷史反省的向度

1. "Harpa in Reykjavik: Iceland's symbol of recovery," *Nordiclabourjourna* (June 17, 2014). http://www.nordiclabourjournal.org/i-fokus/in-focus-2014/iceland-back-on-its-feet/article.2014-06-16.3867424063 (accessed May 22, 2017).

2. Kristín Loftsdóttir, "Imaging Blackness at the Margins: Race and Difference in Iceland," in: *Michael McEachrane (ed), Afro-Nordic Landscapes: Equality and Race in Northern Europe* (New York: Routledge, 2014), 17-38, here 26.

3. Guido Mingels, "Looking for Lessons in Iceland's Recovery," *Spiegel online* (Oct. 1, 2014). http://www.spiegel.de/international/europe/financial-recovery-of-iceland-a-case-worth-studying-a-942387.html (accessed May 20, 2017).

4. 同上。

5. 同上。

6. "These are the World's Most Dangerous Countries," *Indy 100*, https://www.indy100.com/article/gallup-2017-poll-countries-security-law-and-order-index-violent-7875606 (accessed 2017/08/05).

第6章　不要將「世界史」扭曲簡化為「外國史」

1. 本文原發表為：花亦芬，〈不要把「世界史」扭曲簡化為「外國史」——以「柔性課綱」打早適合台灣的教育〉，《歷史學柑仔店》(2015/07/13)，http://kam-a-tiam.typepad.com/blog/2015/07/別把世界史扭曲簡化為外國史-以柔性課綱打造適合台灣的教育.html.

2. Hans Mommsen, "Geschichtsunterricht und Identitätsfindung der Bundesrepublik," *Geschichtsdidaktik* 4 (1978): 291-300, here p. 299: "Der Glaube dieses oder jenes Geschichtsbild durch Lehrpläne festschreiben zu können, widerspricht der fachwissenschaftlichen Realität und den wissenschaftstheoretischen Grundlagen der heutigen Historiographie. Mehr denn je ist die Gestaltung des Geschichtsunterrichts keine Frage der Lehrpläne allein, sondern vor allem der Lehrerausbildung."

3. Sian Griffiths, "The schools that had cemeteries instead of playground," *BBC News Magazine* (2015/06/13), http://www.bbc.com/news/magazine-33099511 (accessed 2017/08/04); 相關中文報導參見：〈加拿大公布史上黑暗奴役篇章〉，《民報》(2015/06/17)，http://www.peoplenews.tw/news/1e4ff45b-a99a-4f58-98c0-9e14f5f4ee33 (accessed 2017/08/04).

4. "Truth and Reconciliation Commission urges Canada to confront 'cultural genocide' of residential schools," *CBCNews* (2015/06/02), http://www.cbc.ca/news/politics/truth-and-reconciliation-commission-urges-canada-to-confront-cultural-genocide-of-residential-schools-1.3096229 (accessed 2017/08/04).

5. *Honouring the Truth, Reconciling for the Future. Summary of the Final Report of the Truth and Reconciliation Commission of Canada* (The Truth and reconciliation Commission of Canada, 2015), 289-290. http://www.trc.ca/websites/trcinstitution/File/2015/Findings/Exec_Summary_2015_05_31_web_o.pdf (2017/08/05).

6. 參見官網：http://www.government.se/information-material/2014/03/white-paper-on-abuses-and-rights-violations-of-roma-during-the-1900s/.

7. 參見：http://www.diva-portal.org/smash/record.jsf?pid=diva2%3A813139&dswid=3qPNdRUi (accessed 2017/08/05).

8. *Lehrplan gymnasialer Bildungsgang 9. bis 12. Schuljahr*. Erziehungsdirektion des Kantons Bern (2005 年初版，2009 年修定版)，頁 69， http://www.erz.be.ch/erz/de/index/mittelschule/mittelschule/ rechtliche_grundlagen.assetref/dam/documents/ERZ/MBA/de/AMS/ams_klm_gesamtdokument.pdf (accessed 2017/08/05).

9. 參見：https://www.berlin.de/imperia/md/content/sen-bildung/unterricht/lehrplaene/sek2_geschichte. pdf?start&ts=1429785405&file=sek2_geschichte.pdf (2017/08/05).

10. Mahatma Gandhi: "Your beliefs become your thoughts. Your thoughts become your words. Your words become your actions. Your actions become your habits. Your habits become your values. Your values become your destiny."

第7章　從米開朗基羅的發薪表，看文藝復興「姓名學」

1. 本文原發表為：花亦芬，〈從米開朗基羅親手寫的助理發薪表談起〉，《台大校友雙月刊》 109 期 (2017)，頁 16-21。http://www.alum.ntu.edu.tw/wordpress/wp-content/uploads/2017/01/ no109-e887bae5a4a7e6a0a1e58f8be99b99e69c88e5888a-e88ab1e4baa6e88aace5b088e6ac84.pdf (accessed 2017/08/06).

2. William E. Wallace. *Michelangelo at San Lorenzo. The Genius as Entrepreneur* (Cambridge: Cambridge University Press, 1994).

3. David Herlihy. "Tuscan Names, 1200-1530." *Renaissance Quarterly* 41,4 (1988): 561-582.

第8章　課綱修訂未竟之路（一）

1. 本文原發表為：花亦芬，〈公民社會如何讓教科書政策走向「去國家化」？〉，《歷史學柑 仔店》(2014/05/12)， http://kam-a-tiam.typepad.com/blog/2014/05/ 公民社會如何讓教科書政策 走向去國家化 .html.

2. 翁嫆玽，〈教科書扭曲台獨　蔣偉寧：尊重言論自由〉，《新頭殼》(2014/05/06)，http://newtalk.tw/news/2014/05/06/46992.html (accessed 2017/08/05)。

3. 林楠森，〈「撥亂反正」的台灣課綱「微調」〉，《BBC 中文網》(2014/0/11)，http://www.bbc.co.uk/zhongwen/trad/china/2014/02/140211_taiwan_textbook.shtml (accessed 2017/08/05)。

4. Jan Friedmann, "Geschichtsunterricht: Deutsche Schulbücher sind beim Thema Holocaust unpräzise," *Spiegel Online* (2014/01/27), http://www.spiegel.de/schulspiegel/wissen/holocaust-schulbuchkritik-falsche-darstellung-des-judenmords-a-945412.html (accessed 2017/08/05).

5. Christoph Richter, "Vorurteile aus dem Lehrbuch," *Deutsche Welle*, 2013/01/03), http://www.dw.de/vorurteile-aus-dem-lehrbuch/a-16494453 (accessed 2017/08/05).

6. *International Status of Education on the Holocaust. A Global Mapping of Textbooks and Curricula* (UNESCO and Georg Eckert Institute for International Textbook Research, 2015), http://unesdoc.unesco.org/images/0022/002287/228776e.pdf (accessed 2017/08/06).

7. 〈納粹軍裝風波　台灣向以色列道歉〉，《BBC 中文網》（2011/0707），http://www.bbc.co.uk/zhongwen/trad/chinese_news/2011/07/110707_taiwan_nazi_gaffe.shtml (accessed 2017/08/05)。

8. 蔡和穎，〈遊行民眾扮納粹　以色列關切〉，《中央社》(2013/12/04)，http://www.cna.com.tw/news/firstnews/201312040008-1.aspx (accessed 2017/08/05)；洪聖斐，〈怪哉！縱放納粹言論還想讓下一代幸福〉，《想想》(2013/12/04)，http://www.thinkingtaiwan.com/articles/view/1527 (accessed 2017/08/05)。

9. Feliz Solomon, "High School Students in Taiwan Staged a Nazi-Themed Parade. It Wasn't Received Well," *Time* (2016/12/27), http://time.com/4618183/taiwan-nazi-high-school-hitler-cosplay/?xid=fbshare (accessed 2017/08/05).

10. "Lehrplannavigator – Kernlehrpläne für die Sekundarstufe II," *Bildungsportal des Landes Nordhein-Westfalen*, http://www.standardsicherung.schulministerium.nrw.de/lehrplaene/lehrplannavigator-s-ii/.

第9章　課綱修訂未竟之路（二）

1. 本文原發表為：花亦芬，〈標籤化的世界史新課綱，能談出「台灣與世界的互動」嗎〉，《上報》(2017/07/15)，http://www.upmedia.mg/news_info.php?SerialNo=20734 (accessed 2017/07/14).

2. 〈十二年國民基本教育課程綱要 國民中小學暨普通型高級中等學校〉，http://www.naer.edu.tw/ezfiles/0/1000/img/67/196020910.pdf (accessed 20170714).

3. 薩伊德 (Edward W. Said) 著，《東方主義》，〈後記：為 1995 版作〉（台北市：立緒出版社，1999 年），頁 499。

4. 林曉雲，〈高中生扮納粹 教長：向國際社會表達歉意〉，《自由時報》(2016/12/24) http://news.ltn.com.tw/news/life/breakingnews/1927200 (accessed 20170714).

5. http://www.edu.tw/News_Content.aspx?n=9E7AC85F1954DDA8&s=92F51A92000DDD8A (accessed 20170714).

6. http://www.storm.mg/article/206984 (accessed 20170714).

7. http://unesdoc.unesco.org/images/0024/002480/248071e.pdf (accessed 20170714).

第10章　介於1949與1989年之間的西德六八學運

1. 參見 1990 年 10 月 3 日兩德統一日德國總統 Richard von Weizäcker 在致詞時對六八學運所做的正面評價："Auch die Jugendrevolte am Ende der sechziger Jahre trug allen Verwundungen zum Trotz zu einer Vertiefung des demokratischen Engagements in der Gesellschaft bei." 見：http://www.bundespraesident.de/SharedDocs/Reden/DE/Richard-von-Weizsaecker/Reden/1990/10/19901003_Rede.html (accessed 2016/11/06).

2. Heinz Bude, "Achtundsechzig," in: *Etienne François & Hagen Schulze* (ed), Deutsche Erinnerungsorte, vol. II (Munich: Verlag C. H. Beck, 2001), 122-134, here 122-123.

3. Ibid., "Achtundsechzig," 126.

4. Ibid., "Achtundsechzig," 129.

5. Karl A. Otto, *Vom Ostermarsch zur APO. Geschichte der außerparlamentischen Opposition in der Bundesrepublik 1960-1970* (Frankfurt/M: Campus Verlag, 1977), 69-147.

6. Heinz Bude, "Achtundsechzig," 129.

7. Axel Schildt, "Vor der Revolte: Die sechziger Jahre," *Aus Politik und Zeitgeschichte* 22-23/2001 (May 26, 2002), 7-13, here 8.

8. Ibid., 11.

9. Heinz Bude, "Achtundsechzig," 130-131.

10. 參見：*Der Spiegel* 18/1969 (April 28, 1969), http://www.spiegel.de/spiegel/print/d-45589797.html (accessed 2016/11/06).

11. 這樣的現象一直延續到二十一世紀初都還存在，例如德國《明鏡週刊》2001 年 1 月出了一期專刊《Joschka 的狂野年代》，報導當時德國外交部長 Joschka Fischer（綠黨）在學運期間不為人知的爭議事件。參見：*Der Spiegel* 2/2001 (2011/01/08)：38-40.

12. Wolfgang Kraushaar, "Denkmodell der 68er-Bewegung," 25.

13. Jürgen Habermas, "Der Marsch durch die Institutionen hat auch die CDU erreicht," in: *Frankfurter Rundschau*, March 11, 1988.

14. Joschka Fischer Interview: "Dieser Weg musste beendet werden," *Der Spiegel* 2/2001 (2011/01/08), 38.

15. Norbert Frei, "Ertrotzte Aufklärung: 'Achtundsechzig' als Nachgeschichte des Nationalsozialismus," *Die Zeit online* 06/2001 (2001/02/01), http://www.zeit.de/2001/06/Ertrotzte_Aufklaerung (accessed 2016/11/06).

16. 參見：花亦芬，《在歷史的傷口上重生：德國走過的轉型正義之路》（台北市：先覺出版社，2016 年），頁 73-74。

17. Claus Leggewie, "1968 ist Geschichte," *Aus Politik und Zeitgeschichte* 22-23/2001 (2002/05/26): 3-6, here 5, http://www.bpb.de/apuz/26234/1968-ist-geschichte (accessed 2016/11/06).

18. Edgar Wolfrum, " '1968' in der gegenwärtigen deutschen Geschichtspolitik," *Aus Politik und Zeitgeschichte* 22-23/2001 (2002/05/26): 28-36, here 29-30.

19. Edgar Wolfrum, " '1968' in der gegenwärtigen deutschen Geschichtspolitik," 31.

20. Tony Judt, *Postwar: A History of Europe since 1945* (London: Penguin, 2005), 394.

21. Tony Judt, *Ill Fares the Land* (London: Penguin Books, 2010), 164.

第11章　從318「島國關賤字」談打造小國思維

1. 本文原發表為：花亦芬，〈二次大戰終戰七十週年紀念，看三一八學運的歷史意義〉，《歷史學柑仔店》(2015/03/20)，http://kam-a-tiam.typepad.com/blog/2015/03/ 二次大戰終戰七十週年紀念看三一八學運的歷史意義 .html。

2. 陳宗延等人，《島國關賤字：屬於我們這個世代、這個時代的台灣社會力分析》（新北市：左岸出版社，2014 年）。

3. 〈習近平新政：七不講後又有十六條〉，《BBC 中文網》(2013/05/28)，http://www.bbc.co.uk/zhongwen/trad/china/2013/05/130528_china_thought_control_youth (accessed 2015/03/18)。

4. 見 San Marino 政府官網說明：http://www.sanmarino.sm/on-line/en/home/san-marino/history.html。另可參照美國 CIA 官網對 San Marino 歷史背景簡介：https://www.cia.gov/library/publications/the-world-factbook/geos/sm.html。

5. "Parliamentary Decree no. 217 of 23 December 2014," www.usbm.sm/on-line/en/home/legal-texts/documento9071949.html (accesd 2017/08/08)。

6. http://ww2db.com/country/san_marino; http://www.jewishvirtuallibrary.org/jsource/vjw/san_marino.html。

7. Susan Reynolds, *Fiefs and Vassals: The Medieval Evidence Reinterpreted* (Oxford: Oxford University Press, 1994)。

8. Daniel Power (ed), *The Short Oxford History of Europe: The Central Middle Ages* (Oxford: Oxford University Press, 2006), 30.

9. Susan Reynolds, *Fiefs and Vassals*, 11.

10. Richard Abels, "The Historiography of a Construct: 'Feudalism' and the Medieval Historian," *History Compass* 7/3 (2009): 1008-1031. 有關「封建制度」在西方學術傳統如何被論述、現代研究如何省思這個詮釋方式缺失的簡要介紹，參見大英百科全書最新版的說明（請查詞條 "Feudalism"）。

11. Daniel Power (ed), *The Short Oxford History of Europe: The Central Middle Ages*, Ch. 5 "Intellectual and Cultural Creativity".

12. 關於這一系列壁畫，有一個不錯的專門網站可以參考：http://lorenzettifrescos.tumblr.com.

13. John M. Najemy, *A History of Florence, 1200-1575* (Oxford: Oxford University Press, 2006), 264-265.

14. Ibid., Ch. 9 "Fateful Embrace: The Emergence of the Medici".

15. Ibid., 1.

16. Peter Burke, *Languages and Communities in Early Modern Europe* (Cambridge: Cambridge University Press, 2004), 160-172.

17. 一則值得警惕的新聞：http://www.taipeitimes.com/News/feat/print/2013/12/23/2003579613；黃郁倫，〈「臺灣製造（Made in Taiwan）」：史前館與紐西蘭毛利人的臺灣尋根〉，《史前館電子報》267 期（2014/01/15，http://beta.nmp.gov.tw/enews/no267/page_03.html）。

18. http://nrch.cca.gov.tw/twpedia.php?id=5526.

第12章　納粹狂飆年代裡的激越風發與無言抗爭

1. 本文原發表為：花亦芬，〈視覺語言的同一性與異質性〉，《台大校友雙月刊》103 期 (2016 年)，頁 28-33。

第13章　宗教改革500週年

1. 本文初稿原發表為：花亦芬，〈宗教改革 500 週年該紀念什麼？〉，《台大校友雙月刊》113 期（2017），頁 38-47。

2. Immanuel Kant, "Beantwortung der Frage: Was ist Aufklärung?" http://gutenberg.spiegel.de/buch/-3505/1 (accessed 2017/08/12).

3. WA. TR2, 467,27-32 (Nr. 2455).

4. Thomas Kaufmann, *Martin Luther*, 3rd edition (Mucich: C. H. Beck Verlag, 2015), 17.

5. WA Briefe 1, 543, 107-9 (Nr. 213). WA 為德文標準版路德全集 (Weimarer Ausgabe) 之簡稱：*D. Martin Luthers Werke, Kritische Gesamtausgabe*. 127 vols. (Weimar: Verlag Hermann Böhlaus Nachfolger, 1883-2009).

6. *Søren Kierkegaard's Journals and Papers* (JP), vol. 3, 2524, 轉引自：Craig Hinkson, "Will the Real Martin Luther Please Stand Up! Kierkegaard's View of Luther versus the Evolving Perception of the Tradition," *International Kierkegaard Commentary*, vol. 21, *For Self-Examination* and *Judge for Yourslef* (Macon: Mercer University Press, 2002): 37-76, here 43.

7. 這是 1542 年路德 以〈創世紀〉25 章 21 節有關以撒為不孕的妻子利百加禱告為例所做的講道，見：WA 43, 378, 37f; 381,31-382,9。亦參見 1540 年夏天路德在桌邊閒談所述：WA TR V, Nr. 5357, p. 86.

8. Heiko A. Oberman, Luther. *Mensch zwischen Gott und Teufel* (Berlin: Verlagsbuchhandlung Severin und Siedler, 1982), 146-147.

9. WA 40 II, 453, 8f; 574, 8f; WA 41, 447, 13-15; WA. TR 4, 305, 31f (Nr. 4422).

10. Heiko A. Oberman, *Luther. Mensch zwischen Gott und Teufel*, 21: "Luther verstehen zu wollen, macht es nötig, seine Geschichte anders zu lessen als gewohnt: Sie ist Geschichte ›sub specie aeternitatis‹, zwar im Licht der Ewigkeit, doch nicht im milden Schein eines stetig Forschritts gen Himmel, sondern im Schatten der chaotischen Endzeit einer nahe herbeikommenden Ewigkeit."

11. 同上，頁 195。

12. WA. TR 1, 240, 12-23 (Nr. 518). 亦參見：WA. TR 1, 50,28 (Nr. 122); 62,1f (Nr. 141); WA. TR 2, 27,15f (Nr. 1288).

13. Thomas Kaufmann, *Martin Luther*, 38.

14. Peter Blickle, *Die Revolution von 1525*, 4th edition (Munich: Oldenbourg Verlag, 2004); 花亦芬，〈宗教圖像爭議與路德教派文化政策——以紐倫堡接受宗教改革過程為中心的考察〉，《臺大文史哲學報》70 期 (2009 年 6 月)，頁 179-229。

15. 參見喀爾文對〈耶利米書〉5:3 的註疏。

16. 參見喀爾文在〈約翰福音〉註疏的前言 (Argument)。

17. 約翰・加爾文 (John Calvin)，《基督教要義》（麥種版譯本。South Pasadena: 美國麥種傳道會，2017 年），63。

18. "Address of the Holy Father to an International Symposium on John Hus" (1999/12/17), https://w2.vatican.va/content/john-paul-ii/en/speeches/1999/december/documents/hf_jp-ii_spe_17121999_jan-hus.html (accessed 20117/08/14).

19. "Lutherans reconcile with Mennonites 500 years after bloody persecution," *Deutsche Welle* (2010/07/26), http://www.dw.com/en/lutherans-reconcile-with-mennonites-500-years-after-bloody-persecution/a-5837683 (accessed 20117/08/14).

20. http://www.vatican.va/roman_curia/pontifical_councils/chrstuni/documents/rc_pc_chrstuni_doc_31101999_cath-luth-joint-declaration_en.html (accessed 20117/08/14).

21. 〈信義宗教會與天主教會有關成義／稱義的聯合聲明。世界循道衛理宗就有關成義／稱義的聯合聲明的聲明〉，http://www.hsscol.org.hk/LIBRARY/JDDJ2014/JDDJ.h.pdf (accessed 20117/08/14).

22. 花亦芬，《林布蘭特與聖經——荷蘭黃金時代藝術與宗教的對話》（台北市：三民書局，2008 年），頁 89-92。

第14章　錯譯的「十字軍東征」，被標籤化的歷史

1. Kevin Madigan, Medieval Christianity. *A New History* (New Haven and London: Yale University Press, 2015), 103-104.

2. Thomas F. Madden (ed), *Crusades. The Illustrated History* (Ann Arbor: The University of Michigan Press, 2005), 34-35.

3. 相關史料參考：Olivia Remie Constable (ed), *Medieval Iberia: Readings from Christian, Muslim, and Jewish Sources*. 2nd edition (Pennsylvania: University of Pennsylvania Press, 2011).

4. *Oxford English Dictionary*, item "crusade"："An aggressive movement or enterprise against some public evil, or some institution or class of persons considered as evil." http://www.oed.com/view/Entry/45256?rs key=3LmOYz&result=1 (accessed 2017/08/09).

5. Thomas F. Madden, *The Concise History of the Crusades* (Lanham: Rowman & Littlefied, 2013), Ch. 2.

6. Carole Hillenbrand, *The Crusades: Islamic Perspectives* (New York: Routledge, 2000), Ch. 8.

7. Pepe Escobar, "The Second Coming of Saladin" (*Asian Times*, 2007/05/18). http://www.atimes.com/atimes/Middle_East/IE18Ak01.html (accessed 2017/08/09).

8. Graham Maddox, "The 'Crusade' Against Evil: Bush's Fundamentalism," *Australian Journal of Politics & History* 49,3 (2003): 398-411.

9. 參見：Paul Moses, *The Saint and the Sultan: the Crusades, Islam and Francis of Assisi's Mission of Peace* (New York: Doubleday Religion, 2009).

10. Thomas F. Madden, *The Concise History of the Crusades*, Ch. 6.

11. 有關這個部分中文資料可以參考：Simon Sebag Montefiore 著，黃煜文譯，《耶路撒冷三千年》（台北：究竟出版社，2013 年）。

12. 〈中國官媒批達賴喇嘛「轉世制度終結」言論〉，《BBC 中文網》(2014/09/09)，http://www.bbc.co.uk/zhongwen/trad/china/2014/09/140909_tibet_china_dalai-lama_religion (accessed 2017/08/09).

國家圖書館出版品預行編目資料

像海洋一樣思考：島嶼，不是世界的中心，是航向遠方的起點／
花亦芬 著 .-- 初版 .-- 臺北市：先覺，2017.11

　　448 面；17×23 公分 --（人文思潮；126）
　　ISBN 978-986-134-309-9（平裝）

　　1. 臺灣研究　2. 史觀

733.2925　　　　　　　　　　　　　　　　106017354

www.booklife.com.tw　　　　　　　reader@mail.eurasian.com.tw

人文思潮 126

像海洋一樣思考：島嶼，不是世界的中心，是航向遠方的起點

作　　者／花亦芬
發 行 人／簡志忠
出 版 者／先覺出版股份有限公司
地　　址／台北市南京東路四段50號6樓之1
電　　話／（02）2579-6600 · 2579-8800 · 2570-3939
傳　　真／（02）2579-0338 · 2577-3220 · 2570-3636
總 編 輯／陳秋月
主　　編／簡　瑜
責任編輯／鍾旻錦
校　　對／鍾旻錦、許訓彰、莊淑涵、簡　瑜
美術編輯／林雅錚
行銷企畫／范綱鈞、徐緯程
印務統籌／劉鳳剛、高榮祥
監　　印／高榮祥
排　　版／杜易蓉
經 銷 商／叩應股份有限公司
郵撥帳號／ 18707239
法律顧問／圓神出版事業機構法律顧問　蕭雄淋律師
印　　刷／龍岡數位文化股份有限公司
2017 年 11 月　初版

定價 499 元　　　　　ISBN 978-986-134-309-9